Kohlhammer

Bernd Stickelmann

Provokation Jugendgewalt

Sozialpädagogisches Handeln in Krisen und Konflikten

Verlag W. Kohlhammer

1. Auflage 2014

Gesamtherstellung: W. Kohlhammer GmbH, Stuttgart

Print:
ISBN 978-3-17-018544-9

E-Book-Formate:
pdf: ISBN 978-3-17-024029-2
epub: ISBN 978-3-17-025904-7
kindle: ISBN 978-3-17-025905-8

Inhalt

Vorwort: Zum Entstehen dieses Buches

Dieses Buch ist das Ergebnis einer langen Beschäftigung mit jugendlichen Gewaltformen. Begonnen habe ich diese Untersuchungen 1994 mit der Darstellung des Zusammenhanges von rechtsextremistischen Tendenzen und Gewaltbereitschaft bei Jugendlichen (Stickelmann 1994), die einerseits die Suche Jugendlicher nach Orientierung offenlegt, andererseits die Hilflosigkeit der Öffentlichkeit zeigt, auf diese Schreie einzugehen. Diese Hilferufe in einem professionellen sozialpädagogischen Zusammenhang aufzugreifen, ist ein Anliegen des Buches.

Diese Sichtweise soll nicht die Schmerzen negieren, die Jugendliche in allen Formen anderen zufügen, sei als körperliche Gewalt bis hin zu Totschlag und Mord oder in der Form psychischer Gewalt als Mobbing, wenn sie andere in ihren Gefühlen und dem Selbstwertgefühl verletzen und behindern, damit auch deren Entwicklung negativ beeinflussen.

In einer Untersuchung[1] (dazu Stickelmann und Putz, 2005) habe ich mich mit Sozialpädagogen/innen systematisch mit Gewaltformen Jugendlicher in Einrichtungen der Jugendarbeit, Heimen, Tagesgruppen auseinandergesetzt. Dabei sind Interventionsformen und Deeskalationsansätze eingesetzt und sozialpädagogische Arbeitsformen entwickelt und erprobt worden. Die Beschäftigung mit den eigenen persönlichen Erfahrungen und Ängsten der Professionellen stand im Mittelpunkt der Analyse. Viele dieser Ansätze sind in das Buch als Anregungen für die eigene Arbeit, auch als Grundlagen der Selbstreflexion eingegangen. Diese Auseinandersetzung mit der persönlichen Lage, die ein wichtiger Teil des professionellen Handelns ist, wurde im Kontext einer parallel angebotenen Supervision unter der Leitung von Frau Dr. Uta Waldow aufgearbeitet.

Zweiter Erfahrungshintergrund, auf den ich mich mit den Ausführungen stütze, sind die sich über jeweils ein Jahr erstreckenden Fortbildungen, die ich zusammen mit Dozenten/innen im Rahmen des Weiterbildenden Studiums am Zentrum für Weiterbildung der FH Erfurt durchgeführt habe. Inzwischen haben in den sieben Durchgängen ca. 250 Sozialarbeiter/innen, Jugendarbeiter/innen, Lehrer/

1 Die Untersuchung wurde vom Europäischen Sozialfond und der Fachhochschule Erfurt gefördert. Es sind in zwei Durchgängen Fort- und Weiterbildungskonzepte zur Entwicklung von Ansätzen zur Auseinandersetzung mit Gewaltformen in der Jugendarbeit in sozialpädagogischen Einrichtungen erprobt und evaluiert worden.

innen verschiedener Schulgattungen, auch Polizistinnen diesen Kurs besucht und ihn erfolgreich[2] abgeschlossen.

Der Text ist als *Arbeitsbuch* konzipiert. Was heißt das? Das Buch stellt das Zugehen auf kritische, konflikthafte und gewaltorientierte Situationen ins Zentrum: Das eigene sozialpädagogischen Handeln, dessen Möglichkeiten und Grenzen sollen im Mittelpunkt stehen. Die Arbeitsformen und Spiele, die in diesem Buch vorgeschlagen werden, richten sich deshalb zunächst an das Handeln und die Reflexion professionell Erziehender. Dazu sagt Michael Winkler: »Praxis der Erziehung wird doch nur in Reflexion und Kommunikation zugänglich, ist ein merkwürdiges Geschehen, das in seinem Aggregatzustand schwankt – nur zu fassen, indem ihm ein Sinn zugesprochen wird« (2006, 49). Die Professionellen sollen und müssen diese Formen der Auseinandersetzung an sich selbst erfahren, bevor sie sie weitergeben, vermitteln können. Die Ebenen dieser Reflexion sind so angelegt, dass sie als Hilfestellung für die Bewältigung der professionellen Alltagsprobleme nutzbar sind: Ein Zugang zu dem sozialpädagogischen Handeln mit vorwiegend männlichen Jugendlichen wird geöffnet. Neben die Analyse des Gewaltentstehens habe ich Szenarien und Ansätze sozialpädagogischer Intervention gestellt, die aus dem Blick des Professionellen die Aspekte der Intervention wiedergeben: Dies als reflexiver Zugang, der auch Elemente einer Anamnese aufgreift.

Wie lassen sich die Erfahrungen, die durch das Agieren in und vor einer Gruppe ermöglicht werden, in die Erfahrungsebene des/der lesenden und mit sich und der Praxis auseinandersetzende/n (Sozial-)Pädagogen/in übersetzen? Dazu ein Beispiel: Zu meinem Lieblingsspiel in Fort- und Weiterbildungsgruppen gehört dieses: Die Teilnehmer/innen bilden Paare, die Rücken an Rücken sitzen. Die Aufgabe ist, sich selbst zwei Minuten über ›den grünen Klee‹ zu loben. Eine/r fängt an, der/die Andere hört zu, dann umgekehrt. Ob Erfundenes und Tatsächliches eingebracht wird, bleibt offen. Ziel ist, seine eigenen guten tatsächlichen oder fantasierten Seiten zu präsentieren. In der Arbeit werden immer wieder Hemmungen artikuliert, wie schwierig es doch sei, so lange über sich selbst zu sprechen und dabei nur das Gute herauszustellen: Eigenlob stinke doch. Wie aber sollen die Jugendlichen an sich ihre guten Seiten finden, wenn ihre ›Modelle‹ (dazu später mehr) sich selbst damit schwer tun. Und wie oft werden die Akteure sozialpädagogischer Arbeit vom sozialen Umfeld, den Leitern/innen, den politischen Instanzen, den Eltern und schließlich den Jugendlichen selbst anerkannt und positiv gewürdigt?

Nun kann ich mir beim Lesen und Bearbeiten dieses Spieles darüber Gedanken machen, was ich alles an mir lobenswert und gut finde. Doch fehlt das Schmunzeln, das Lachen der Partner, die meine Erzählungen, mein Aufschneiden oder aber auch meine zögerlichen Versuche, mich selbst zu beschreiben, begleiten. Es

2 Um das Zertifikat eines/r ›Konfliktmanagers/in‹ zu erlangen, muss neben der regelmäßigen Teilnahme an Seminaren und auch an Supervision, der Bearbeitung von Texten, dem Führen eines Tagebuches zu den täglichen Konflikt- und Gewaltfällen eine Abschlussarbeit vorgelegt und ein Abschlussgespräch absolviert werden.

mangelt an dem Erleben, dass es Anderen in der Gruppe mit ihren Vorbehalten, sich selbst zu loben (wie eine ›Tüte Mücken‹, sagt meine Kollegin Nicole Scherhag dazu), ähnlich geht wie mir selbst.

Die Figur des/der handelnden, untersuchenden und erkennenden Praktikers/in aus der Handlungsforschung (dazu Stickelmann 2002) hat eine entscheidende Anregung zur Konzeption des Buches gegeben. Die Arbeit beruht auf den Überlegungen, praktisches Handeln in den Arbeitsfeldern mit Jugendlichen und reflektorische Auseinandersetzung zu verknüpfen. Der sich daraus speisende systematische Erkenntnisprozess aus der (kritischen) Reflexion, angeregt aus Erfahrungen und systematisiertem Fachwissen, soll in einen permanenten Prozess des sich Beschäftigens mit den eigenen professionellen Bedingungen, Möglichkeiten und Grenzen eingebettet sein. Ich hoffe, dass das Buch dazu beitragen kann, diesen Prozess zu unterstützen und voran zu treiben. Daraus können die Säulen des Gestaltens eines gemeinsamen sozialen Umfeldes als Erfahrungenmachen für Jugendliche und Erwachsenen werden. Jugendarbeit in all ihren Ausprägungen bietet dafür – wie ich zeigen werde – ein soziales Feld an. Sozialpädagogische Ansätze und Erziehung werden dabei nicht als eine Praxis verstanden, die sich entlang einer rein strategisch-instrumentellen Handlungslogik orientiert, die Subjekte als ›herstellbar‹ sieht. Im Anschluss an Friedrich Schleiermacher formuliert Hopfner: »(. . .) Erziehung steht, ob sie das will oder nicht, immer schon in der Perspektive möglicher Autonomie des Subjektes. (. . .) Erziehung kann nur gelingen, wenn sie den Zögling ernst nimmt, wenn sie akzeptiert, dass sie es weder mit beliebig formbaren noch mit völlig ungeformten Wesen zu tun hat« (1995, 64).

Das Buch hat *zwei* Schwerpunkte: Im ersten und im letzten Teil (Kapitel eins bis drei und Kapitel neun) werden systematische Einordnungen für die Konflikt- und Gewaltformen Jugendlicher vorgenommen, gestützt auch durch empirische Daten und Material. Das letzte Kapitel setzt die fortgeschrittene Moderne und das Gewalthandeln in Beziehung und fragt nach den Auswirkungen auf die Konzepte sozialpädagogischen Handelns. Das erste Kapitel entwickelt einen phänomenologischen Zugang zu Gewaltprozessen. Ich versuche mit verschiedenen Fällen und Beschreibungen von Gewalt mitten hinein in das Geschehen zu gelangen. Diesem – im wahrsten Sinne sehr ›hautnahen‹ – Zugang, setze ich die Auseinandersetzung mit statistischen Daten entgegen, weil diese sowohl in den Medien, aber auch in der fachlichen Diskussion zur Beurteilung des Stellenwertes jugendlicher Gewalt herangezogen werden. Im Kapitel zwei wird auf der Grundlage der Entwicklung des Selbstbildes Jugendlicher in der Adoleszenz ein theoretischer Rahmen formuliert, um das Entstehen von Gewaltformen analysieren zu können. Dazu werden exemplarisch die sozialen Orte für das Entstehen von Mustern der Bewältigung untersucht, an denen Kinder und Jugendliche Erfahrungen für ihr Handeln im Alltag machen: die Familie und als deren Ablösung die peer-group. Das Kapitel drei entwickelt den Ort des sozialpädagogischen Zugehens auf jugendliches Gewalthandeln an der Jugendarbeit, das aber auch auf Heimpädagogik oder die pädagogische Arbeit in der Schule bezogen werden kann.

Wer diesen Teil überschlagen und sich gleich in die Ansätze der praktischen Bewältigung und der sozialpädagogischen Auseinandersetzung von Gewaltformen und den Interventionsmöglichkeiten ›stürzen‹ will, kann mit den Kapiteln vier (Bewältigen von Konflikten) und Kapitel fünf (Krisensituationen und Deeskalation) oder den jeweiligen Schwerpunkten, die für das spezifische Problem ›vor Ort‹ von Bedeutung sind: z. B. Jungenarbeit (Kapitel sechs) oder die Fallanalyse (Kapitel sieben) beginnen. Die gewalttätigen Aktionen Jugendlicher habe ich in Zusammenhängen der Jungenarbeit und den Auswirkungen der peer-group bearbeitet.

Ich schlage vor, bei der praktischen Erarbeitung der Deeskalationsmöglichkeiten zu den ›Wurzeln‹ des Entstehens zurückzugehen und Fragen des Selbst, des Einflusses der Gruppenprozesse auf Jugendliche (und damit den Hintergrund des Sozialen) aufzugreifen, sich damit auch mit den Auswirkungen zu beschäftigen, die familiäre Muster auf das Gewalthandeln hinterlassen. Auf diese Weise wird ein Zusammenhang von systematischem Hintergrund und eigenem Intervenieren entwickelt.

Ein knappes Kapitel widmet sich der notwendigen Einschätzung (Selbstevaluation) der eingeleiteten sozialpädagogischen Maßnahmen in Teil acht. Das Buch baut bewusst auf sozialpädagogischen Analysen auf, die die Grundlage für das Intervenieren bilden. Hinweise auf Quellen und theoretische Diskussion habe ich, um den Fluss der Argumente zu erhalten, in der Regel in die Fußnoten ›verbannt‹.

Die vielen Detailüberlegungen dieses Buches sind die Folgen von Diskussionen, Gesprächen, aus den praktischen Erfahrungen der teilnehmenden Sozial-Pädagoginnen und Sozial-Pädagogen, den Kolleginnen und Kollegen wie den Dozentinnen und Dozenten der Kurse. Ich danke ihnen für ihre Anregungen, die als gewollte oder als ungewollte Anstöße in dieses Buch eingegangen sind. Thomas Putz, Nicole Scherhag, Uta Waldow, Ralf Bongartz, Stefan Werner und Hans-Dieter Will haben als langjährige Mitarbeiter/innen und Dozenten/innen des Kurses ›Gewaltprävention, Konfliktbewältigung und Deeskalationsstrategien in Schule und Jugendarbeit‹ über viele Jahre ihr methodisches Können eingebracht und zu den Erkenntnissen und Arbeitsergebnissen beigetragen.

Ingeborg Böhme hat das das gesamte Entstehen des Buches kritisch begleitet, mit ihren Vorschlägen und Überlegungen, ihren ›handfesten‹ Veränderungen am Text in der Schlussphase zu dessen Entstehen verholfen.

Das Besondere am Entstehen des Buches ist für mich die Diskussion einzelner Teile mit Kolleginnen und Kollegen, die sich mit der jeweiligen Problematik des anstehenden Kapitels auseinandergesetzt und kritische Anmerkungen gegeben haben. Nicole Scherhag hat das Kapitel zur Intervention aus der Sicht des praktischen sozialpädagogischen Handelns durchgesehen. Ihr danke ich auch, dass sie mir ihre Sammlung an Spielen und Übungen, die sie in den Kursen zur Gewaltprävention eingesetzt hat, als Material zum Veröffentlichen zur Verfügung gestellt hat. Ebenso hat Rico Claus das Praxiskapitel kritisch durchgesehen und wertvolle Hinweise eingebracht. Friedhelm Peters trug Aspekte zu dem Kapitel Fallanalyse bei. Peter Wild hat das Kapitel zur Jungenarbeit kommentiert. Intensive Gesprächspartner im Arbeitsprozess waren Hans–Dieter Will und Christian von Wolffersdorff, mit denen ich die Auswirkungen der Modernisierungsprozesse auf die Jugendarbeit und Jugendhilfe diskutiert und durchgearbeitet habe. Michael Winkler verdanke ich grundlegende Überlegungen und Anregungen zu dem Abschlusskapitel über den Einfluss der fortgeschrittenen Moderne auf das sozialpädagogische Handeln oder umgekehrt, wie sich Erzieherisches Handeln den Anforderungen stellen kann und muss. Sie alle haben diese Teile des Manuskriptes gelesen, sich an der Überarbeitung mit Hinweisen und präziser fachlicher Kritik beteiligt, das Entstehen des Textes intensiv gefördert und unterstützt: Sie haben auf Punkte hingewiesen, die es zu verändern und zu verbessern galt.

Der Bibliothek der Fachhochschule Erfurt bin ich dankbar, dass sie mir über einen langen Zeitraum die ausgeliehenen Fachbücher überlassen und auf Mahnungen verzichtet hat. Damit hat sie mir das Schreiben dieses Buches sehr erleichtert.

Ich danke dem Lektor des Kohlhammer Verlages, Dr. Klaus-Peter Burkarth, für seine Geduld, mit der er das lange Werden dieses Buches begleitet hat.

1 Gewalt Jugendlicher als sinnliche Erfahrung

»Gewalt ist Inbegriff der sinnlichen Erfahrung.
Es ist ein Geschehen, das von Gebrüll und
Schreien erfüllt sein kann,
in dem Menschen und Dinge sich schnell bewegen.«
(Trutz von Trotha, 1997, 26)

Das Eingangszitat wirft bereits ein grelles Licht auf das Thema: Es ist die sinnliche Erfahrung, das unmittelbare Erleben von Dynamik und körperlicher Präsenz, die Wucht und die eingesetzten Emotionen, die Gewalt aus dem Alltäglichen heraushebt und ihr die Anziehungskraft gibt. Und, um dies noch hinzufügen, diese sinnliche Erfahrung macht die körperliche Gewalt für viele Männer (und auch für manche Frauen) so faszinierend.

Am 26.4.2011 meldet die Frankfurter Rundschau unter dem Titel: »Aggro Berlin«, dass ein 18-jähriger mutmaßlicher Haupttäter einen 29-Jährigen brutal in einer U-Bahnstation zusammengeschlagen habe. Den Beleg sieht man auf vier zusammen geschnittenen Bildern aus der Überwachungskamera (Die Tat in Bildern).

Warum geschehen solche Taten immer wieder in U-Bahnhöfen (wie in München oder in diesem Fall in Berlin)? Es sind Orte, die scheinbar niemandem gehören, die ›man(n)‹ mit seinen gewalttätigen Vorstellungen und Gefühlen, auch denen der Angst, besetzen muss. Diese gekachelten, klinischen Orte, die die Atmosphäre von Fabrikhallen haben, die in Krimis wieder und wieder den Hintergrund für Gewalttaten abgeben, sind offensichtlich Orte, an denen die Täter ihre ambivalenten emotionalen Spannungen austragen. Diese verunsichernden und ›unklaren‹ öffentlichen Orte werden von Jugendlichen durch Gewaltformen ›besetzt‹. Wenn irritierte Jugendliche in ihren unklaren Orientierungen ›getroffen‹ und betroffen sind, neigen sie dazu, ihre diffuse Gefühlslage durch Gewaltaktionen zu bewältigen. Aus diesen Zusammenhängen lässt sich die *Überlegung* verdichten, dass diese Orte Gewalthandeln bei Jugendlichen begünstigen. Gewalthandeln wird zu einem Ausweg aus dieser unklaren und bedrängenden Gefühllage, besonders dann, wenn sie Alkohol getrunken haben, aus Clubs oder anderen Trefforten kommen, in denen sie enttäuscht wurden oder Konflikte hatten und sich durch Gewalt des sozialen Ortes und ihrer sozialen Beziehungen ›vergewissern‹ müssen. Gewalt wird zu einem Mittel, um kritische Situationen im Alltag zu bewältigen. Gefühlte Unsicherheiten und Ambivalenzen und die dadurch entstehenden emotionalen ›Leerstellen‹ werden ›gelöscht‹, d.h. durch Gewaltaktionen überformt, die die Gefühle stark binden und die gefühlten Ängste zurückdrängen.

Fahndungsfoto: Die potentiell tödlichen Tritte bleiben (Der Spiegel: »Mordswut – Die unheimliche Eskalation der Jugendgewalt«, Nr. 18 /2011 (2.5. 2011) S. 36

Ein anschauliches Bild der Gewaltprozesse zwischen Jugendlichen vermittelt die Bearbeitung dieses Themas von Dea Loher in dem Roman ›Bugatti taucht auf‹ (2012, S. 49ff.). Darin sind Aussagen gesammelt, die auf der Dokumentation von Gerichtsprotokollen des Prozesses gegen die Gewalttäter basieren. Ich habe diese Schilderung der Gewalt übernommen, weil es außer Polizeiprotokollen wenig Dokumente gibt, die den Verlauf hemmungsloser Gewalt Jugendlicher gegen einen Anderen aufzeichnen. An diesem Beispiel eines Gewaltexzesses sind Branko, Ilja und Valon beteiligt, die ihr Opfer Luca zu Tode prügeln. Die Tat geschieht im Rahmen eines Festes in einer Schweizer Gemeinde. Die Vorgänge von Gewaltexzessen[3], an denen Jugendliche beteiligt sind, werden, wenn auch schwer zu ertragen, durch diese Beschreibung erkennbar:

3 Ich habe mich bei der Auswahl der Textstellen auf zentrale Momente des Gewaltvorganges beschränkt und die Vor- und Nachgeschichte nicht berücksichtigt.

»Später wird Branko sagen, dass er dort hingegangen sei, ohne jemanden zu fragen, was passiert war. (...) Dann, so Branko, sei er zu Luca hingegangen, habe ihn am Kragen gepackt und von sich fort geschleudert, so dass er einen, eineinhalb oder sogar zwei Meter geflogen sei. (...) Ilja sei an Brankos linker Seite aufgetaucht und habe Luca einen Faustschlag ins Gesicht versetzt. Das habe Luca zum Schwanken gebracht, er habe ausgesehen, als würde er sich nach vorne beugen, als würde er Kopf und Oberkörper nach vorne fallen lassen, dabei sei er zwei oder drei Schritte zurückgewichen, wobei ihm die Füße durcheinandergeraten seien, er habe sie rückwärts über Kreuz gesetzt und wäre beinahe gestolpert. (...) Wenn er gefragt wird, warum er angefangen habe, Luca zu schlagen, wird Ilja verschiedene Gründe angeben. Er wird sagen, dass Branko von einem Faustschlag Lucas getroffen worden sei. Er habe gedacht, dass dieser Junge nicht das Recht habe, seinen Freund Branko zu schlagen, und deshalb habe er eingegriffen, um die Rechnung auszugleichen und den Schlag zurückzuzahlen. Er müsse zugeben, den Schlag nicht persönlich gesehen zu haben. (...) *Ja,* wird Ilja sagen, wir waren drei gegen einen bis der eine auf den Boden fiel. (...) Ein Zeuge wird sagen, Luca sei zusammengebrochen, nach hinten gefallen auf den Po, dann auf den Rücken (...) Branko wird sagen, dass Ilja und Valon den am Boden liegenden Luca weiter getreten hätten und dass der letzte Tritt von Ilja kam und Luca am Kopf traf. (...) Der Tritt gegen den Kopf sei genauer gesagt ein Tritt gegen die linke Schläfe gewesen. (...) Luca habe in offensichtlichem Schmerz versucht, die Beine weiter anzuziehen. (...) Er (Valon) wisse nicht mehr, warum er gezielt habe, warum er den Tritt ausgeführt habe. Er erinnert sich, dass Luca ausgestreckt auf dem Rücken lag, als er ihm den Tritt verpasste. ... Im Festzelt feierten die drei weiter und tranken einige Biere. Sie trafen mehrere Freunde und Bekannte. (...) Valon sagt später zu einem Bekannten: Der wird auch nie mehr aufstehen.«

Die Textsequenzen geben die *Situation* bei Ausbruch der tödlichen Gewalt wieder. Die Täter suchen einen Anlass, um sich vor sich selbst und anderen zu beweisen. Diese Suche nach sich Selbst, für sich einen Ort in dem Gewusel eines Festes zu finden, wird zum Ausgangspunkt, um unbearbeitete Gefühle auszuagieren. Es wird ein Opfer gesucht und dieses wird brutal mit Schlägen und Tritten traktiert, zwanghaft bis zum tödlichen Ende des Opfers. Eine Reihe von Zeugen haben den Gewaltakt beobachtet und können dazu Aussagen machen, ein einziger nur hat versucht, das Opfer zu schützen, in dem er sich über den am Boden liegenden Luca gesetzt hat, um zu verhindern, dass dieser weiter von Tätern geschlagen und getreten wird, was er als Einzelner nicht verhindern konnte. Der Satz eines der Täter, er wisse nicht mehr, warum er das Opfer getreten habe, ist nicht nur als Schutzbehauptung zu werten: Er gewährt Einblick in die ›Besinnungslosigkeit‹ der Täter, die ihre Tat auf das Vernichten des Opfers richten. Die im Nachhinein gelieferte Äußerung und Versuche einer Begründung, gar nicht zu wissen, warum man das Gegenüber geschlagen, getreten, schwer verletzt habe, ist durchaus in diesem Kontext zu sehen. Diesen Zusammenhang »von Motiv und Handlung« sieht Martin Dornes (2012, 188) so, »dass das Motiv nicht der Handlung vorausgeht, sondern mit und in ihr entsteht – ebenso wie die Identität nicht der Handlung vorausgeht, sondern durch sie entsteht«. Diese Überlegung von Martin Dornes führt zu einer Erklärung der Taten, die ›von außen‹ gesehen so unerklärlich und in keinem vernünftigen Handlungskontext zu stehen scheinen (und in den Medien auch entsprechend dargestellt werden).

Aus den Aussagen über ihr Handeln nach der Tat geht hervor, dass die Täter wussten, einen Menschen getötet zu haben. Ich werde hier keine weitere Analyse versuchen, sondern diese Gewalt bei der Entwicklung der Analysepunkte, wie und woraus jugendliche Gewalt entsteht, als Hintergrundmaterial einbeziehen.

»Es gibt viele Typen von Gewalt«, beginnt der amerikanische Soziologe Randall Collins (2011, 9) seine Mikrosoziologie gewaltsamer Konfrontationen. »Die Palette reicht von kurzen Episoden wie einen Schlag ins Gesicht« – und ich füge hinzu: einen Tritt in den Unterleib – »bis hin zu umfassenden und organisierten Ereignissen wie einem Krieg«. Zu den Gewaltformen der Gegenwart gehören auch Polizeieinsätze wie der in Stuttgart im September 2011, bei dem etwa 100 Demonstranten durch Wasserwerfereinsatz und Schlagstöcke verletzt werden. Zur Gewalt sind auch die ›nicht physischen‹ Gewaltformen wie Mobbing und Erpressung zu rechnen. Diese Taten, die häufig aus dem Blickfeld der Sozial-Pädagogen/innen fallen, entfalten deshalb ihre Folgen für die Opfer umso wirksamer. Noch einmal Randall Collins (9): »Gewalt kann leidenschaftlich und wütend ausfallen wie bei einem Streit oder gefühllos und unpersönlich auftreten. (...) Sie kann Spaß machen wie eine Keilerei unter Betrunkenen, von Angst geprägt sein wie bei Soldaten im Kampf oder von Bösartigkeiten wie bei einem Folterer.« Das Zentrum von Gewalt bilden Gefühle: »Bei Gewalt, wie sie in der Realität sichtbar wird, geht es darum, dass sich Gefühle wie Angst, Zorn und Aufregung auf eine Art verflechten, die der konventionellen Moral normaler Situationen zuwiderläuft. Diese schockierenden und unerwarteten Eigenschaften werden heute vom kalten Auge der Kamera erfasst und liefern einen Hinweis auf die emotionale Dynamik (...)« (14).

Zwischen diesen Ausbrüchen von individueller Gewalt und Gewalt in Zusammenhang mit einer Gruppe liegen Bandenauseinandersetzungen, zu denen auch die Gewalt der sog. Ultras bei Fußballspielen gehört. Auf die Hintergründe dieses Gewalthandelns gehe ich in diesem Text nicht ausführlich ein. Deren Gewaltpotentiale sind in den *Gruppenzusammenhängen und den Selbstdefinitionen* von Hooligans verankert. Sie sind eine männlich geprägte, ritualisierte Form des Kampfes (dazu Pilz, 2011), bei denen beide Gruppen bewusst Verletzung in Kauf nehmen und sich Feindbilder z. B. die gegnerischen Hooligans oder die Polizei suchen. Zusammenhänge, in die diese Gewaltformen eingebettet sind, finden sich in der Analyse zu den Prozessen des Aufwachsens, aber auch in gesellschaftlich vermittelten Männlichkeitsbildern (dazu besonders der Teil zur Jungenarbeit).

Eine Auseinandersetzung mit rechten und rechtsorientierten Jugendlichen habe ich nicht als eigenes Thema entwickelt (dazu bspw. Rieker 2007). Die Unterscheidung zwischen rechten Jugendlichen (die einer rechten Partei oder Gruppierung angehören) und rechtsorientierten Jugendlichen (die mit rechtem Gedankengut operieren), macht die sozialpädagogischen Zugänge deutlich: Rechtsradikale Jugendliche sind im Rahmen der sozialpädagogischen Arbeit in der Regel nur schwer zu erreichen, sie haben sich mit massiven Abwehrformen ›gepanzert‹. Rechtsorientierte Jugendliche finden sich als peer-group in vielen Einrichtungen. Sie sind mit den Arbeitsformen der Jugendarbeit erreichbar. Die in diesem Band entwickelten sozialpädagogischen Ansätze sind auch als Ausgangspunkt für die Arbeit mit diesen rechts orientierten Jugendlichen zu sehen.

Mit rechten Ideologien grenzen sich jene Jugendliche gegenüber denjenigen ab, die sie als fremd einordnen und damit abwerten. Die Orientierung an rechten bzw. rechtsradikalen Vorstellungen verstärkt ihr Selbstbild[4], das Fremdes rassistisch und denunziatorisch abwertet, mit Gewalt bedroht, um das eigene unsichere Selbst zu stärken. Mit der Orientierung an Kameradschaft und nationalen Ideologien werden Unterstützungen aufgebaut, die sie in sozialen Zusammenhängen nicht finden können (bspw. der Schulklasse oder in der Ausbildung). Damit wird Gewalthandeln begründet, wie es bspw. der Slogan von Skinheads ausdrückt: ›Wir werden unseren Willen mit Gewalt durchsetzen und Sieger bleiben‹. Rechtes Gedankengut liefert die Begründung für gewaltorientiertes, rassistisch motiviertes Handeln gegenüber Migranten wie auch gegen linksorientierten Gruppierungen.

Alle Disziplinen der Geistes- und Sozialwissenschaften wie Psychologie, Soziologie, Philosophie und Ethik, die Rechtswissenschaften, die Erziehungswissenschaften haben aus unterschiedlichen Perspektiven Erklärungsversuche zu Gewalthandeln entwickelt verworfen, neue Ansätze mit empirischen Material gefüttert und ihre Überlegungen zu belegen versucht. Nehme ich das breite Spektrum an Gewaltformen in pädagogischen Einrichtungen, beziehe ich Missbrauch und sexuelle Gewalt an Kindern und Jugendlichen durch Priester und Pädagogen in Heimen mit ein, dann wird der Horizont erkennbar, vor dem es zu Gewalt kommt und zeigt, wie sich Gewaltformen in sozialen Einrichtungen ausbreiten. Fachlich sind daraus die subjektiven Beweggründe und die institutionellen Bedingungen für Gewaltsituationen zu analysieren.

1.1 Ein erster systematisierender Zugang: Gewaltformen Jugendlicher in einer Großstadt

Anders als in der Soziologie ist der Blick der Sozialpädagogik nicht auf die Analyse von Gewaltformen als soziales Problem begrenzt, sondern bezieht in ihre fachliche Auseinandersetzung die subjektiven Gründe für Gewalt (›Wie kommt die Gewalt in das Subjekt‹) mit ein. Sie reflektiert die Entwicklungsschritte von Tätern und Opfern, geht auf die sozialen Lebenslagen wie Armut ein und fragt danach, wie sich aus diesen sozialen Bedingungen Muster der Gewalt entwickeln. Die institutionellen Bedingungen und Gegebenheiten der Konflikt- und

4 Auf diesen Zusammenhang wird in dem Buch von Sabine Rennefranz, Eisenkinder (München 2013 2. Aufl.) eingegangen, die vor dem Hintergrund der sog. NSU-Morde auf die Orientierungslosigkeit Jugendlicher und junger Menschen nach der Wende in Neuen Bundesländern hinweist, weil die ältere Generation wegen ihrer eigenen Desorientierung kein Ansprechpartner für Zukunftsperspektiven gewesen sei.

Gewaltsituationen sind Gegenstand der Untersuchungen. Einbezogen sind Überlegungen, wie es gelingen kann, dass jugendliche Täter/innen ohne Gewaltformen Alltagsprobleme lösen, wie sie sich diese Muster aneignen können und an welchen sozialen Orten. Meine Überlegungen und Reflexionen von Handeln leiten über zu den Interaktionen, die zu Gewaltformen führen können. Nicht nur Situationen (als Fälle) sind für den sozialpädagogischen Ansatz wichtig, sondern ebenso die Subjekte in ihrer Biografie und ihren Lebensbedingungen als (Hinter-) Gründe, die sie veranlassen, Gewalt zur Lösung ihrer Alltagsprobleme zu praktizieren.

Ich beginne die Analyse von Gewaltformen im Jugendalter und die darauf aufbauenden sozialpädagogischen Handlungsperspektiven und -möglichkeiten mit einem Beispiel aus einer Großstadt. Die Frankfurter Rundschau (12.05.2009 Stadtausgabe) berichtet unter der Überschrift: »Unerklärliche Gewalt – Niemand weiß, warum sich in N. plötzlich 40 Jugendliche mit der Polizei prügelten.« Überschrift wie Artikel legen nahe, dass die Gewalt zwischen Jugendlichen und Polizei aus dem Nichts komme, also nicht in einen sozialen Zusammenhang zu stellen seien. Am Samstagabend um 23.30 Uhr rufen Anwohner eines Stadtteiles die Polizei, weil sich Jugendliche vor dem Jugendhaus eine Schlägerei liefern. Dabei sollen auch Baseballschläger zum Einsatz kommen. Als die Polizei eintrifft, ist weder von einer Schlägerei noch von Baseballschlägern etwas zu sehen. Einige Jugendliche, die sich an dem angegebenen Platz aufhalten, sind angetrunken. Als die Polizisten wieder zurückfahren wollen, eskaliert die Lage. Die Polizisten werden als Hurensöhne beschimpft, Flaschen fliegen. Innerhalb weniger Minuten wächst die Gruppe der Jugendlichen auf 40 Personen an (»Wir haben keine Ahnung, wo die plötzlich alle hergekommen sind«). Einer der Jugendlichen geht brutal gegen einen der Polizisten vor, indem er ihn umtritt. Als er festgenommen werden soll, zieht er ein Messer und droht sich umzubringen. Seine Freunde bringen ihn zu Vernunft, und erst als die Polizei Pfefferspray einsetzt, beruhigt sich die Lage.

Francais Dubet (2002, 181) beschreibt in seiner Darstellung: ›Jugendgewalt und Stadt‹ diese Mechanismen der Auseinandersetzungen. Der Auslöser für eine größere Randale kann ein Konflikt mit der Polizei sein, bei der dieser vorgeworfen wird, besonders gewalttätig gegenüber jugendlichen Gruppierungen mit rassistischem Hintergrund vorgegangen zu sein. Jugendliche agieren ihre Wut aus – auch, um in der Gruppe zu zeigen, dass sie bereit sind, sich zu wehren, sich für ihre Sache einzusetzen. Sie stecken Autos in Brand, beschädigen öffentliche Einrichtungen und das lokale Einkaufszentrum. Es ist eine Mischung aus Vandalismus, Mutprobe und Action. Dubet sagt dazu, dass diese Formen an Theaterinszenierungen erinnern, die ihrerseits Öffentlichkeit brauchen, um wirksam zu sein. »Die Spannung ist nicht mehr nur sozial und strukturell, sie wird zu einer innerpsychischen Größe.« Dieser Hinweis auf das Ausagieren innerer Spannungen zeigt eine Dimension auf, die charakteristisch für die Gegenwart ist: Weder die Gruppe noch das soziale Umfeld finden oder verfügen über soziale Formen, die ›innere Unruhe‹ oder, um es mit einem Fachbegriff zu belegen, die fehlende Ambiguitätstoleranz Jugendlicher aufzufangen und ihnen Raum für das Ausagieren zu geben.

Mit dieser Darstellung habe ich zwei Ebenen einbezogen, die sich mit jugendlichen Gewaltformen beschäftigen: Zum einen ist dies der Zeitungsbericht, der konkrete Ereignisse schildert. Er versucht, über einen Vorfall in einem Stadtteil zu berichten und die wichtig erscheinenden Fakten zu bündeln und zu einen Alltagsverständnis zusammenzufassen: Gewaltformen als Auseinandersetzung zwischen Jugendlichen, oder auch, wie in diesem Bericht, zwischen Jugendlichen und der Polizei. Fast jeden Tag[5] ist über solche Vorgänge in den Zeitungen zu lesen oder sie sind Anlass, dass die Medien darüber Berichte verfassen. Ich kann auch sagen, sie stellen eine Phänomenologie von Ereignissen dar, die auf der subjektiven Seite, auf der Seite der Handelnden von Gefühlen und Affekten geprägt sind und von den Medien aufgegriffen werden, weil diese Emotionen reproduzierbar sind.

Die zweite Ebene ist eine wissenschaftlich angeleitete Analyse der Vorgänge und Prozesse, die diesen Aktionen einen Allgemeinheitsgrad gibt und versucht, daraus Erklärungen für das Handeln der Beteiligten in einem bestimmbaren sozialen Umfeld zu geben. Dafür steht der herangezogene Artikel von Francais Dubet (2002). Das geschilderte Beispiel zeigt eine Form jugendlicher und männlicher Gewalt, belegt den Stellenwert der Gruppe der Gleichaltrigen: Zunächst hat es offenbar eine Auseinandersetzung in der Gruppe gegeben und die Mitglieder waren auch auf diese Auseinandersetzung eingestellt (es waren Baseballschläger vorhanden). Sobald die Polizei eintrifft, wird dieser Intragruppenkonflikt nach außen gegen die Polizei getragen, bei der sich besonders ein Jugendlicher hervortut. Die Jugendarbeiter/innen des Jugendhauses, vor dem sich die Auseinandersetzung abspielt (also ein ebenso symbolischer Ort wie auch ein Treffort), werden wissen, welche Stellung er in der Gruppe einnimmt und wie diese Stellung zu dem brutalen Handeln beigetragen hat. Schließlich spielt Alkohol eine entscheidende Rolle als Auslöser für Gewaltakte. Ebenso wie die Baseballschläger gibt Alkohol ein Gefühl der Stärke, verstärkt die Neigung, das gesteuerte Handeln aufzugeben. Dieses Zusammenspiel liefert eine unheilvolle Legitimation, sich in den »Rausch der Gewalt« zu steigern.

Der dritte Akt wird von Ortspolitikern gespielt, in diesem Fall von einen Stadtverordnetenvorsteher, der beschwichtigt und den Vorfall als Zufälligen deklariert: »Der Regionalrat und das Jugendhaus in N. leisten sehr gute Arbeit« (Frankfurter Rundschau, Stadtausgabe vom 14.05.2009). Die Situation wird ›klein geredet‹, die Lage der Jugendlichen wird auf Symptome reduziert. Damit soll zweierlei erreicht werden: Das soziale Problem oder besser die sozialen Probleme sollen von der Tagesordnung verschwinden, die Bürger, die die Polizei gerufen haben, sollen

5 Die Presse berichtet in kurzen Abständen über Gewalttaten Jugendlicher. Dazu ein Beispiel: »Die Polizei wirft zwei 15 und 14 Jahre alten Jugendlichen aus D. vor, Ende vergangenen Jahres einen Zwölfjährigen im S. Bürgerpark grundlos zusammengeschlagen zu haben. Das Kind erlitt damals nach Angaben der Ermittler massive Verletzungen im Gesicht, besonders betroffen war ein Auge« (Frankfurter Rundschau, 2./3.Febr. 2013, 69. Jg., Nr. 28).

beruhigt werden. Tatsächlich wird das Aufmerksamkeit erregende Handeln der Jugendlichen, dessen rationale und irrationale Ursachen, nicht ernst genommen. Anders formuliert: Was können Jugendliche aus diesem Umgang mit ihnen lernen im Sinne unseres Paradigmas des Erfahrungenmachens[6]?

Aus dieser Skizze und den anschließenden Überlegungen zu dem gewalttätigen Auftreten der Jugendlichen erscheint dieses nicht mehr so unerklärlich zu sein; so unerklärlich und aus heiterem Himmel kommend, wie es die Überschrift in der Tageszeitung zunächst suggeriert. Das Ereignis, oder neudeutsch das Event, denn um ein solches handelt es sich, steht in einem Kontext von Lebenserfahrungen, von alltäglicher Wahrnehmung und Bewältigungsmustern, die wir von außen und in kontrollierender Sicht sicherlich als misslungen ansehen. Doch aus der sozialen Realität der Jugendlichen und ihren biografischen Erfahrungen hat ihr Handeln durchaus einen rationalen Kern, der sich aber in der Außensicht nicht erschließt. Es wird eine Situation inszeniert, die den Gefühlen und den Handlungsmöglichkeiten der Jugendlichen einen Raum gibt. Licht in das Dunkel, warum diese Jugendlichen und jungen Männer gewalttätig werden, bringt ein Blick in dieselbe Tageszeitung vom übernächsten Tage.

Inzwischen hat der Journalist Georg Leppert recherchiert und mit den Jugendlichen und jungen Männern gesprochen. Dies findet seinen Ausdruck in der Überschrift des Artikels am 14.05.2009 (Frankfurter Rundschau, Stadtausgabe): »Randale mit Vorgeschichte – Nach den Auseinanderssetzungen vor dem Bürgerhaus erheben Jugendliche Vorwürfe.« Bei genauerem Hinsehen erweist sich, dass die Auseinandersetzung der Jugendlichen und jungen Erwachsenen im Stadtteil und mit der Polizei doch eine Vorgeschichte hat, also in einem Prozess steht. Ein Beteiligter berichtet, dass die Gruppe immer wieder von der Polizei kontrolliert würde. Die Konflikte kommen also nicht aus heiterem Himmel, wie das bei Gewalttaten öfter suggeriert wird, sondern sie sind in eine Geschichte (wie im Falle der Gewalttat, die ich in der Einleitung geschildert habe) oder, wie in dem angeführten Zeitungsbericht, in eine Gruppengeschichte eingebunden. Diese Personenkontrolle empfindet der Interviewte als »menschenverachtend«. Das habe er auch den Beamten erklärt, aber nur Hohn und Spott geerntet. Am späten Samstagabend sei eine solche Polizeikontrolle eskaliert: »Wir wollten diesmal nicht einfach nach Hause und unsere Wunden lecken, diesmal wurde es uns zuviel.« Der Kommentar des Polizeisprechers dazu: »Von Auseinandersetzungen zwischen seinen Kollegen und den Jugendlichen vor dem Wochenende sei ihm nichts bekannt.«

Schon eine erste Sicht auf die geschilderten Ereignisse zeigt, dass Gewalt am Schnittpunkt von Subjektwerdung und gesellschaftlichen, normativen Erwartun-

6 Ich füge hier schon ein begriffliches Konstrukt ein, das ich im Fortgang der Analyse erläutere und begründe. Damit wird der Argumentationsansatz deutlich: sich vom Fall oder dem Besonderen zum Allgemeinen und damit hin zu der Systematisierung der Bedingungen jugendlicher Gewaltformen zu bewegen. Die Entwicklung des Ansatzes Erfahrungenmachen als Bestandteil des Sozialen Lernens wird im Teil drei entwickelt, als Überleitung zu den Formen methodisch angeleiteten sozialpädagogischen Handelns.

gen steht. Auf der einen Seite verlangt die Gesellschaft von den jungen Männern, dass sie sich gegen unberechtigte Erwartungen und Zuschreibungen zur Wehr setzen (die Kontrolle wird als menschenverachtend erlebt). Andererseits wollen die Anwohner Zusammenrottungen von Jugendlichen und Schlägereien unter den Jugendlichen nicht hinnehmen. Also schicken sie eine andere Gruppe junger Menschen (Polizistinnen und Polizisten) vor, die den Konflikt bzw. die sich entwickelnde Gewalt bereinigen sollen, aber ihrerseits als Angreifer gedeutet werden. Diese Verstrickung von Zuweisungen und gesellschaftlichen Zuordnungen ist durch die Beteiligten nicht aufzulösen: Nicht durch die Polizistinnen und Polizisten, weil diese keine faktischen wie situativen und professionellen Möglichkeiten dazu haben (sie haben Gesetzen Geltung zu verschaffen, haben dafür allerdings einen ›Spielraum‹). Es ist nicht ihre Aufgabe, der Auseinandersetzung auf den Grund zu gehen und auf die Lebenslage der betroffenen Jugendlichen Einfluss zu nehmen.

1.2 Ein zweiter systematisierender Zugang: Gewaltformen Jugendlicher aus statistischer Sicht

In zwei weiteren Schritten werde ich mich der Systematisierung und Erklärung von Gewalt als Handeln Jugendlicher annähern: Durch eine kritische Darstellung der statistischen Daten zu Gewaltformen Jugendlicher und durch ein Angebot, Gewalt definitorisch zu bestimmen.

Ausgangslage: Für sozialpolitische Entscheidungen, auch die der Jugendhilfe, zu Interventionsformen bei Gewaltaktivitäten Jugendlicher werden statistische Daten als unerlässlich angesehen. Zudem dienen sie dazu, die Öffentlichkeit bei Gewalttaten (wie bspw. von jugendlichen Hooligans oder aufrüttelnder Gewalttaten) entweder zu beruhigen (dann wird von Behördenseite argumentiert, die Tat sei ein Einzelfall) oder nach Maßnahmen zu rufen, die von politischer Seite als Verschärfung des Jugendstrafrechts deklariert wird, um eine verunsicherte Bevölkerung zu beruhigen. Statistische Daten ermöglichen einen Überblick, ob und wieweit Gewaltformen tendenziell unter Jugendlichen verbreitet sind, sie vermitteln Schätzungen über Dunkelziffern, d. h. welche Gewaltformen wie bspw. Mobbing im Verborgenen bleiben. Für die Ebene des sozialpädagogischen Handelns bieten sie Näherungswerte, weil sie nicht an die Lebensbedingungen heranreichen.

Der erste Schritt, sich der Debatte um (jugendliche) Gewalt und ihren Gründen zu nähern, ist folglich die Beschäftigung mit Statistiken und hier steht die immer wieder gestellte Frage im Mittelpunkt, die die Debatte um Jugendgewalt bestimmt: Wie sieht es mit der Zunahme von Gewalt aus? Steigt die Jugendgewalt prozentual, nimmt also die Gewalt bei Jugendlichen zu, besonders die körperliche Gewalt? Die Statistiken zeigen ein eher schwankendes Bild: Die statistischen Daten zur Jugendgewalt sind in ihrem Verlauf nicht eindeutig. Das hängt zum einen mit der Unschärfe des Begriffes Gewalt zusammen, aber auch mit dem veränderten Anzeigeverhalten von Gewaltdelikten. Problem ihrer Aussagefähigkeit ist die Dunkelziffer von Gewalttaten. Diese ist bei Gewaltdelikten hoch, sei es, dass aus Scham der Opfer keine Anzeige erfolgt, oder weil man die Verfolgung durch den oder die Täter fürchtet oder dass darauf vertraut wird, die Auseinandersetzung schon selbst regeln zu können. Galt lange Zeit, dass Gewalt unter den Beteiligten – oft in nachbarschaftlichen Zusammenhängen – selbst geregelt wird, hat sich in Folge der Ethnisierung von Konflikten und der Abgrenzung von Gruppierungen ein anderes Handeln entwickelt. Die Argumentation ist, dass Gewalt heute eher angezeigt wird, weil aufgrund der nachbarschaftlichen Fremdheit und Isolation nicht mehr darauf vertraut wird, den Konflikt schon selbst beilegen zu können. Zudem hat sich ein anderes Unrechtsbewusstsein entwickelt.

Ein wichtiger Datengeber für diese Beurteilung der Jugendgewalt ist die polizeiliche Kriminalstatistik (PKS), die angezeigte oder zu verfolgende Delikte erfasst[7]. So kann die ›gefühlte‹ These, die durch die Berichterstattungen in den Medien gefördert wird, dass es zu einer Brutalisierung in der Jugendgewalt gekommen sei, nicht gestützt werden, weil »die eher schwereren Gewaltdelikte weniger häufig ausgeführt werden als noch im Jahr 1998« (Baier 2011, 48). Die in den Medien behauptete Brutalisierung von Gewalttaten lässt sich durch die vorliegenden Daten nicht bestätigen. Werden die Folgen von Gewalttaten untersucht, dann zeigt sich, »dass Körperverletzungen mit Waffen 1998 genauso häufig wie 2005/6 ärztliche Behandlungen nach sich gezogen haben; bei Körperverletzungen ohne Waffen ist sogar ein leichter Rückgang des Anteils an Übergriffen mit nachfolgender ärztlicher Behandlung feststellbar« (Baier 2011, 48). Werden noch die Daten der Deutschen Gesetzlichen Unfallversicherung hinzugezogen, die die Raufunfälle an Schulen erfasst, die somit ein ›ungeschminktes‹ Bild vermitteln, weil die Schulleiter solche Vorkommnisse melden müssen, dann ergibt sich folgendes: »Zwischen 1998 und 2008 ist die Anzahl der Raufunfälle, die in Frakturen (z. B. Nasenbeinbrüche, Rippenbrüche) geendet haben, je 1000 Schüler von 1,2 auf 0,8 gefallen« (Baier 2011, 40). Allerdings muss diese Feststellung differenziert werden, wenn die Altersgruppen getrennt betrachtet werden: »So ist zwar für Jugendliche seit 1998 ein Rückgang der Belastungszahlen für Raubdelikte um 22,4 Prozent festzustellen, bei Heranwachsenden (18- bis unter 21-Jährige) und Jungerwachsene (21- bis unter 25-Jährige) fällt

7 Im Kapitel »Jungenarbeit – Rambo oder Weichei« verweise ich noch einmal auf die spezifischen Daten zur Gewalt von Jungen und den sich daraus ergebenden Folgen für die sozialpädagogische Arbeit.

dieser Rückgang aber deutlich schwächer aus (15,1 bzw. 10,5 %). Seit 2007 ist zudem die Belastungszahl für schwere/gefährliche Körperverletzung für Jugendliche um 6,9 Prozent gefallen, für Heranwachsende ist die Zahl hingegen nur leicht gesunken (um 1,7 %), für junge Erwachsene ist sie sogar weiter gestiegen (um 2,1 %)« (Baier 2011, 51).

Weitere Differenzierungen können die vorliegenden Daten näher an eine mögliche Erklärung rücken. Jungen und junge Männer begehen mehr Gewaltdelikte als Mädchen bzw. junge Frauen (zu den Gründen s. das Kapitel zur Jungenarbeit): »Schüler begehen dreimal mehr häufiger Gewalttaten als Schülerinnen (20,2 zu 6,4 %). Je schwerer das Delikt ist, umso größer sind die Geschlechtsunterschiede (z. B. schwere Körperverletzung Jungen 5,5 mal häufiger Täter)« (Baier 2011, 45). Eine Studie[8] zur Einschätzung des Stellenwertes von Gewalt in jugendlichen Lebenszusammenhängen von Wassilis Kassis (2011, 153) belegt, wie die Gewaltorientierung verteilt ist. Danach »setzten 22,5 Prozent der Mädchen, aber 45,7 Prozent der Jungen physische Gewalt gegen Gleichaltrige in den letzten drei Monaten ein. (...) Obwohl somit Jungen mehr als doppelt so häufig wie die Mädchen Gewalt einsetzen und damit 69,7 Prozent aller gewalttätigen Jugendlichen männliche Jugendliche sind, kann und darf der Anteil der gewalttätigen weiblichen Jugendlichen nicht negiert werden«.

Leichte Unterschiede gibt es im Vergleich von Stadt und Land: »In Großstädten haben die Jugendlichen zu 15 Prozent zumindest eine Gewalttat begangen, in ländlichen Gebieten zu 13,2 Prozent« (Baier 2011, 45). Diese Zahl relativiert sich, wenn man weiß, dass in städtischen Gebieten bei Gewalttaten eher Anzeige erstattet wird. Zieht man noch ein weiteres Kriterium hinzu, das des möglichen Bildungsabschlusses, dann bestätigen sich die Vermutungen, dass dieser Zusammenhang einen Einfluss auf die Gewaltmuster haben kann: Jugendliche aus Gymnasien haben zu 8 Prozent Anteil an Gewalttaten Jugendlicher, Jugendliche aus Förderschulen bzw. Hauptschulen zu 19,4 Prozent (ebd., 45). Und schließlich der Migrationshintergrund: »Nichtdeutsche Jugendliche sind nur 1,6 mal häufiger Gewalttäter als deutsche Jugendliche (18,5 zu 11,5 %)« (Baier 2011, 44). Diese Differenzierungsmerkmale (hier Geschlechterspezifik, Verhältnis Stadt zu Land, möglicher Bildungsabschluss, Migrationshintergrund) machen deutlich, dass es bei der Beurteilung der Gewaltentwicklung Jugendlicher auf die ›feinen‹ Unterschiede ankommt, ein globales Bild nicht hilfreich ist. Für das sozialpädagogische Intervenieren kann der Gewaltindex bedeutsam sein, der besagt, »wie viele Jugendliche in den letzten 12 Monaten mindestens eine Gewalttat begangen haben. Das trifft auf 13,5 Prozent der Befragten zu; d. h., etwa jeder siebte Jugendliche begeht jährlich eine Gewalttat« (Baier 2011, 43).

Ein weiteres Bild ergibt sich aus unterschiedlichen Befragungen Jugendlicher zur Einschätzung des Stellenwertes, die Gewaltformen für ihre Lebenszu-

8 In der Untersuchung wird mit Selbsteinschätzungen von Jugendlichen durch Items gearbeitet.

sammenhänge haben. Diese Studien[9] (Reinders 2003, Kriminologisches Institut Niedersachsen 2009) zeigen, dass Jugendliche befürchten, künftige gewalttätige Auseinandersetzungen werden Einfluss auf ihre Lebensqualität nehmen. Die Untersuchung von Reinders kommt zu dem Ergebnis, dass ein hoher Prozentsatz der befragten Jugendlichen ihre Zukunft so sieht, dass gewalttätige Auseinandersetzungen ihr Leben prägen und beeinträchtigen werden. Werden noch die Daten für erlebte verbale Angriffe hinzu genommen, formt sich das Bild, dass sich ein großer Teil der Jugendlichen darauf einrichtet, in einer Welt voller Konflikte und möglicher Gewaltformen zu leben. Sie stellen sich darauf ein, dass dieses soziale Problem ihr zukünftiges Leben prägen wird. Zudem können wir aus dieser Einschätzung weiter schließen, was dies an Ängsten für die Heranwachsenden bedeutet. Dies kann auch als Handlungsaufforderung verstanden werden, durch eigene Gewaltformen diesen Bedrohungen entgegen treten zu können. Der Abbau von Hemmschwellen zur Gewalt und die damit einhergehenden gewalttätigen Handlungsmuster, auch durch mediale Darstellungen, werden von Jugendlichen als bedrückend erlebt. Weitere Daten dazu finden sich bei Dornes (2004, 75). In diesen Daten werden ein Unsicherheitsgefühl Jugendlicher und ein Unbehagen an den Zukunftsaussichten deutlich.[10]

Fazit: Die Betrachtung statistischer Daten zur Gewaltentwicklung kann im Hinblick auf *sozialpädagogisches Intervenieren* nur bedingt von Bedeutung sein, wenn es darum geht, jugendliche Gewalttäter von ihren Konfliktlösungsmustern abzubringen. Bedeutsam sind die Bedingungen an den jeweiligen sozialen Orten (bspw. Schule, Jugendhaus, Heim), die soziale Lage im Stadtteil bzw. der Region: abhängig bspw. von rivalisierenden Gruppen und den Orientierungen im jeweiligen sozialen Milieu, besonders aber von den vorhandenen Möglichkeiten, auf Jugendliche in ihrem sozialen Umfeld einzuwirken und ihnen Handlungsmöglichkeiten anzubieten, bei denen weitgehend auf Gewaltformen verzichtet wird, um Alltagsfragen zu klären und zu lösen.

Exkurs: Begriffliche Eingrenzung der sozialen Tatsache Gewalt

Was ist also Gewalt? Am Ende dieser Überlegungen entwickele ich einen Gewaltbegriff, um dieses – wie es in den statistischen Auflistungen deutlich

9 Die Ergebnisse des Kriminologischen Institutes Niedersachsen 2009, Forschungsbericht 107, zu Übergriffsformen von Schüler/innen, die Jugendliche in der Schule erfahren: In dieser Studie wird am häufigsten mit 43,9 % das Hänseln durch Mitschüler/innen genannt. Die Ergebnisse sind hier auf konkrete Auseinandersetzung bezogen, nicht auf ›gefühlte‹ Gewaltformen bzw. Ängste. So sagen 21,4 % der Schüler/innen aus, dass sie getreten oder geschlagen bzw. andere Formen körperlicher Gewalt z. B. Erpressung als Opfer erlitten haben (dazu Baier u. a. 2009, 57).

10 Überlegungen, was dies im Zusammenhang einer fortgeschrittenen Moderne für die Lebensbedingungen Jugendlicher bedeuten kann, aber auch welche Anforderungen an die Sozialpädagogik mit diesen Entwicklungen verbunden sind, werden im letzten Teil aufgegriffen.

geworden ist – komplexe soziale Problem begrifflich einzugrenzen, damit die Basis für ein sozialpädagogisches Intervenieren zu schaffen. Es geht also um die Bestimmung eines vielschichtigen und emotionalisierenden Begriffes, der auch in der Alltagssprache für Aufmerksamkeit und Unruhe sorgt, aber wegen dieser Verflechtung unscharf ist. Mit dem Begriff Gewalt wird Heterogenes gefasst: Hochgradig emotional und erotisch aufgeladen, werden soziale Tatsachen, soziale Probleme gefasst, die zudem mit Fantasien und Gefühlen aufgeladen werden und wesentlicher Bestandteil medialer Wirklichkeit (z. B. in unzähligen Krimis im Fernsehen wie ›Tatort‹) sind. Die Verwendung des Begriffs Gewalt in medialen Zusammenhängen (also auch in diesem Buch) verlangt nach einer Definition, die das Schillernde dieses Begriffes zu klären versucht und eine Trennung zur Aggression als Emotion ermöglicht.

Gewalt ist immer ein Handeln, Aggression ist als Emotion zu fassen, die nicht zwangsläufig in ein gewalttätiges Handeln umschlagen muss. Gewalt muss folglich von Aggression unterschieden werden, die auch die positive Funktion des Selbstschutzes und ein Energiepotential für Entwicklungen sein kann. In der landläufig verwendeten Begrifflichkeit von Aggression sind zwei Ebenen enthalten: Handeln und Gefühl. Mit dem Begriff der Aggression werden umgangssprachlich Ausdrucksformen von Gefühlen (Wut, Gefühl der Benachteiligung, Enttäuschung, Benachteiligung) und das möglicherweise daraus folgende Handeln in sozialen Situationen gefasst. Dabei bleibt offen, ob und wie sich diese Gefühle im Handeln ausdrücken oder als Gefühle ›übrig‹ bleiben. Mit der alltagssprachlichen Gleichsetzung von Aggression und Gewalt wird dem jeweiligen sozialen Handeln ein Motiv unterschoben, ohne dass im wissenschaftlichen Sinne gesichert ist, ob dies im jeweiligen Fall der Auslöser für das gewalttätige Handeln ist. Um zu einer gesicherten Analyse von gewalttätigem Handeln zu gelangen, muss in der Analyse die Ausgangssituation einbezogen und eine Trennung von Emotionen und Handeln[11]vorgenommen werden: »Wenn wir uns hingegen auf die Interaktionssituation konzentrieren – den wütenden Freund mit dem schreienden Kleinkind, den bewaffneten Räuber, der beim Überfall auf sein Opfer schießt, den Polizisten, der auf den Verdächtigen einschlägt –, können wir die Konfrontations-, Anspannungs- und Gefühlsmuster erkennen, die in der Gewaltsituation wesentlich sind« (Collins 2011, 11).

Gewalt ist eine hochgradig emotional besetzte soziale Tatsache, die mit moralischen und erotischen Implikationen behaftet ist. Das macht diesen Begriff zu einem besonderen, zu einem vielschichtigen unter den Definitionsversuchen für soziale Problemlagen. Das belegen bspw. die Versuche, Gewalt als Gewalt gegen Sachen und Menschen zu trennen, Versuche, legitime und nicht legitime

11 Der Begriff des sog. aggressiven Verhaltens im Kindes- und Jugendalter (dazu auch Schick 2011) versucht Handeln einen Zusammenhang mit Emotionen zu geben – gleichsam ihm einen Auslöser zu unterlegen, ohne dass immer hinlänglich geklärt ist, ob dieses Handeln in Aggressionen ihren Ursprung findet.

Gewalt zu definieren. Der Begriff der strukturellen Gewalt versucht, Gewaltformen in Institutionen zu bestimmen, auch in denen des erzieherischen Bereiches subtile Gewaltmechanismen aufzudecken, die sich nicht nur in physischer Gewalt ausdrücken. In den subtilen Formen der Gewalt als Unterdrückung zeigt sich die Vielschichtigkeit der Erscheinungsformen von Gewalt. Indem wir Instanzen das Recht auf Gewalt zubilligen – von der staatlichen Gewalt bis hin zu den Eltern –, zeigt sich, wie dicht bei dieser sozialen Tatsache Normalität und Abweichung nebeneinander liegen können. Hinzukommt, dass es eine Frage sozialer Bewertung und Interpretation ist, ob wir etwas als Gewalt ansehen oder nicht, z. B. wenn der Vater den Sohn schlägt, der Jugendliche den Hund, der Polizist den Demonstranten. Es bedarf also einer Einordnung, einer Deutung der entsprechenden Handlung. Dabei werden der soziale Kontext, Traditionen (»eine Ohrfeige hat noch niemandem geschadet«), Sitten und Normen sowie Legitimitätsgesichtspunkte wie etwa ›gute‹ Gründe (wie Notwehr oder Gewalt als Gegengewalt) als Deutungsfolie herangezogen. Die Schlussfolgerungen aus diesen Überlegungen lautet: Lapidar lässt sich sagen, Gewalt ist Teil des menschlichen Zusammenlebens. Aus pädagogischer Sicht kann es nur um mehr oder weniger Gewalt gehen, weil Gewaltformen in soziales Handeln eingewoben sind, deren ›unbewusste‹ Bestandteile sind. Dieser Blick richtet sich auf die Auseinandersetzung mit Gewalthandeln, also auf Formen der Vermeidung, Regulierung und Verarbeitung von Konflikten, auf Gewaltvermeidung und Abwehr von Gewaltexzessen.

Mit einer begrifflichen Klärung des sozialen Problems Gewalt versuche ich, den Blick für die soziale Lage zu schärfen und die Anamnese der Situation vorzubereiten, in der sich Gewalt ›ereignet‹. Damit soll die Diagnose und die darauf aufbauende Intervention im sozialpädagogischen Feld vorbereitet werden. Diese Schritte basieren auf beobachtetem Handeln und dem Zuordnen zu einen systematischem Zusammenhang. Mit dem Begriff der Gewalt werden ebenso brutale physische Verletzungen wie auch subtile Demütigungen auf psychischer Ebene oder auch die Verweigerung von Kommunikation gefasst (z. B. bei Mobbing), aber auch staatliche Eingriffe (strukturelle Gewalt). Die begriffliche Bestimmung zeigt auf, dass bei Gewaltformen (auch bei Mobbing) immer ein Handeln, eine Interaktion in Situationen im Mittelpunkt steht, egal aus welchem Motiv heraus Gewalt ausgeübt wird. Mit anderen Worten ausgedrückt: Gewalt ist ein Handeln, eine Interaktion zwischen Subjekten, die von ihnen steuerbar ist. Deshalb ist auch ein (sozial-)pädagogischer Zugang möglich. Die Ausdrucksformen von Gewalt orientieren sich an gesellschaftlichen Normen und Erwartungen, auch in deren Überschreitung und Negierung. Aus diesen Überlegungen entwickele ich eine Definition für Gewalt, die auf sozialpädagogisches Handeln zielt:

Definition: Gewalt soll im Zusammenhang (sozial-) pädagogischer Arbeit als versuchte oder tatsächliche Verletzung der physischen und psychischen Integrität des Subjektes verstanden werden.

2 Gewaltformen im Jugendalter oder Wie kommt Gewalt in das Subjekt? – Zur Analyse von Gewaltformen Jugendlicher

2.1 Grundlage: Der Stellenwert des Selbstbildes im sozialen Entwicklungsprozess

Ausgangsfrage: Die Adoleszenz[12], durch hormonelle Veränderungen der Heranwachsenden beeinflusst, die in den Begriff Pubertät[13] gefasst werden, wird ebenso durch soziale und kulturelle Definitionen bestimmt. In dieser Phase stellen die Akteure Verknüpfungen zu Kultur(en), zu sozialen Milieus her, d.h. auch zu Gruppen, an denen sie sich orientieren bzw. Perspektiven für ihre Zukunft entwickeln[14]. Unter sozialpädagogischen Gesichtspunkten ergibt sich daraus die Frage, wie die sozialen und individuellen Grundlagen für diesen Entwicklungsprozess beschaffen sind: Wie wirken sich im Einzelfall die unterschiedlichen Einflüsse aus, so dass es zu Gewaltformen als Muster der Alltagsbewälti-

---

12 Ich halte an dem Begriff der Adoleszenz fest, weil daran die gesellschaftliche Zuschreibung *und* der biologische, aber auch der soziale Entwicklungsprozess gefasst wird. Diese analytisch bestimmten biografischen Phasen sind allerdings, so die Debatte um Entgrenzung, in der fortgeschrittenen Moderne nicht mehr scharf voneinander zu trennen (dazu Böhnisch u.a. 2009).

13 Nach Winnicott (1990) ist Pubertät ein Schwebezustand und eine Phase der inneren Unwirklichkeit für Jugendliche, in der sie auf der Suche nach sich selbst und ihrem Selbst sind. Sie suchen ihren Ort im sozialen Zusammenhang und müssen ihre narzisstischen Strebungen und Größenphantasien zwischen Minderwertigkeitsgefühlen und Omnipotenz mit dem Realen in Einklang bringen. Die Unterstützungsaufgabe für die Sozialpädagogik besteht darin, dass Jugendliche die daraus entstehenden Spannungen und Diskrepanzen aushalten können (Ambiguitätstoleranz).

14 Im Sinne der interaktionistischen Theorie ist Kultur nicht im kognitiven Sinne verinnerlicht, sondern ist ein Objektives, das Subjekten gegenübertritt und ihnen begegnet, wenn sie in einen Prozess des Aushandelns über die Welt eintreten. Dies erklärt aber noch nicht die Kontinuität von Kultur. Im pädagogischen Kontext müssen wir uns fragen, wie Kultur übertragen und weitergegeben wird. Zunächst ist Kultur ein Element gemeinsamen Handelns, das durch geteilte Symbole über Generationen vermittelt wird, in das Werte und Normen, Tabus und Regeln eingehen, Deutungen und Partizipationen an Perspektiven, Sinnzusammenhänge und Orientierungen ihren Platz haben, kurzum es werden Handlungsmöglichkeiten und ihre Begründung vermittelt. Dazu gehören ebenso auch die Regeln und Bilder zur Sexualität, wie sie Sigmund Freud bspw. in ›Totem und Tabu‹ entwickelt hat. All dies sind Anteile, die im Rahmen pädagogischer Prozesse explizit und implizit vermittelt werden. Da Gewalt ebenso Teil dieser Weitergabe ist, muss darüber auch eine ›kulturelle‹ Auseinandersetzung mit Jugendlichen stattfinden. Damit muss dieser Lerninhalt in das Pädagogische eingehen und darin Platz finden.

gung kommt. Das soziale Umfeld (Eltern, Geschwister) bzw. das soziale Milieu (peer-group) bilden das soziale Feld, in dem Lösungen für den Alltag gesehen, adaptiert und schließlich von Jugendlichen eingesetzt und erprobt werden.

Diese ersten Ansatzpunkte für analytische Schritte (*Anamnese*)[15] erweitern sich zu einem diagnostischen Zugang, der die Lebenslage als Auslöser für Gewaltbereitschaft einbezieht und der Frage nachgeht, welche Fähigkeiten (Konfliktmuster) bereits entwickelt wurden, um mit Konflikten umzugehen. Damit wird ausgelotet, welche Handlungsfähigkeiten (Kompetenzen) Jugendliche zur Lebensbewältigung benötigen. Welche spezifischen Erfahrungen werden in der Adoleszenz gemacht, die zu Gewaltformen bzw. Mustern der Gewalt werden können. Dieses Erfahrungenmachen ›passiert‹ auf zwei Ebenen:

- Dem *Innen*, als psychisches Verarbeiten der Erfahrungen, der damit verbundenen jeweiligen Gefühle und der Entwicklung eines Selbstbildes, in dem diese Erfahrungen verarbeitet und gespeichert werden, und
- dem *Außen*, das die Erwartungen an den Heranwachsenden, seine sozialen Bezüge und die Einordnung in das soziale Umfeld[16] erfasst. Hinzukommt der gesellschaftliche Bezug, den ich mit dem Topos der fortgeschrittenen Moderne umschreibe.

2.1.1 Die Entwicklung des Selbstbildes im individuellen Prozess des Heranwachsens

Bestimme ich Adoleszenz als Entwicklungsphase, lenkt dies den Blick auf den Prozess der Herausbildung des Selbstbildes: Wer bin ich, wer will ich sein. Dies sind die zentralen zu lösenden Fragen für Jugendliche in dieser biografischen Phase. Es wird ein Bild davon entwickelt, wer man ist und wer man sein will und wie man sich selbst in die bestehenden (sozialen und gruppenspezifischen) Mus-

15 Dem Stellenwert von Anamnese, Diagnose und Intervention in der sozialpädagogischen Arbeit gehe ich im Teil 3 detailliert nach.

16 Unter dem Eindruck, dass spezifische traditionelle Milieus sich auflösen (bspw. ein Angestellten- oder Arbeitermilieu, wie das in den 1980er Jahren noch so für die englischen ›lads‹ und ›skins‹ beschrieben wurde), damit deren Traditionen und Muster als Orientierung verloren gehen, wird unter Jugendforschern die Frage diskutiert, woher Jugendliche ihre verbindenden Muster und Symbole beziehen können, die dazu noch als Abgrenzung gegenüber der Erwachsenenwelt taugen. Der Gebrauch von Gewalt lässt sich in diesem Kontext deuten: Gewalt wird zum ›Normalen‹, weil sie zum Bestand gesellschaftlichen Handelns gehört, auch wenn Gewalt als Durchsetzungsmuster moralisch geächtet ist. Mit Gewaltformen werden, wie ich im Teil über Initiationsriten zeigen werde, Muster der Erwachsenenwelt übernommen und praktiziert. Zugleich wird mit ihrer Verwendung eine Grenzlinie zur Erwachsenenwelt überschritten. Und auch in einem dritten Punkt bietet Gewalt Zusammenhalt: Gewalt ist eine wichtige Größe, um den Gruppenzusammenhang zu festigen. Deshalb ist in sozialpädagogischer Absicht notwendig, sich auf diese Gruppenkohäsion einzulassen.

ter einbringen kann und will: Es werden die Botschaften des Gegenübers (des Außen) ›erprobt‹ (dazu Blos 1962, Fend 2005).

Woran orientiert sich das Selbstbild? Welche Einschätzung (Bild) habe ich von mir und der zu lösenden Situation? Wie kann ich eine Balance von Verlust und Gewinn für mich herstellen? Das (dynamische) Selbstbild ist also ein Orientierungsgeber und ein Handlungsbeeinflusser, das aus den Erfahrungen mit mir als Handelndem und dem Echo der Anderen resultiert. Aus diesem Bild von mir Selbst entwickeln sich Handlungsmuster. Mit dem Begriff des Selbstbildes, das affektive und kognitive Komponenten beinhaltet, verfüge ich über eine sozialpädagogische Rahmung, die Erfahrungen (und Emotionen des Subjektes) mit den vorfindlichen sozialen Situationen im Handeln Jugendlicher verbinden.

In diesem Rahmen werden soziale Fähigkeiten ausprobiert, damit Kompetenzen erworben. Mit der Interaktion und der Auseinandersetzung in gesellschaftlichen Gruppen, mit denen Jugendliche ihre Lebenswelt teilen, werden in diesen Zusammenhängen (Kultur, sozialen Milieus) eigenständige Lebensformen entwickelt. Diese Lebensformen sind Ausdruck der sozialen und materiellen Lebenserfahrungen. Zu diesem Ausdruck gehören auch Formen der Gewalt (dazu Sutterlüty, 2004), um an dieser Lebenswelt teilzunehmen, nicht nur zu partizipieren, sondern auch Einfluss zu gewinnen, deutlicher, diese Lebensformen in der Lebenswelt auch mit zu bestimmen und nach dem eigenen Bilde zu formen. Der Wunsch nach Teilhabe richtet sich nach den erfahrenen und gelernten Mustern. Die Ausprägung der Lebensformen wird damit zu steuern versucht, wobei die Muster der Geschlechtsrollen wiederum einen entscheidenden Einfluss ausüben.

Im alltäglichen sozialen Handeln werden überlieferte Bedeutungen und Beziehungen nicht einfach übernommen, sondern werden zur Teilhabe an sozialen Prozessen aufgegriffen, umgeformt, adaptiert und für die eigene Brauchbarkeit ›zurecht gestutzt‹. In diesen Adaptions- und Umformungsprozessen gehen auch Widerstände, ›Reaktionen‹ ein, die sich gegenüber der kulturellen Deutungsmacht aufgrund der Lebenserfahrung und Lebensgeschichte herausbilden. Das macht die Ambivalenzen kultureller Überformungen deutlich: sie sind Teil objektiver Bedeutungen (z. B. über verwendete Sprache und Symbole) und Determiniertheit, andererseits muss ihnen ein subjektiver Sinn beigegeben werden, damit sie handlungsrelevant werden und sie zu einer subjektiven Autonomie führen (können). Das Widerborstige daran ist also das Aufeinandertreffen von Geteiltem (Sozialem) und Eigenem (Subjektivem). In diesem Zusammenhang können folglich Gewaltformen eine Ausdrucksform des Subjektiven *und* des geteilten Sozialen sein, die die Teilhabe an dem jeweiligen Sozialen zur Geltung bringen will, aber auch die subjektive Befindlichkeit deutlich macht. Anders ausgedrückt, darin verkörpert sich die gemeinsame Geschichte, die subjektive Erfahrung und deren Verarbeitung durch das Selbst.

Erwartungshaltungen von Außen treffen auf ein Subjekt, das in Prozessen körperlicher Umwälzung begriffen ist, das zudem erfahren muss, seine Handlungs- und Entscheidungsebenen selbst zu bestimmen, die bisher weitgehend von dem familiären Umfeld strukturiert wurden. Es muss deshalb sein Handeln erproben, um mit diesem Probehandeln Erfahrungen in den sozialen Bezügen zu erlangen. Biologischer Auslöser dieser Phase ist die hormonelle Umstellung (oft verbunden mit Depressionen) im Zentralen Nervensystem, bei der die hemmenden Einflüsse der Sexualhormone auf den Hypothalamus abnehmen. Zu Beginn der Pubertät steigen u. a. die Basalwerte Östrogen und Testosteron deutlich an. Diese Veränderungen in der körperlichen Konstitution haben auch ein Bündel von sozialen Verschiebungen zur Folge: Sieht man einmal von individuellen Entwicklungsschritten ab, ist Adoleszenz geprägt durch

- das Finden einer Berufsrolle (ökonomische Unabhängigkeit als eine Voraussetzung von Eigenständigkeit). Es ist die Phase, in der Entscheidungen über berufliche Orientierungen getroffen werden, sofern Jugendliche dafür eine Möglichkeit bekommen;
- das Hineinfinden in eine sexuelle Rolle und die Erfahrung, als Mann oder Frau zu handeln. Zudem müssen sie ihre körperlichen Veränderungen (Stimme, Wachsen der sekundären Geschlechtsmerkmale) akzeptieren lernen. Diese beiden Orientierungsvorgänge bilden die Grundlage für:
- das Auffinden eines sozialen Ortes, also Bezüge zu und in Gruppen (Vereinen, Freundschaften, Beziehungen) und zu Einzelnen (Partnern, Freundeskreis) herstellen, d. h. eigenständig soziale Bindungen und Beziehungen eingehen, auch als Vorbereitung auf die Partnersuche, und das heißt:
- sie müssen für sich Positionen in der Gesellschaft finden, d. h. ihr Selbst definieren und darüber Regeln anerkennen oder ablehnen (Probehandeln). Schon deshalb ist das Jugendalter ein kritischer Lebensabschnitt, weil die Ablösung vom Elternhaus (und deren Orientierungen, die aber als Muster bestehen bleiben) geleistet werden muss. Zum anderen entstehen Erwartungen, die die Erwachsenenwelt (als gesellschaftliches Substrat) an die Heranwachsenden stellt.

Jugendliche stehen vor der Anforderung, die verschiedenen Sinnbezirke in ihrem Selbst(bild)[17] zu integrieren, Erwartungen zu bewältigen und die damit einhergehenden Widersprüche und Paradoxien auszuhalten. Unter diesem Erwartungsdruck bilden sich Ungleichgewichte in den Gefühlslagen heraus, die durch gewaltförmiges Handeln geklärt und eindeutig gemacht werden: Bist du mein Freund oder bist Du mein Feind. Gewaltorientierte Jugendliche müssen von daher zunächst in ihrer realen Lebenssituation gesehen und ihre Lebenslage reflektiert werden (Anamnese), woraus sich dann fallbezogene sozialpädagogische Strategien ableiten lassen (Intervention): Wie können diese Jugendlichen in ihrer Lebensbewältigung gestützt, unterstützt werden, mit ihnen nicht gewaltaffine Handlungsmöglichkeiten zur Problemlösung entwickelt werden (Koproduktion).

---

17 Ich setze auf das Konstrukt des Selbstbildes statt der Identität (dazu Keupp 2005), um die Verwerfungen der fortgeschrittenen Moderne im Hinblick auf ihre sehr vielschichtigen und in sich ambivalenten und auseinander driftenden ›Bildgeber‹ und ›Modelle‹ für Kinder und Jugendliche, also in ihrem Einfluss auf das handelnde Subjekt fassen zu können. Damit lässt sich dann auch der Stellenwert des Konfliktes (und in der weiteren Differenzierung der Gewalt) präziser in ihrer Alltagsbedeutung fassen und die Verbindung zu deren Bewältigung als Kompetenz herstellen.

Unter dem *Selbst* ist die psychische Verarbeitung der Möglichkeiten und Fähigkeiten zu sehen, ebenso wie das Erfahren von Grenzen im körperlichen, sozialen und kognitiven Bereich. »Das Selbst als ›*sozialer Akteur*‹ repräsentiert die artspezifische affektiv-kommunikativen Interaktionen – sowie ihre subjektiven emotionalen Korrelate –, die Säuglinge mit ihren Betreuungspersonen von Geburt an unterhalten« (Fonagy u.a. 2004, 254). Es werden also nicht nur Zukunftsaspirationen entwickelt, sondern zugleich auch Definitionen von der Wirklichkeit ›ausprobiert‹. Dieses Ausprobieren besteht in einem ›Spiel‹ mit vorhandenen, sich auch widersprechenden Mustern. Entsprechend lassen sich die gewalttätigen Auseinandersetzungen bestimmter Gruppierungen als Versuch ›lesen‹, wie stark die Beharrungstendenzen der bestehenden Regeln (und derer, die sie vertreten) sind, oder ob hinter den verbalen Bekenntnissen nicht Begründungen für eben jenes Handeln lauern, das gewalttätige Jugendliche praktizieren. Bei der Analyse jugendlichen gewaltbereiten Handelns ist folglich die ›Ambivalenz der Gewaltformen‹ zu berücksichtigen, die sich im alltäglichen Umgang, dem ›Spiel‹ der Cliquen und Subkulturen vollziehen. Dieses Spiel befindet sich immer hart an der Grenze zwischen Spaß und Ernst, Bluff und Verletzung. Gerade wenn dieses Spiel als Übungs- und Experimentierfeld von den Jugendlichen betrachtet wird, ist die sozialpädagogische Frage, wie dieses von tragfähigen ›Modellen‹ begleitet und unterstützt werden kann, damit aus dem Spiel Alltagsbewältigungen und Problemlösungskompetenzen werden können. In dem Begriff der Modelle sehe ich bindungsfähige Erwachsene, die mit ihrem sozialen Handeln für das Nachahmen attraktiv sind. Aus sozialpädagogischer Sicht gilt es, diese Suchprozesse Jugendlicher in der Adoleszenz[18] zu stützen und mit dieser Entwicklungstatsache (Bernfeld) zu arbeiten. Die Suche nach Orientierung und Erfahrung kann zu Übertretungen von Regeln führen, um deren ›Haltbarkeit‹ zu erproben. In diesem Sinne steckt in der Auseinandersetzung mit Gewaltformen Jugendlicher das Erfahrungenmachen mit Konflikten und deren Bewältigung. Dies ist in der (sozial-)pädagogischen Arbeit herauszustellen. Das Selbstbild wird durch Außendeutungen unterstützt: auf welche Orientierungen und Gruppierungen trifft das Subjekt (z.B. die rechter Gruppierungen mit rassistischen und gewaltverherrlichenden Ideologien), die dem (ambivalenten) Selbstbild Jugendlicher entgegenkommen und ihnen Stütze und Unterstützung geben oder zumindest dies versprechen. Dazu gehören bspw. die Bewertung von Gewalt in Situationen (Gewaltakzeptanz – Lernen am Modell), Stellenwert von Emotionen, Angst und Hass, Scham und Hilflosigkeit (Ohnmacht), Abwehren der eigenen Gefühle, die das Selbst negativ beinflussen bzw. verletzen.

Diese Frage lässt sich im Hinblick auf die Gewaltformen Jugendlicher erweitern: Welchen Gewinn für ihr Selbstbild bringt Jugendlichen die Anwendung von

18 In Deutschland wird die Adoleszenz zwischen dem 16ten und 24ten Lebensjahr angesiedelt, die Weltgesundheitsorganisation (WHO) siedelt die Adoleszenz zwischen dem 10ten und 20ten Lebensjahr an. Für unsere Darstellung ziehen wir beides zusammen und sehen wesentliche Elemente der Adoleszenz im Lebensabschnitt zwischen 10 und 24 Jahren.

Gewaltformen? Aber auch: Wie können sie in Konfliktsituationen ihr Leben bewältigen? Das Herausbilden des Selbst ist eng mit Selbstbehauptung, Eigenständigkeit und Selbstsicherheit (Aktivierung von eigenen Fähigkeiten) verknüpft: das bewusste und unbewusste Einlassen des Selbst in soziale Situationen, d.h. die Möglichkeiten und Grenzen des Eingehens auf die Anregungen des Gegenübers, die Gestaltung von Lebenslagen und Bewältigung von Alltagsproblemen.

In der Adoleszenz steht die Suche nach dem Selbst im Mittelpunkt der subjektiven Entwicklung. In diesem Suchprozess nach dem Selbst, zwischen Ideal-Selbst und Real-Selbst, werden Innen- und Außeninstanzen des Handelnden zu Bildern von sich selbst und den Handlungsmöglichkeiten zusammengefügt, die als Handlungsmuster zur Verfügung stehen. Dieses Bild des Selbst wird durch die Auseinandersetzung zwischen dem Innen und Außen entwickelt: es geht um das Bild, das ich von mir habe und wie ich mich gerne sehen möchte (Idealbild), und um das Bild, das andere von mir in sozialen Situationen wahrnehmen (Realbild), d.h. also wie andere mich sehen oder aber auch, wie ich mich in das soziale Gefüge und Regeln einbringen kann und wie ich Anerkennung mit meinem Handeln und meinen Kompetenzen erlangen kann.

2.1.2 Die Entwicklung des Selbstbildes im Gruppenbezug

Das Idealbild ist besonders für männliche Jugendliche stark durch das Außen geprägt: Sie müssen sich vor der Gruppe und anderen beweisen, um ihrem Idealbild nahe zu kommen, weil diese Erwartungen an sie heran getragen werden. Wenn Jugendliche wahrnehmen, dass ihr Ideal-Selbst von anderen nicht geteilt wird, stehen sie vor einem Konflikt: Wie können sie ihre Vorstellung in ihre Wirklichkeit umsetzen und wie Real- und Idealbild in ein Gleichgewicht bekommen, weil dieses Gleichgewicht ihre Handlungsfähigkeit mitbestimmt. Das Subjekt stellt eine Balance zwischen Innen und Außen her; das hat es zwar lebenslang zu leisten, doch ist die Adoleszenz in ihrer Ablösung von familiären Bedingungen die Phase, in der Eigenständigkeit eingeübt wird. Dazu muss das Subjekt seine individuellen Emotionen (Problemlösungen) und seine ihm oder ihr zur Verfügung stehenden (gelernten) Muster der Lebensbewältigung einbringen. Der Blick auf das Innen richtet sich auf Gefühlslagen, Verarbeiten der Erfahrungen und Herstellen eines Selbstbildes und auf das Außen als zusammenfassenden Begriff für die sozialen Erwartungen und Normen, die an Jugendliche herangetragen werden, verknüpft mit den jeweiligen Lebensbedingungen (soziales Milieu). Mit dem Gegensatzpaar Innen und Außen bringe ich zum Ausdruck, welche Verarbeitungen Jugendliche leisten müssen und wie sie für diesen Verarbeitungsprozess Mechanismen entwickeln und bereit stellen müssen, um Muster zur Handlungsfähigkeit zu gewinnen.

Welche Überlegungen helfen uns bei der Analyse des Entwicklungsprozesses und des Selbstbildes weiter? Dazu nehme ich die Begriffe des sozialen Milieus zu Hilfe und beziehe Bourdieus Überlegungen zum Habitus (dazu Bourdieu 2001) ein. Mit dem Begriff des Habitus wird der Blick auf das soziale Umfeld und die darin praktizierten sozialen Formen zur Bewältigung von Situationen gerichtet: Wie sind die Muster beschaffen, um im Alltag zu bestehen (z.B. Sprache, Kleidung, Benehmen).

Die Entwicklung des Innen und Außen vollzieht sich in einem spezifischen sozialen Milieu. Dieses kann in diesem Kontext als ein Zusammenhang von Subjekten verstanden werden, die über einen eigenen Habitus, also über ähnliche Lebensbedingungen und Muster zur Lösung von Alltagsproblemen verfügen. Dies ist auf eine ähnliche materielle Lage, z. B. auch auf die Wohnbedingungen zurückzuführen. Zu dem sozialen Milieu sind auch vergleichbare Problemlösungen (z. B. die der Gewaltformen) zu rechnen. Bourdieu (2001) betont den dialektischen und dynamischen Zusammenhang, dass die Schemata, mit denen Subjekte ihre Welt ›herstellen‹, auf Elementen aufbauen, die sie in der realen Welt selbst vorfinden (bspw. Sprache, Muster des Handelns und Deutens, Vorurteile). Habitus versteht Bourdieu als eine »allgemeine Grundhaltung, eine Disposition gegenüber der Welt« (Bourdieu 1992, 31). »Wie einer spricht, tanzt, lacht, liest, was er liest, was er mag, welche Bekannte und Freunde er hat, all das ist eng miteinander verknüpft« (32). Mit dem Habitus verfügen die Handelnden über eine Landkarte des Handelns, die auf das jeweiligen Milieu ›zugemessen‹ ist, zu Lösungen führt und von den Akteuren akzeptiert wird. Mit dem Begriff (und dessen theoretischen Hintergrund) wird das Innen und Außen des Subjektes mit einander verknüpft: die Situation als äußere Bedingung, deren Einschätzung und die Handlungsmöglichkeit als ›innere‹ Disposition werden miteinander verbunden.

Diese Überlegungen helfen uns im Hinblick auf das Verstehen von Handeln und führen uns einen Schritt weiter zu der Erklärung: Wie kommt die Gewalt in das Subjekt? Neben der Erfahrung (Gewalt als Lösung von Konfliktsituationen) ist Gewalt als Habitus ein ›körperliches Wissen‹, mit dem das Subjekt sein Innen mit den Bedingungen des Außen in eine für es sinnvolle Balance zu bringen sucht. Die soziale Welt wird angeeignet und buchstäblich einverleibt, auch um sich in ihr ›bewegen‹ zu können. Sie wird also in Körpersprache umgesetzt und damit zu einem Teil des Handelnden. Die Art des Ganges, das Aufeinanderzugehen wie auch die eingesetzten Drohgebärden gehören dazu, schließlich die praktizierten Gewaltformen. Durch die Interaktionen bilden sich Selbstbilder, damit auch Muster für die Auseinandersetzung mit anderen Menschen.

In dem Interaktionistischen Ansatz wird mit der These gearbeitet, dass mein Gegenüber mir eine Widerspiegelung (dazu Berger/Luckmann 1980) meines Handelns anbietet: Ich kann an dem Anderen (und seinen verbalen und nichtverbalen Äußerungen) die Einschätzungen meines Selbst und meines Handelns ablesen. Das Subjekt führt diese selbstreflexiven Auseinandersetzungen mit der Einschätzung seiner Person durch Andere anhand der Fragen: Wer bin ich? Was will ich? Was kann ich? Das Handeln wird folglich geprägt durch Erfahrungen (also aus den ›umgebenden sozialen Bedingungen‹), aus denen sich sukzessive in Interaktionen gelernte und aufgebaute Handlungsschemata herausbilden. Wie Mead[19] zeigt,

19 Das Dilemma dieser Argumentationskette liegt allerdings darin, dass Mead von einem funktionierenden Sozialen ausgeht, das genügend Impulse zur Bewerkstelligung des allgemeinen Anderen zur Verfügung stellt und das ein tragfähiges Bild des Selbst liefern kann. Grundproblem der Moderne ist, dass die Bilder für das Selbst erhebliche Risse aufweisen und Risiken beinhalten, die die Sozialpädagogik und andere personenbezogenen Formen der Hilfeleistung ausbügeln sollen und müssen.

entwickelt sich das Selbstbild aus der Generalisierung der Kontaktformen in den ersten Lebensjahren und dem Vermögen, von den zunächst eingeschränkten und auf das eigene Ich bezogenen Erfahrungshintergründen generelle Handlungsmuster zu entwickeln (beginnend ca. mit der Mitte des 3. Lebensjahres). Diese Loslösung von den Bindungen an Bezugspersonen (in der Regel Mutter oder Vater) hin zu Aktionen mit Rollenträgern (z. B. der Erzieherin in der Kindertageseinrichtung) ist eine kognitive Leistung des Subjektes und prägt über das Rollenhandeln die Strukturierung des Alltags und der Lebensbewältigung. Das ist, was Siegfried Bernfeld als Entwicklungstatsache in einem sozialen Zusammenhang beschreibt: über das Teilen von Symbolen und Handlungssegmenten werden Gemeinsamkeiten (und auch Konflikte) erfahren und austragbar gemacht.

Gewaltformen als Schnittpunkte von Subjekt und gesellschaftlichen Bedingungen verstanden, können als Rettung des Selbst vor Verletzungen gesehen werden, daraus entwickeln sich Muster der Gewalt. Die eigene Hilflosigkeit wird auf den anderen projiziert und dort bekämpft: es erfolgt eine Abwertung des Gegenüber zugunsten des eigenen Selbst. Die Leiden, die der andere hat oder erlebt, sind die eigenen (auch die man durchlebt hat), die man sich aber nicht eingesteht oder eingestehen kann und auf einen anderen verlagert (projiziert), um sich an dessen Schmerzen aufzubauen. Gefühle der Demütigung, der Scham, der Wertlosigkeit und Ohnmacht werden durch Gewalt gegen andere in den Triumph der physischen Überlegenheit verwandelt. Lothar Böhnisch (2006) kann an der Person des Boxers Tyson zeigen, wie Demütigungen in der Jugend in Gewalttätigkeit im Erwachsenenalter umschlagen können. Tyson (›Der hilflose Tyson‹), der als Jugendlicher eine Außenseiterrolle hatte, gehänselt und verachtet wurde, kompensiert als erfolgreicher Boxer diese biografischen Erfahrungen, indem er seine Gegner demütigte und verletzte, z. B. ins Ohr gebissen hat.

Schlussfolgerungen zum Stellenwert des Selbst in der Gewaltentwicklung bei Jugendlichen: ›Innen und außen‹ ist der Erfahrungsbezug, gleichsam das Medium, das Muster entwickeln lässt, das aber auch gewaltorientiertes Handeln verändern lässt, wenn wir in der pädagogischen Arbeit die Frage umdrehen und sie so stellen: Wie lässt sich die erfahrene Schwäche in eine ›Handlungsstärke‹ verwandeln, wie Erfahrungen machen, die Potenzen freisetzen? Diese Erfahrungen werden zu einem Teil des Selbstbildes, aus dem heraus sich Muster entwickeln, die gewaltorientiertes Handeln verändern. Jede neue Handlung basiert auf ›vorhandenen‹ Erfahrungen (dazu Garz 2006, 20): Das macht auf den Zusammenhang von Gewohnheit und Akkommodation (also Anpassung von ›neuem‹ Handeln an schon vorhandene Strukturen) aufmerksam. Man kann es auch so formulieren: Wiederholte Handlungen schleifen sich als Problemlösung ein, besonders dann, wenn sie erfolgreich sind und dem Handelnden zu einer Gratifikation verhelfen.

2.2 Das Entstehen von Gewaltbereitschaft bei Jugendlichen

Ausgangsüberlegungen: In diesem Teil wird die Perspektive auf die biografischen Hintergründe gelegt. Was wird in Familie und peer-group gelernt und erfahren? Welche Risikofaktoren begünstigen die Übernahme von Gewaltmustern zur Alltagsbewältigung?

> »Das am besten gesicherte Forschungsergebnis weltweit zur Jugendgewalt lautet: *Jugendliche sind nicht gewalttätig, sondern sie werden gewalttätig*... Um gewalttätig zu werden, müssen dabei Jugendliche über eine längere Zeit massiven Belastungsfaktoren ausgesetzt worden sein, wobei die Beziehungen zu den Erwachsenen eine maßgebliche Stellung einnehmen. Jugendgewalt ist demnach ein erlerntes dissoziales Verhalten« (Kassis 2011, 159).

Die Gründe für jugendliche Gewaltausübung lassen sich nicht alleine auf Persönlichkeitsmerkmale reduzieren. Die Auslöser für Gewalthandeln sind in konfliktträchtigen, unbewältigten Beziehungen und vom Subjekt nicht bearbeiteten oder bearbeitbaren inneren Spannungen zu sehen.

Exemplarisch zeige ich an dem institutionellen Bereich Familie, dem Stellenwert der peer-group im Entwicklungsprozess und dem schwierigen biografischen Übergang von der Kindheit ins Erwachsenenalter, wie die Ablösung von familiären Mustern befördert oder eingeschränkt wird. Auf diesen Wegen zur Eigenständigkeit werden Gewaltformen sowohl erfahren wie zur Durchsetzung des Selbst eingesetzt. Einerseits bieten diese Erfahrungsebenen Schutz an, in ihnen werden positive Emotionen wie Empathie und Zukunftsperspektiven entwickelt; andererseits sind sie auch ›soziale Orte‹, an denen Gewalt die Beziehungen bestimmen kann und daraus Muster für die Alltagsbewältigung bezogen werden. Kassis kann anhand seiner Untersuchung (2011) nachweisen, wie Gewalttätigkeit sich bei Jungen durch die Belastungsquellen: körperliche Misshandlung durch die Eltern, verbale Gewalt durch Lehrer/innen und durch erlebte Gewalt zwischen den Eltern potenziert: »die Gewaltquote (steigt) auf ›unermessliche‹ 85,5 Prozent« (158).

2.2.1 Die Entwicklung vom Gewaltformen im familären Zusammenhang

Habe ich bisher den Akzent auf die Entwicklung, das Selbstbild und das Erfahrungenmachen Jugendlicher als Ausgangspunkte für Gewaltbereitschaft gesetzt, wird die Blickrichtung erweitert. Die Darstellung richtet sich auf den Stellenwert, den Gewaltformen in ihrer Alltagsbewältigung für Jugendliche haben oder die sie ihnen beimessen. Es werden die empirischen ›Orte‹ (exemplarisch an Familie und peer-group) untersucht und danach gefragt, was sie zum Entstehen von Gewaltformen und Gewaltbereitschaft beitragen. Ich versuche, mit Hilfe der entwickelten Kategorien Selbstbild und Erfahrungenmachen Jugendlicher den Hintergrund von Gewaltmustern weiter zu entschlüsseln. Um Aussagen über die Gründe für

Gewaltorientierung treffen zu könne, müssen die Muster für den Gewaltgebrauch durch Jugendliche untersucht werden, die durch interpersonelle Beziehungen erfahren und gelernt werden. Dies heißt auch, den biografischen Ort ausfindig zu machen, an dem das Muster der Gewalt als Orientierung für Situationsbewältigungen zu verorten ist (Jugend als biografisches Übergangsphänomen und Zugang in die Erwachsenenwelt). Ich unterscheide Risikofaktoren (Gewalt in der Familie) und Prädikatoren (z. B. die Zugehörigkeit zu einer gewaltorientierten peer-group, ein wenig ausgeprägtes Selbstbewusstsein und ein schwaches Selbstbild), die eine Gewaltorientierung Jugendlicher ›anzeigen‹ können. Diese sind für die Anamnese das ›Material‹, um nach sozialpädagogischen Möglichkeiten zu suchen, mit diesen Jugendlichen zu arbeiten. Diese Überlegungen und Untersuchungsergebnisse zum Einfluss der familiären Erziehung verbinden die individuellen Entwicklungsprozesse in der Adoleszenz mit den gesellschaftlichen ›Zuständen‹ und ihrer Dynamik der fortgeschrittenen Moderne: Die Erfahrungen im familiären Zusammenhang sind geprägt von den Bedingungen, die auf der Familie und ihren Ersatzformen lasten, die ein Feld für ein Aufwachsen in Zuwendung ermöglichen oder nicht, die dieses Feld zu einem unruhigen, belasteten und explosiven und damit zu einer für die Beteiligten nicht lösbaren Lebenslage werden lassen.

Als wichtiger Auslöser für eine Orientierung Jugendlicher an Gewaltformen wird die mangelnde Fähigkeit der Erwachsengeneration angeführt, auf die Bedürfnisse von Kindern und Jugendlichen (Probleme der Bindung und Beziehung) einzugehen und ihnen eine tragende *Orientierung zu vermitteln.* Abweisende und ambivalente Beziehungen zum Kind oder Jugendlichen bilden den Grundstock, um Gewaltbereitschaft von Kindern und Jugendlichen zu fördern. Jugendliche Gewaltformen sind als Folge sozialer Störungen zu sehen, die aus Sozialisations- und Erziehungsproblemen herrühren und zu Mustern der Alltagsbewältigung werden (können) (s. dazu Sutterlüty 2004).[20] Neben den extremen Formen der Misshandlung und des Missbrauchs (dazu Fonagy u. a. 2004) können Familienmerkmale wie fehlende elterliche Zuwendung und Wärme, vernachlässigende und inkonsistente Erziehung, schwere Konflikte zwischen den Eltern zu Gewaltbereitschaft führen. Der Kreislauf beginnt mit Überforderung und mangelndem Eingehenkönnen auf die Bedürfnisse von Kindern. Daraus entstehen Nörgelei,

20 Weitere Erklärungen, die aus den gesellschaftlichen Bedingungen und dem Übergang in eine fortgeschrittene Moderne herangezogen werden: Der Wertewandel in der Gesellschaft, die Brutalisierung in den Medien. Die Auswirkungen der Gewaltdarstellung in den Massenmedien als möglicher Auslöser für Gewalt werden unterschiedlich interpretiert. Der negative Effekt der medialen Gewalterfahrung kann in einer Gewöhnung an Gewalt bestehen, die dazu führt, dass die vermittelten Bilder von Kindern und Jugendlichen gleichsam als bestehende Realität akzeptiert werden. Als positiver Effekt wird eine Abfuhr von Gewaltphantasien vermutet, dem gewaltorientierten Mediengebrauch (z. B. über sog. Killerspiele) also eine sublimierende Funktion eingeräumt. Alle diese Zusammenhänge und Erklärungsansätze sind aus der pädagogischen Praxis bekannt, für sich genommen aber zu unspezifisch, um daraus Ansatzpunkte für praktisches Handeln zu gewinnen.

Unzufriedenheit, Schreien gegenüber den Kindern und Jugendlichen. Häufig führen schlechte Wohnbedingungen (Küche als einziger Aufenthaltsort für alle Familienmitglieder, Lärm und Unruhe, kein Kinderzimmer) zu einem erhöhten Maß an Reizbarkeit und Stresssituationen für alle Beteiligten. Kommt noch ein wenig verständnisvolles soziales Umfeld (Partner, Großeltern) dazu, gepaart mit Armut und Abdriften in Drogen als Versuch, diesen Lebensbedingungen zu entgehen, dann potenzieren sich die negativen Bedingungen für den Entwicklungsprozess Heranwachsender. Dies sind Indikatoren für ein soziales Feld, in dem Gewaltbereitschaft sich entwickeln kann. Ebenso negativ auf das Erziehungshandeln wirken Gewalt in der Partnerschaft und nicht bewältigte Alltagsfragen (dazu die Zusammenstellung von Daten bei Dornes 2004). Die Dynamik liegt in der Potenzierung dieser einzelnen Faktoren zu einer explosiven sozialen Mischung, die zu Gewaltausbrüchen auf Seiten eines Elternteiles oder der Eltern führen können.

Die Untersuchung von Kassis (2003) zeigt, dass es zwischen Gewaltbereitschaft und den elterlichen Merkmalen Rigidität und Inkonsistenz einen hochsignifikanten Zusammenhang gibt. Diese Familienkonstellation[21] beeinflussen die Gewaltorientierung Jugendlicher (und Kinder) in hohem Maße. Weitere Studien belegen, dass Gewalt als gelernte Muster aus dem familiären Zusammenhang, aus beobachteten Gewaltformen in der Partnerbeziehung der Eltern mit den praktizierten Gewaltformen Jugendlicher in engem Zusammenhang stehen. Michael Dornes (2004, 79 f.) berichtet auf der Grundlage von empirischen Untersuchungen, »dass Gewalterfahrungen in der Kindheit die Wahrscheinlichkeit für spätere (Gewalt-)Delinquenz um das Zwei- bis Vierfache erhöht, aber keineswegs notwendig zu Gewalt führt«.[22] »Es gibt nämlich noch andere Möglichkeiten, Gewalterfahrungen in der Kindheit zu verarbeiten: man kann drogenabhängig werden oder depressiv, ängstlich oder bindungsunfähig, psychosomatisch oder posttraumatisch erkranken, ein chronisches Schmerzsyndrom entwickeln oder Selbstbeschädigungsneigungen« zeigen. Dornes formuliert aufgrund der Durchsicht von empirischen Material, dass Jugendgewalt »eine ihrer wesentlichen Ursachen in körperlich misshandelnden Erziehungspraktiken hat« (76). Er weist darauf hin, dass viele der später gewalttätigen Jugendlichen bereits im Kindergartenalter Auffälligkeiten im Hinblick auf Gewaltformen zeigen. Schlussfolgerung: Die Auseinandersetzung mit Gewaltformen muss bereits im Kindergartenalter beginnen.

---

21 In diesem Zusammenhang ist auf die Elterntrainingsprogramme hinzuweisen (dazu Raabe/Beelmann 2011, 92 ff), die darauf abzielen, die empathischen Fähigkeiten der Eltern zu stützen und damit den sozialen Umgang mit den Kindern und Jugendlichen zu verbessern. Dazu gehört die elterlichen Zuwendung und Fürsorge zu stärken, die positiven Fähigkeiten der Kinder und Jugendlichen anzuerkennen, Forderungen nicht als Drohungen einzubringen, Regeln zu etablieren und durchzuhalten und auf Fehler und Gewaltformen nicht ebenfalls mit Gewalt zu reagieren.

22 Nach der Untersuchung von Pfeiffer/Wetzels/Enzmann (1999, 12 f) betrug die Rate jugendlicher Mehrfachgewalttäter ohne Viktimisierung durch elterliche Gewalt lediglich 4,5 Prozent.

Gewalterfahrungen und Gewaltorientierung Jugendlicher gehen mit einem gewaltorientierten (autoritären, Zuwendung verweigernden und sprachlich restringierten) Erziehungsstil eine unheilige Allianz ein. Gewaltorientierte Jugendliche erfahren also oftmals in familiären Zusammenhängen selbst Gewalt. In solchen sozialen Erfahrungshintergründen ist es schwer zu lernen, dass es für Alltagsprobleme und Konfliktsituationen auch andere Bewältigungs- und Lösungsmöglichkeiten als Gewaltformen gibt. Die Steuerungsfähigkeiten für Gefühle (z. B. Wut, Aggressionen) sind herabgesetzt, die Impulskontrolle ist gering und die Möglichkeit, Konflikte auszuhalten (Ambiguitätstoleranz), sinkt. Die Auseinandersetzung in sozialen Situationen durch Gewalt tritt in den Vordergrund.

Gewaltformen sind dann die einzige Möglichkeit der Lösung von Konflikten und emotionalisierten Auseinandersetzungen. Das Selbstwertgefühl ist gering ausgeprägt. Das Gefühl der Ohnmacht herrscht vor, das sich mit Beschämung, Bloßstellung und Erniedrigung mischt. Diese Entwicklung findet ihren Ausdruck in Ängstlichkeit und Unsicherheit, wie Konfliktsituationen zu lösen sind. Die Gewaltformen setzen sich als Muster in unklaren Situationen durch, um dem Gefühl der Angst, aber auch der Unsicherheit zu entgehen (vgl. Krieger 2007, 128).

Dornes (2004, 78) nennt aufgrund der Durchsicht von Untersuchungen zu dem Zusammenhang von Gewaltformen Jugendlicher und dem elterlichen Erziehungsstil folgende Faktoren (auch in Verbindung miteinander), die zu Gewaltformen im Jugendalter beitragen:

»1. mangelndes Disziplinmanagement (lax oder verstrickt),
2. keine positive Beziehung zum Kind…,
3. fehlende Überwachung von und mangelndes Interesse für kindliche Aktivitäten,
4. harte, strafende Erziehungspraktiken,
5. »broken-home«-Konstellationen,
6. Alkoholismus, Kriminalität und Gewaltformen der Eltern.«

Bei Vorhandensein von mehr als einem Faktor steigt die Wahrscheinlichkeit späterer Delinquenz kumulativ an. Um die Ergebnisse dieser Studien auf den Punkt zu bringen: Erziehungsstile, die Gewaltformen in den Mittelpunkt des erzieherischen Handelns stellen, fördern die Gewaltbereitschaft der Kinder und Jugendlichen:

- Ein strafender, autoritärer und inkonsistenter Erziehungsstil fördert Geschlechtsrollenstereotype,
- fördert Durchsetzung von Interessen durch Gewaltformen (physisch durch Androhung von Gewalt und verbal: Mobbing, Erpressung),
- beeinträchtigt emotionales Selbstbild negativ,
- verhindert Selbstvertrauen und Sicherheit durch die Unberechenbarkeit der elterlichen Erwartungen,
- fördert Kontrollverluste und verhindert die Erfahrung von Grenzen.

Dagegen steht ein demokratischer, aushandelnder, begründender und einhellig konsistenter Erziehungsstil mit familiärer Einbettung: Jugendliche mit einem hohen Maß an familiärer Bindung, einem hohen Maß an Erfahrung im Aushandeln von Regeln, damit hoher Kommunikationsfähigkeit zeigen weniger Disziplinprobleme in der Schule, haben weniger konfliktorientierte Auseinandersetzungen mit gewaltförmigen Anteilen, sei es Mobbing, sei es psychische Gewalt auch in Form von Drohungen und Erpressungen.

Wegweisend für die Entwicklung negativer sozialer Handlungsmuster ist das ›Erfahrungenmachen‹ mit Gewaltformen in der Familie (als Aspekt des sozialen Lernens). Die sich daraus entwickelnden Muster fasst Sutterlüty (2004) in Anlehnung an Norman K. Denzin mit dem Begriff der Epiphanie, um die biografische Erfahrung der Ohnmacht und der Missachtung und deren Folgen zu umschreiben. Damit wird die Umkehrung von der Opfer- in die Täterrolle begrifflich eingeordnet. Sutterlüty (2004, 272) kann in seiner qualitativen Untersuchung zu Gewaltkarrieren an Beispielen zeigen, wie der Gebrauch von Gewalt im familiären Kontext wiederum Gegengewalt auf Seiten der Kinder und Heranwachsenden hervorruft, indem die Jugendlichen »mit einem Gegenschlag gegen einen familiären Täter den Wechsel von der Opfer- in die Täterrolle vollziehen«. Dieser biografischer Wendepunkt soll an dem Beispiel eines 19-jährigen Skinheads aus der Untersuchung von Sutterlüty (2004, 273) dargestellt werden:

> »Im Alter von 12 oder dreizehn Jahren habe er seinen Vater, von dem er oft aufgrund von Lappalien geprügelt wurde, mit dem Messer ›abstechen‹ wollen, nachdem ihn dieser in betrunkenem Zustand mit derselben Waffe angegriffen habe. Bis dahin habe er, der – wie er einmal sagt – ›mit Gewalt hochgezogen‹ wurde, sich die Prügel des Vaters ›gefallen lassen‹, ab diesem Zeitpunkt aber habe er ›zurückgehauen‹. Von dem ›geilen Gefühl‹, das Kai mit der gewaltsamen Entmachtung des Vaters verknüpft, sollte in dem Interview noch oft in Verbindung mit seinen außerfamilialen Gewalttaten die Rede sein. Von einer ähnlich dramatischen Situation weiß auch Murat zu berichten, der zunächst mit dem Messer in der Hand, auf das er ›zum Schutz‹ vor seinem Stiefvater lange gespart hatte, auf den familiären Peiniger losging, als dieser wieder einmal die Mutter schlug; hier wurde er noch von einem älteren Bruder zurückgehalten. Später, mit 14 Jahren, folgt jedoch sein Erlebnis des Rollentausches, als er mit seinem Bruder zusammen den Stiefvater als Reaktion auf selbst erlittene Schläge überwältigt, die Gelegenheit zum Zuschlagen ausnutzte und die Familie sich dann von dem verhassten Stiefvater trennte.«

Sutterlüty unterscheidet Ohnmachts- und Missachtungserfahrungen: Ohnmachtserfahrungen seien an den Körper gebunden, wenn die Betreffenden zu Opfern der Gewalt werden. Sie erfahren, dass sie keine Möglichkeit einzugreifen haben und die Situation durch eigenes Handeln verändern können, z.B. wenn die Mutter von dem Vater geschlagen wird. »Missachtungserfahrungen beziehen sich auf familiäre Interaktionen, die Anerkennungsansprüche auf Zuwendung, Achtung und Wertschätzung, auf nicht gewaltsame Art zu verletzen«. Missachtungserfahrungen in diesem Sinne »können eine Beeinträchtigung des Selbst- und Weltvertrauens herbeiführen, die nicht die physische, sondern die psychische und soziale Integrität betrifft« (270). Durch das Abschätzige und das Herabwürdigen (»Du kannst das nicht, du bist zu blöd, ich habe schon immer gewusst, dass aus dir nichts wird«) wird das Vertrauen in die Entwicklung der eigenen Fähigkeiten des Jugendlichen gestört, ja verhindert und ein negatives Selbstbild hergestellt. Diese dargestellten Handlungsmuster von Eltern sind eng mit einem negativen Bindungshandeln verknüpft (dazu Fonagy u.a. 2004). Die in den kränkenden Situationen und Lebenslagen erfahrene Ohnmacht bis hin zu dem Gefühl der Wertlosigkeit führen zu Angstgefühlen und Depressionen. Diese belastenden Gefühle sollen mit der ›Droge‹ Gewalt vertrieben werden: Die Jugendlichen fügen sich selbst oder anderen durch Zerstörungen Verletzungen zu, die sie in familiären Bedingungen erlitten haben. Aus diesen Fakten ist abzulesen, dass Bindung[23] und Beziehung grundlegende Bestandteile erzieherischer bzw. sozialpädagogischer Prozesse sind.

> »Langzeitstudien über zwei Jahrzehnte haben eindeutig gezeigt, dass eine sichere Bindung in der frühen Kindheit eng mit der vorzeitigen Entwicklung einer ganzen Reihe von Kompetenzen verbunden ist, die auf der Interpretations- und Symbolisierungsfähigkeit beruhen: zum Beispiel Exploration und Spiel, Intelligenz und sprachliche Fähigkeiten, Ichstärke und Ichkontrolle, Frustrationstoleranz, Neugierde, Selbsterkenntnis, soziale kognitive Fähigkeiten usw.« (Fonagy u.a. 2004, 139).

Sicher gebundene Kinder und Jugendliche haben ein angemessenes soziales Handeln in den Kindereinrichtungen und später in der Schule. Sie entwickeln Phantasie beim Spielen, zeigen Aufmerksamkeit und ein höheres Selbstwertgefühl und haben weniger depressive Anteile. Bindungsstörungen liegen dann vor, wenn Mütter (oder Väter oder andere Bezugspersonen) ihre Kinder/Jugendliche vernachlässigen bzw. misshandeln. Anders als vergleichbare bindungssichere Bezugspersonen gehen sie auf ihre Kinder bzw. Jugendliche weniger unterstützend ein, können nicht auf deren Signale antworten. Vernachlässigte Kinder tendieren zu Passivität und ziehen sich in sozial anspruchsvollen Situationen eher zurück bzw. agieren ggf. mit Gewaltformen. Die Folgen von Bindungsstörungen und Misshandlungen liegen im Bereich von fehlender Einfühlsamkeit, gesteigertem Misstrauen. Auf Gefühlsäußerungen des Gegenüber (z.B. der Trauer oder Angst) wird oft mit Gewaltformen reagiert, es bestehen Tendenzen zu Hypermotorik und geringere Konzentrationsfähigkeit. Insgesamt zeigen diese Kinder und Jugendlichen einen geringeren Grad an Neugier und entwickeln weniger Lust am Experimentieren und systematischem Spielen. Die Entwicklungspsychologie hat inzwischen gut gesicherte Daten darüber, dass misshandelte Kinder ein gestörtes, verstärkt gewaltorientiertes Handeln gegenüber Gleichaltrigen zeigen (vgl. Dornes, 1997). Diese Entwicklungsprobleme setzen sich bis ins Erwachsenen-

23 Die Bindungsforschung hat den Zusammenhang von früher Bindung an Bezugsperson und der Entwicklung des Kindes/Jugendlichen aufgedeckt. In der Bindungsforschung werden in der Weiterentwicklung des Ansatzes von Bowlby und Ainsworth folgende Bindungstypen unterschieden: Sichere Bindung (B-Typ), unsichere vermeidende Bindung (A-Typ), unsichere vermeidende Bindung (C-Typ) und desorganisierte Bindung (D-Typ). Diesen jeweiligen Bindungstypen können aufgrund der Forschungsergebnisse unterschiedliche Muster zugeordnet werden, wie die Betroffenen in sozialen Situation agieren und reagieren (dazu Dornes, 1997, Fonagy, 2006 und Julius u.a. 2009).

alter fort: Erwachsene mit unsicherer oder gestörter Bindung fühlen sich in geringerem Maße sozial akzeptiert mit den Konsequenzen, dass in höherem Maße Drogenmissbrauch und Orientierung an Gewaltformen zu beobachten sind. Eine positive Perspektive zur Entwicklung von Eigenständigkeit ist gegeben, wenn Erziehung nicht funktional gesehen wird. In der Intersubjektivität und empathischen Wahrnehmung des Anderen können sich Subjektivität und Autonomie am ehesten entwickeln.

2.2.2 Die Entwicklung von Gewaltformen im Zusammenhang mit der peer-group

Sehe ich in den peer-Gruppierungen die Impulse zur Ablösung von den familiären Bindungen und Prozessen, müssen wir deren Einfluss auf die Entwicklung im Hinblick auf Gewaltorientierung in der Adoleszenz sehen.

Ich gehe zunächst von Selbstaussagen Jugendlicher aus, die im Zusammenhang mit Gruppenprozessen stehen. Diese Beobachtungen und Selbstaussagen Jugendlicher zeigen, wie sich Gewaltexzesse entwickeln können:

> »Sie waren außer sich und ohne jede Beherrschung und schlugen so lange auf jemanden ein, bis er am Boden lag. Erst danach begann sich die Anspannung allmählich zu lösen« (Tertilt 1996, 236).
>
> »Wenn man Alkohol getrunken hat, fühlt man sich stark und in der Masse fühlt man sich sowieso stark, dann kommt einer, dann geht es halt drauf« (Farin/Seidel-Pielen 1993, 102).
>
> »Ich weiß auch nicht mehr genau, ich war betrunken und kann mich an nichts mehr erinnern; irgendwann hab' ich den weggeboxt« (Stickelmann 1996, 34).
>
> »Fand's halt irgendwie geil, da zu sehen, was man mit so'm Menschen alles machen kann«[24] (Sutterlüty 2004, 279).

Diese Aussagen Jugendlicher geben die Erfahrungen bei Gewaltausübung wieder. Sie zeigen Mystisches, Rauschhaftes. »Die Faszination der Immoralität und des dionysischen Agierens führen just zu jenen Taten, die oft als blind, grundlos und sinnlos apostrophiert werden« (Sutterlüty, 2004, 280). Die Deutungen durch Jugendliche legen nahe, dass Gewaltformen für sie zu einem Zwang werden, von dem sie nicht lassen können oder wollen. »Die Jugendlichen berichten, dass sie im Akt der Gewalt Augenblicke erleben, die in ihrer Leidenschaftlichkeit nichts als die Gegenwart, die Unmittelbarkeit des Geschehens kennen« (Sutterlüty, 2004, 279).

Sie beschreiben diese Erfahrungen als Ausnahmezustand, als eine Anspannung, bei dessen Nachlassen sich ein Glücksmoment einstellt. Regeln, die als

24 Sutterlüty (2004, 279) interpretiert dazu: »Und in dem Attribut ›geil‹, das er seiner experimentellen Betätigung anheftet, schwingen – wie in der Rede von seiner ›perversen Ader‹ – Konnotationen mit, die seiner Grausamkeit einen sexualisierenden Nimbus verleihen.«

bedrohlich und einengend erlebt werden, werden außer Kraft gesetzt. »Alles ist auf reine Aktion und Geschwindigkeit angelegt« (Sutterlüty 2004, 279). Diese Darstellungen verweisen auch auf den Einfluss der Gleichaltrigengruppe (die als ›Wir-Gruppe‹ bezeichnet wird – dazu auch Tertilt 1996, der dies in einer qualitativen Untersuchung für eine Migrantengruppe nachweist). Allerdings ist diesen Gruppenbeziehungen die Konkurrenz nicht fremd: Nicht das Gemeinsame, sondern die Besonderheit der eigenen Person und ihrer Leistung muss herausgestellt werden. Als Selbstkonzept wird die Durchsetzung vermittelt. So entwickeln sich in der peer-group Stile, Handlungsmuster und Orientierungen, von denen einige auch zu Formen der Gewaltbereitschaft Jugendlicher führen können.

Die Gruppe, oder im Jargon der Jugendarbeit: die Clique, oder auch die peer-group bedeutet für ihre Mitglieder Ersatzfamilie; sie ist ein Stück Heimat, bietet Schutz und Sicherheit. In ihr holen sich die Jugendlichen jene Anerkennung, die sie außerhalb des Gruppenzusammenhangs nicht finden oder nicht zu finden glauben. Sie stärken ihr Gefühl der Zusammengehörigkeit, indem sie Regeln ›erfinden‹, die sich von den außerhalb befindlichen unterscheiden; sie haben einen Sprachgebrauch, einen Slang, der sich wiederum im Musikgeschmack wiederfindet, wie dem Rap, und der nur von den Mitgliedern der Gruppe verstanden wird. In der Gruppe wird über Freund und Feind, Gut und Böse, Nähe und Distanz entschieden. Und die Frage, ob das Pendel in Richtung Nähe oder Distanz ausschlägt, entscheidet sich – so paradox das auf den ersten Blick erscheinen mag – durch die Anwendung von Gewalt: Bist du auch bereit, dich mit der Faust für die Gruppe einzusetzen? Bist du auch bereit, deinen Körper einzusetzen? Das Anzetteln von Schlägereien kann als Versuch gesehen werden, Orientierung und Ordnung herzustellen: jedes einzelne Mitglied kann sich über sich selbst und sein Gegenüber vergewissern. Zum einen ist die körperliche Gewalt ein Mittel, sich über Freund und Feind Gewissheit zu verschaffen, zum anderen wird über die körperliche, und damit sinnliche, Erfahrung der soziale Zusammenhang sichergestellt. »Bezogen auf die individuelle Dimension«, so Michael May (1993, 23), »erzeugt die totale Präsenz verlangende Situation körperlicher Auseinandersetzung und Bedrohung einen in der Spannung geradezu rauschartigen Zustand.« Körper und Geist werden in vollster Aktivität und Handlungseinheit erfahren. Die Zukunft verschwindet in der intensivst erlebten Gegenwart: Der Einzelne erfährt dies als ein In-der-Situation-Aufgehen und gerade in dieser Erfahrung mit sich identisch sein, sich ganz zu spüren. Diese Erfahrungen werden dem Konkurrenzdruck in der Schule entgegengesetzt. Die Bedeutung von Machtdemonstration und deren Attraktivität für das Handeln männlicher Jugendlicher, besonders in der peer- group oder Clique, sind weitere Gründe, die die Übernahme des Musters der Gewalt durch Jugendliche begünstigen (dazu auch Beispiele aus dem ersten Kapitel).

Untersuchungen zur Gleichaltrigengruppe bei jugendlichen Fußballfans (dazu Pilz, 2011) zeigen, dass die Bereitschaft zur Gewalt einen hohen Konformitätsdruck erzeugt. Die Auseinandersetzungen mit Gewalt werden für die Beteiligten zu einer Stabilisierung der Gruppenkohäsion. Durch das Durchstehen von Schlägereien kann sich das Selbstwertgefühl der Beteiligten stabilisieren, in der Konfrontation wird ein verbindendes Wir-Gefühl entwickelt, das ›Freund-Feind-Schema‹ funktioniert[25]. Bill Bufford (1992) hat am Beispiel von Hooligans (bzw. Ultras oder gewaltbereiten Fußballfans) gezeigt, wie Gewaltorgien gesucht werden, um sich über die körperliche Auseinandersetzung selbst zu erfahren, und sei es über Schmerzen. Wenn es im Kampf darum geht zu überleben, treten die Alltagsdinge völlig in den Hintergrund. Durch Intensität wird die Aufmerksamkeit gebunden, das Erleben ist auf den Augenblick gerichtet: Der Körper wird zum Bezug, hierüber wird Authentizität erlebt. In der körperlichen Auseinandersetzung, in den gefühlten Schmerzen wird die Unmittelbarkeit, Stimmigkeit und Echtheit gesucht.

Das Zurückgreifen auf tabuisierte Symbole wie Hakenkreuz, Reichskriegsflagge, Hitlergruß und andere nationalsozialistische oder auch sozialistische Relikte wird als Gegenwehr gegen eine Gesellschaft gesehen, die zwar nach Außen hin den Anspruch des Verstehens und der Toleranz als oberstes Gebot hochhält, aber ihren sozialen Verpflichtungen nicht gerecht werden kann. Darin steckt der Versuch, sich gegen pädagogisches Indoktrinieren zu wehren. Den Erwartungen des sich Fügens und Einfügens wird körperliche Gewaltbereitschaft entgegengesetzt. Statt der eingeforderten Gesprächsbereitschaft wird Brutalität demonstriert, Hässlichkeit wird gegen die gesellschaftlichen Schönheitsideale aus der Werbung vorgeführt. So entwickeln sich Bilder einer Gegenkultur, die deutlich macht, was sie nicht will und mit welchen Idealen sie sich wohl fühlt. Diese Gegenkultur ist durch männliche Leitbilder geprägt. Die Orientierung an männlichen Idealen wie Stärke, Durchsetzungsfähigkeit und Dominanzverhalten sind Gründe für die Hinwendung Jugendlicher zu diesen Handlungsformen. Durch Gewalthandeln wird dem Gegenüber Macht und Handlungsfähigkeit demonstriert. Dies belegen unterschiedliche Studien zur Gewaltaffinität von Männern (hier die Studie von Volz und Zulehner: Männer in Bewegung 2009: darin Möller, 360)[26].

Exkurs: Erkenntnisse aus der Jugendforschung als Ansätze für einen sozialpädagogischen Zugang

Ausgangspunkt für Jugendforschung ist die Frage nach den Hintergründen (Motiven) und sozialen Zusammenhängen von Handlungen Jugendlicher (in unserer Fragestellung: der Gewalt) in dieser Gesellschaft. Die Grundannahme ist: Seismographisch bilden Jugendliche in ihrem Handeln die latent vor-

25 Dieser Zusammenhang von Gewalthandeln und Orientierungssuche gilt auch für rechtsextreme Gewaltexzesse, die zudem noch politisch und rassistisch motiviert werden.

26 Diesen Zusammenhang greife ich in Kapitel 8 mit der Jungenarbeit: ›Rambo oder Weichei…‹ noch einmal ausführlich auf.

handenen gesellschaftlichen Muster, Bilder und Spannungen ab. In einem zu Beginn der 1980-er Jahre erschienenen Sammelband ›Jugendkultur als Widerstand‹ wird bereits von englischen Jugendforschern über ›Skinheads und die magische Rückgewinnung der Gemeinschaft‹ (s. dazu Clarke u. a., 1981) über dieses Verhältnis nachgedacht. In ihrer an ethnografischen Methoden orientierten Untersuchung zu jugendlichen Subkulturen gehen sie Handlungsformen Jugendlicher nach, die sich aus kulturellen Orientierungen heraus speisen, die die subversive Auseinandersetzung mit der Erwachsenenwelt belegen. In ihren Untersuchungen über die Lebensformen insbesondere von Arbeiterjugendlichen fanden die Forscher heraus, wie die Jugendlichen aus den angebotenen Mustern ›ihrer‹ Kultur (des Arbeitermilieus) sich gleichsam Versatzstücke herausnahmen und sie zu neuen jugendspezifischen Formen zusammensetzten, das, was man als das Eigentliche der Jugendsubkultur ansieht. Damit wird zwar eine eigenständige Verbindungslinie zu der Herkunftskultur gewahrt, zugleich wird das Bedürfnis nach Brechung überkommener Muster ausgedrückt, und es wird eine für den Zusammenhalt der Gruppierungen eigenständige Symbolik inszeniert. Diese durch die Symbolik ›getragenen‹ Interaktionen spiegeln Lebensformen und Lebensbedingungen wider. In diesen Ausdrucksformen, die wir mit dem Begriff Subkultur wiedergeben, vereinen sich die sozialen und materiellen Lebenserfahrungen einer Gruppe (z. B. Musik, Sprachformen, Begrüßungsgesten). Eine Kultur enthält die Landkarte der Bedeutungen, die das Handeln ihrer Mitglieder aufzeichnet: Werte und Ideen, Sitten und Bräuche, Regeln und Handlungsanweisungen für das Bestehen von Situationen. Diese Landkarte der Bedeutungen trägt man nicht einfach im Kopf herum: in ihr sind die gesellschaftlichen Organisationen und Beziehungen objektiviert, durch die das Individuum zu einem gesellschaftlichen Subjekt wird. Noch einmal: (Sub-)Kultur ist die Art, wie die sozialen Beziehungen einer Gruppe eingeordnet und geformt sind. Aber es gibt auch die Ausdrucksformen der Subjekte wieder, wie diese Formen gedeutet, erfahren, gebraucht und in Situationen eingesetzt werden. Die in diesen subkulturellen Formen eingeschweißten Deutungs- und Handlungsmuster werden nicht als Ganzes übernommen, sondern sie werden nach subjektivem Blick und jeweiligen Situationen zusammengesetzt, bearbeitet, umgeformt. Dies macht deutlich, dass es sich bei den subkulturellen Ausdrucksformen (von Jugendlichen) nicht um etwas Homogenes und Unveränderbares handeln kann. Wir müssen darin etwas Amorphes und durchaus Ambivalentes sehen, was zudem noch regionalen Einflüssen unterworfen ist. Dieser so gefasste Begriff von Subkultur betont die Möglichkeit der Differenzierung sozialer Situationen durch Jugendliche.

Mit dem Begriff der jugendlichen Subkultur wird eine Annäherung an die Übernahme spezifischer Normen und Orientierungen versucht. Reicht aber diese Fokussierung beobachtetes Handeln und Übertretung von Normen zu erklären?

Mit dieser Begrifflichkeit werden allgemeine Einordnungsraster formuliert, die subjektives Handeln deutbar und erklärbar machen sollen. Die Fokussierung auf Jugendsubkulturen[27] wird fruchtbar, wenn sie auf ihre Anschlussmöglichkeiten zu eigenständigem Handeln, das heißt auch, auf die Möglichkeiten der Problemlösung und Alltagsbewältigung hin orientiert wird. Mit der Aufteilung von Parallelwelten (und deren Überhöhung) werden Erfahrungsmöglichkeiten eingeschränkt. Die Jugendlichen werden auf ihre Bezugsgruppe als Ort sozialer Erfahrungen zurückgeworfen. In diesem sozialen Kontext werden milieu-angemessene Erfahrungen und Informationen umgeschlagen, die nicht über diesen Milieu-Zusammenhang hinausweisen. Anders formuliert, es werden die Muster reproduziert, die fester Bestandteil des Milieus sind. Auf diese Weise werden jene Erfahrungen und Muster wiederholt und umgeschlagen, die für eine Lebensbewältigung in dem jeweiligen Milieu als angemessen und nützlich gesehen werden. Es ist jetzt die Frage sozialpädagogischen Handelns, wie die Prozesse der Reproduzierung geöffnet werden können, wie Erfahrungen, die von den herkömmlichen abweichen, an die Jugendlichen herangetragen werden können.

In dem Begriff der Jugend(sub)kultur wird verdoppelt, was als äußeres Merkmal der Teilhabe an Lebensbedingungen und Lebenslagen Jugendlicher gesehen wird: Es wird der Aussonderungsprozess herausgehoben und die Zuschreibung betont, nicht jedoch die sozialen Prozesse und Machtverhältnisse herausgestellt, die dorthin führen. Und es wird der Kontrollmechanismus betont: Wird das Trennende formuliert und hervorgehoben, besteht die Gefahr, dass die so systematisch stigmatisierten gesellschaftlichen Gruppierungen auch einer spezifischen sozialpädagogischen ›Behandlung‹ zugeführt werden müssen. In einer sozialpädagogisch orientierten Jugendarbeit, die ihre Ansätze auf soziale Milieus (damit Orte der Erfahrung) bezieht, werden die Schnittstellen zwischen subjektivem Handeln und den Lebensbedingungen aufgegriffen.

2.3 Folgerungen: Gewalt als Übergangshandeln und als Alltagsbewältigung

Die Untersuchung des Stellenwertes von Gewaltformen in der peer-group führt zum nächsten zu analysierenden Punkt: Gewalt als Muster der Alltagsbewälti-

27 Deren teilweise Überhöhung in der Fachliteratur deutet auf ein auch thematisch wie theoretisches Dilemma hin. »Die Zugehörigkeit zu einer Lebensstilgruppe wird als Indikator angemessenen jugendlichen Lebens als Bestandteil des ›doing adolescence‹ in der Hochmoderne gelesen« (Lange, 2003, 112). Sicherlich war die Entdeckung der jugendlichen Subkultur ein großer Schritt bei der Aufdeckung jugendlicher Lern- und Erfahrungsfelder. Doch bleibt die Auseinandersetzung mit diesem Phänomen sozialer Auseinandersetzungen deskriptiv.

gung. Die Auseinandersetzung mit dem Alltag und dessen Problemen ist eine Klammer, die dieses Agieren und die Lebensführung verknüpft. Die alltäglichen Handlungen werden zu sinnstiftenden und über den Augenblick hinausweisenden Bewältigungsformen: Sie verbinden die Anforderungen mit den augenblicklichen Orientierungen und Lebensbereichen (z. B. in der jugendkulturellen Gruppe, den peer-groups, im Sportverein). In diesem Spannungsverhältnis haben sozialpädagogische Angebote und Unterstützungsformen ihren sozialen Ort. Die zu Beginn gestellte Frage: Wie kommt Gewalt in all ihren Facetten in das (jugendliche) Subjekt? ergänze ich durch die Überlegung: Wie lernen Jugendliche Gewalt in zu lösenden Alltagssituationen anzuwenden? Welchen Stellenwert hat Gewalt für Jugendliche? Auf (unsichere) Jugendliche, die in einem biografischen Prozess der Orientierungssuche sind, verstärken Gewalterfahrungen in ihren Lebenszusammenhängen das Bedürfnis nach Sicherheit. Dieses Bedürfnis versuchen sie durch ›eigene‹ Gewaltformen zu befriedigen. Oder sie orientieren sich an Gruppen, die ihnen diese Sicherheit suggerieren (z. B. rechtsorientierte bis rechtsextreme Gruppierungen). Damit versuchen sie, einem für sie undurchschaubaren Lern- und Erfahrungsprozess auszuweichen und für sich eine Struktur zu schaffen, die ihnen Halt und Zukunft verspricht.

Die fortgeschrittene moderne Gesellschaft[28] hat den Übergang von der Adoleszenz hin zur Erwachsenenwelt nicht oder nur vage geregelt oder ritualisiert. Die Übergänge sind fließend und nur in sehr geringem Maße ›organisiert‹ und in die gesellschaftliche Orientierung übernommen (wie dies bspw. bei sog. Naturvölkern mit gutem Grund der Fall ist). Die Teilnahme an Entscheidungsmöglichkeiten und Verantwortlichkeiten werden Heranwachsenden vorenthalten und es wird ihnen deutlich gemacht, dass sie sich aus dem Händeln der Erwachsenen um Macht gefälligst raus zu halten haben (Beispiel sind die Bedeutungslosigkeit von Jugendverbänden in den Parteien. In den Vereinen haben in aller Regel die Älteren das Sagen, die den Vorstand bilden und über die Gestaltung des Vereinslebens wachen). Die spärlichen ritualisierten Übergangsformen von der Jugend- zur Erwachsenenphase (wie beispielsweise Jugendweihe oder Konfirmation) haben nicht die gesellschaftliche Kraft, die Kooptation von Jugendlichen zur Erwachsenenwelt zu regulieren und Klarheiten über den Status und die damit verbundenen Erwartungen herzustellen.

Heranwachsende werden lange Zeit in einem Übergangsstadium der Unsicherheit gehalten (z. B. akut in der Form der/des Praktikanten/in): An sie werden zwar Erwartungen herangetragen, die sich auf ein Zukünftiges (Suche einer Berufsposition) richten, aber der gesellschaftliche Ausgleich für diese Erwartungshaltung, ihnen dafür auch Verantwortung und Teilnahme zuzuweisen, wird ihnen indessen vorenthalten. Jugendliche bzw. Heranwachsende werden an auseinanderdriftende soziale Orientierungen (z. B. in Subkulturen und Ausbildungsorten) ›verwiesen‹, in denen sie sich ›bewähren‹ und ihre Flexibilität beweisen können.

28 Der Begriff der fortgeschrittenen Moderne wird in dem abschließenden Teil dieses Buches präzisiert.

Dieses von mir so genannte Bewähren hat vielfach Spielcharakter: Dies fördert entweder resignative Formen z. B. als Rückzug in eine Spiel- und Diskokultur oder aber gewaltförmige Auseinandersetzungsformen (bspw. die Stadtteilauseinandersetzungen wie in Hamburg oder Berlin oder auch in London Mitte des Jahres 2011). Dies macht deutlich, wie stark gegenläufige Orientierungen diese neoliberale Gesellschaft prägen: Anpassungsdruck an das Gegebene[29] und schnelles Aufgeben bzw. Wechseln von Sichtweisen und Normen (bspw. durch die Enttraditionalisierung). Erst wenn sich junge Menschen in dem Gegebenen bewähren, werden sie in der Erwachsenenwelt an- und ernst genommen. Von jungen Erwachsenen wird Anpassung erwartet, sie sollen sich als die zu Lenkenden erweisen. Dieser Antagonismus von Anpassungsdruck und der perspektivischen Notwendigkeit, Erfahrungen zu machen und mit Regeln zu experimentieren, erklärt, warum Jugendliche sich auch für andere Wege der Alltagsbewältigung wie Drogen oder Gewaltformen entscheiden, eine Tatsache, die sich in dem jugendsoziologischen Begriff der Risikojugend[30] wiederfindet.

Sehe ich in Gewalt eine Handlungsform zur Bewältigung von Alltag, als Form der Partizipation Jugendlicher an den Handlungsformen Erwachsener, dann muss in den Formen der Gewalt Jugendlicher auch im übertragenen Sinn ein Aufnahmeritual[31] in die Welt der Erwachsenen, als Teil des Lebenszykluses, gesehen werden. Körperlich zugespitzte Formen der Gewalt werden aus der Erwachsenengesellschaft übernommen, um mit ›Mannbarkeit‹ und Stärke, Durchsetzungsvermögen Zeichen für die Zugehörigkeit zu dieser Welt zu setzen. Diese Zeichen sollen deutlich machen, dass sich Jugendliche der Handlungsformen der Erwachsenen bedienen können, dass sie sie einsetzen und dass sie mit diesen Handlungsformen der Gewalt die Ziele erreichen können, die sie sich vorgenommen haben. D. h. sie tun das, was Erwachsene ihnen vorleben, auch wenn sie als Kinder und Heranwachsende bisher darunter gelitten haben: Gegen andere mit Macht und Gewalt die eigenen Interessen einbringen und durchsetzen. Nun lässt sich argumentieren, dass es auch bereits im Kindesalter Gewaltformen gibt und diese ja Teil des biografischen Lernprozesses seien. Als Teil des Lernprozesses und des Erfahrungenmachens ist Gewalt im Kindesalter ein biografischer Faktor.

29 Die Ergebnisse der 16. Shell Studie (2011) belegen dies.

30 Zu dem Stichwort Risikojugend: Mit dem Begriff der Risikojugend ist ein zu kritisierender Blick verbunden: als sei der Status der Jugend per se einer, der der Kontrolle bedarf. Vielmehr soll das Experimentieren mit Regeln, aber auch mit Drogen, Lebensumständen und die Gefahr, auf dem Wege dieser Suche auch zu scheitern, in den Mittelpunkt gerückt werden und die notwendige Auseinandersetzung mit Anderen akzentuiert werden (dazu Ronald Hitzler u. a., 2005).

31 Rituale sind kulturell definiert und setzen Symbole für das Zustandekommen oder Eintreten eines Zustandes oder einer Zuschreibung im Lebenszyklus, z. B. zu den Erwachsenen zu gehören und eigenständig handeln zu können und zu dürfen. Rituale vermitteln als Interaktion mit der sozialen Umwelt Orientierungen, geben Sinn vor und sind Deutungen im Kommunikationsprozess. Mit dem Ritual werden Alltag und Lebenswelt gegliedert. Weil sie mit anderen geteilt werden, werden soziale Zusammenhänge hergestellt und symbolisieren nach Außen die Einheit der Gruppe oder Gesellschaft.

Gewalt dient in dieser Lebensphase der Durchsetzung momentaner Interessen und Bedürfnisse, ist weniger auf ein längerfristiges Ziel oder eine Gruppenzugehörigkeit hin orientiert.

Mit dem Handlungsmuster Gewalt als Aufnahmeritual in die Welt der Erwachsenen, damit den bedeutsamen Entscheidungsprozessen, versuchen Jugendliche, es an Kraft und Entscheidungsfähigkeit (männlichen) Erwachsenen gleich zu tun. Früher waren u. a. Kirmesschlägereien die Orte und Zeitpunkte, an denen diese Rituale ›eingebracht‹ und ›abgeleistet‹ wurden und bei denen Jugendlichen zeigen konnten (als Kerbeburschen, die den Kerbebaum gegen Angreifer verteidigen und damit ihr Territorium abgrenzen), dass sie sich mit ihrem Körper für die Gemeinschaft einsetzen und damit die Muster reproduzieren und erfüllen können, die für die Erwachsenenwelt wichtige Leitbilder sind. Auch in dem analysierten Beispiel zu Beginn dieses Teils geht es um ein Territorium, um Selbstbehauptung und um Abgrenzung (dazu Clarke u. a. 1981).

Folgende Gewaltmotive lassen sich unterscheiden:

- Gewalt, um sich anderen zu präsentieren und sich selbst zu inszenieren;
- Gewalt, um Angst und Unsicherheit zu überwinden;
- Gewalt zum Lösen von Problemen in Situationen, weil andere Lösungsmuster nicht zur Verfügung stehen;
- Gewalt, um sich durch die Ausgrenzung anderer eine Bestätigung des Selbst in der Gruppe zu verschaffen und
- Gewalt als Prüfstein für Konformität (bist du mein Freund oder mein Feind?).

Für die Akzeptanz von Gewalt als Lösung in Alltagssituationen lassen sich drei Stufen benennen, die die *Zugänge zu Gewaltbereitschaft* typisieren:

- Gewalt wird als Bestandteil des Lebens wahrgenommen: ›Gewalt gehört immer dazu‹. Gewalt wird als Bewältigung von kritischen Situationen und Auseinandersetzungen gebilligt;
- auf der zweiten Stufe steht dann die Bereitschaft, selbst Gewalt auszuüben; Gewaltformen werden als Muster zur Alltagsbewältigung akzeptiert;
- schließlich auf der dritten Stufe wird Gewalt aktiv eingesetzt, um Situationen für sich ›mit Gewinn‹ abzuschließen: die Anwendung von Gewalt wird zur alltäglichen Konfliktlösung benutzt.

Mit diesen Einstellungen geht der Tendenz nach eine Ablehnung von demokratischen Regelungsformen (verhandeln, Kompromisslösungen suchen) einher. Die Muster und Botschaften, diese unheilvolle Mischung aus Versagensprojektionen und Ängsten auf der einen Seite und ›Sich-stark-geben-Müssen‹ auf der anderen Seite, die in Familie und peer-group wie auch in medialen Zusammenhängen erfahren werden, liefern die Grundlage für eine Legitimierung von Gewalt. Solche Tendenzen spiegeln sich auch in dem Hass auf alles Intellektuelle und Kritische wider, in dem der Versuch, sich auf die Wurzeln des Handelns und die eigenen Fehler zu besinnen, als Schwäche denunziert wird. Mit der Gewaltausübung wird Macht ausgeübt, die zu Anerkennung in der Gruppe, aber auch gegenüber Anderen beiträgt oder beitragen soll. Mit Gewalt ist der Mythos vom (unbesiegbaren) Helden verbunden, dem sich nichts in dem Weg stellen kann und der das tun kann, was er für richtig hält. Sutterlüty (2004, 281 f) berichtet in seiner qualitativen Untersuchung von einem Jugendlichen, dessen Idealbild es ist, »skrupellos zuzuschlagen: So wie die brutalsten Gewalttäter, die er kennt, möchte er auch werden. (...) Wenn ich weiter Bodybuilding mach, werd ich irgendwann auch mal Kraft in meinen Händen haben. (...) Ja und ich will, dass ich als erster gezählt werde. (...) Der hat viel drauf, mit dem legen wir uns nicht an.«

Mit diesen Motiven wird eine Legitimation für das eigene gewaltbereite Handeln hergestellt. Gewalt und Gewaltbereitschaft werden zu ›normalen‹ Handlungsformen, um Auseinandersetzungen und Konflikte zu ›regeln‹: Das schließt mit ein, dass das Gespräch als Lösungsmöglichkeit abgelehnt wird (›die dauernde Laberei‹). Gewaltanwendung ist ›eindeutig‹, man(n) kann sich nicht auf ›Missverständnisse‹ herausreden. Hinter diesen Handlungsorientierungen verbirgt sich der Wunsch nach ›Klarheit und Eindeutigkeit‹: Konflikte sollen autoritär geregelt werden. Gewaltanwendung, so können wir aus diesen Überlegungen ableiten, wird deshalb für Jugendliche attraktiv, weil sie Eindeutigkeit in unübersichtlichen Situationen herstellt, weil sie nicht der sprachlichen Vermittlung bedarf. Sie ermöglicht die sofortige Überwindung von Ohnmachtsgefühlen. Die Botschaft, die dahintersteckt, ist die: Der Stärkere, der Skrupellose setzt sich durch. Und das ist mit Mitteln der Gewalt zu erreichen[32].

Mit Gewalt als Alltagsbewältigung zu agieren heißt, ›Recht behalten‹, durchkommen, oben auf bleiben, kurzum handlungsfähig sein. Es wird das durchgesetzt, was man(n) für richtig und in der Situation für sich wichtig erachtet und was mit den vorhandenen Bildern der Männlichkeit (dazu Möller 2012) überein zu stimmen scheint. Dies wird mit Mitteln durchgesetzt, von denen man erfahren hat, dass sie zur Erlangung des eigenen Zieles brauchbar sind, auch unter Verletzungen von Regeln, deren Reichweite durch Experimentieren gelernt und erfahren wird.

32 Dass eine solche Orientierung sich schnell mit rechten Ideologien verbindet, ist ersichtlich. Diese Machtvorbilder, die sich mit dem Wunsch nach Eindeutigkeit verbinden, werden in einem neo-konservativen, rechtspopulistischen Umfeld bis hin zu rechtsextremen Gruppierungen zur Identifikation angeboten, wobei diese Gruppierungen ihrerseits dem sich assoziierenden Mitglied zusätzlich »Stärke« durch die Gruppe verheißen. Das Angebot besteht also darin, eine Lösung für die alltäglichen Konflikte zu liefern. Für Schüler und Jugendliche heißt das, bei Auseinandersetzungen in der Schule oder der Lehre einen »machtvollen« Hintergrund, eine Gruppe im Rücken zu haben, die Sicherheit verspricht. Ungleichheit, Rassismus werden in einem gewaltbereiten Umfeld als Legitimation aufgebaut und dann benutzt, um Gewalt anwenden zu können. Die für diese Einstellung verantwortlichen Voraussetzungen sind auf der Ebene der handelnden Subjekte das Gefühl des Unterlegenseins und der Versuch, dieses Unterlegensein durch die Übernahme der innerhalb der Gesellschaft vorhandenen und angebotenen Machtvorbilder abzubauen. Es wird der ›Kampf ums Leben‹ und ums ›Überleben‹ betont.

3 Sozialpädagogisches Handeln zur Bewältigung von Krisen und Gewaltsituationen

3.1 Gewaltformen aus sozialpädagogischer Sicht

Gewalt, besonders die von Jugendlichen ausgeübte, ist ein gesellschaftlich brisantes, emotionalisiertes und emotionalisierendes Thema, das periodisch nach dramatischen Gewaltvorfällen die Öffentlichkeit beschäftigt und umtreibt. Dabei sind Gewaltformen, Gewalterfahrungen und Gewalttaten nicht von Situationen und historisch-politischen Bedingungen zu trennen: Welchen Anteil haben die Lebensbedingungen in der Gegenwart am Entstehen dieser Problematik für Jugendliche? Es ist zu klären, wie Gewalt und die aktuellen Lebenslagen Jugendlicher zusammenhängen. Oder anders gesagt, es ist der Frage nachzugehen, wie in der fortgeschrittenen Moderne und deren Entwicklungsanforderungen Gewaltformen als Problemlösung für Jugendliche durch sozialpädagogische Ansätze beeinflusst werden können.

Im *Sozialpädagogischen Handeln* sehe ich gesellschaftliche Reaktions- und Aktionsformen, die sich auf das Aufwachsen beziehen, die begründbar sind. Sie werden geplant und auf die jeweilige Situation übertragen – aber unter Unsicherheit, weil die Sichtweisen und die Entscheidungen der Jugendlichen und deren Lebenslage einbezogen werden. Im Zentrum sozialpädagogischen Handelns, an diesem spezifischen Ort der Arbeit mit Jugendlichen, steht vorrangig eine kommunikative Praxis des Aushandelns. Dieses Aushandeln setzt einen Subjektbegriff voraus: Das Gegenüber wird in seinen Entscheidungen als Ko-Produzent ernst genommen. Die/der sozialpädagogisch Handelnde bezieht sich in diesem interaktiven Prozess auf einen professionellen Wissensbestand, der die ›Sinnquelle‹ des sozialpädagogischen Handelns herstellt.

Gehe ich von einer Auffächerung möglicher Sinnorientierungen in der fortgeschrittenen Moderne aus, kann sich sozialpädagogisches Handeln nicht (mehr) auf universalistische und normative Orientierungen als Folie für das Handeln beziehen. Für den Erziehungsbereich heißt dies, die Vielfalt sozialer Lösungen für Alltagsprobleme zu entdecken und von einer normalistischen Sichtweise abzurücken. Legen wir die Auffächerung von Orientierungen als Grundmuster der modernen Gesellschaft und der Erziehung zu Grunde, dann vervielfältigen, dann partikularisieren sich die Lebensformen: Der Ansatzpunkt für sozialpädagogisches Handeln liegt in der Vielfältigkeit und Vielschichtigkeit sozialer und kultureller Lebensformen. Das sozialpädagogische Handeln bereitet auf Vielfältigkeit vor und muss zugleich diese Vielfalt im eigenen Handeln sicherstellen. Daraus ergibt sich für das Handeln ein in sich widersprüchlicher Zugang: Einerseits soll sozialpädagogisches Handeln Jugendlichen eindeutige Orientierungen und Normen vermitteln, andererseits im Handeln das Vielfältige gegenwärtiger Lebensbedingungen sichtbar werden lassen. Die Auflösung dieses Widerspruchs im Handeln ist an die Person des Erziehenden geknüpft, der in den sozialpädagogischen Situationen seine Entscheidungen für die Auswahl der zu vermittelnden Inhalte durch Kompetenz *und* Haltung zu treffen hat. »Zu den aktuellsten Ergebnissen der empirischen Forschung gehört, dass nicht allen der Inhalt der Förder- und Präventionsangebote über deren Wirksamkeit entscheidet, sondern auch die Art und die Rahmenbedingungen der Umsetzung bedeutsam sind. (...) Dazu gehört ein hohes Engagement und Motivation des Fachpersonals ebenso wie ein gutes Institutionsklima sowie allgemein eine hohe soziale Verantwortlichkeit der Beteiligten im Sinne der Förderziele. Etwas vereinfacht ausgedrückt kommt es also nicht nur auf das *Was* der Förderung, sondern auf das *Wie* an« (Raabe, Beelmann 2011, 103).

Mit dem Stichwort der *Koproduktion* wird auf den aktiven Anteil Jugendlicher an ihren Lernprozessen verwiesen. In diesem Kontext wird thematisiert, was in alltäglichen Situationen aus den Lebenslagen und -bedingungen aller Beteiligten heraus eingebracht und durch sozialpädagogisches Handeln und Reflexion weiter entwickelt werden kann. Wenn Jugendliche mit Gewaltformen in den Sozialraum und die damit verbundenen sozialen Formen im Jugendhaus, im Heim, im schulischen Alltag ›einbrechen‹ und Strukturen, regulierendes und orientierendes Handeln stören, dann machen diese rabiaten Aktionen deutlich, wie Jugendliche diesen Gestaltungsansprüchen ihre Befindlichkeit, ihre Gefühle, ihre Macht- und Herrschaftsansprüche entgegensetzen. Würden sich sozialpädagogisch Handelnde ohne Ansehen der jeweiligen Entwicklungsschritte und der Vielschichtigkeit der Lebensbedingungen auf die Seite normativ verfestigten Leitbilder schlagen, dann »erscheinen die individuellen und sozialen Entwicklungsbedingungen des Zöglings nicht mehr als positiver Ausgangspunkt von Erziehung, sondern als Störfaktoren einer vorab feststehenden eigentlichen Entwicklungslogik. Das autonome Subjekt wird zum Gegenstand eines erzieherischen Gestaltungswillens, der letztlich nur über die Etiketten ›konform‹ und ›abweichend‹ verfügt – und auch entsprechend handelt: nämlich entweder belohnt oder bestraft« (Hopfner 1995, 65).

Zu den sozialen Kompetenzen, die Jugendlichen in der Koproduktion zugänglich werden, gehört das Verfügen über emotionale Einstellungen, motorische Möglichkeiten und die systematisierten Erfahrungen, um in sozialen Situationen zu einer für den Betreffenden günstigen Relation von positiven und negativen Einstellungen in sozialen Auseinandersetzungen zu gelangen.

Zu den Fähigkeiten, die Jugendlichen beispielhaft zu vermitteln sind (s. dazu auch Hinsch, Pfingsten 2002, 5) gehören:

- nein zu sagen,
- Überredungsversuche zurückzuweisen,
- Kritik akzeptieren zu können,
- bei störenden Handlungen auf Veränderungen zu dringen,
- Widerspruch angemessen einbringen zu können,

- sich bei eigenen Fehlern zu entschuldigen,
- unerwünschte Kontakte zu beenden,
- Gespräche zu beginnen und fortsetzen zu können und damit Kontakte und Bindungen einzugehen,
- Unterstützung zu erbitten,
- Komplimente zu machen und Gefühle zu zeigen.

Diese Handlungspotentiale tragen dazu bei, Selbstbewusstsein und Selbstsicherheit, damit Handlungsfähigkeit Jugendlicher in sozialen Situationen zu stärken und sie dabei zu stützen, ambivalente Gefühle auszuhalten und sich mit Anderen durch Worte und Taten, nicht aber durch Gewaltformen auseinanderzusetzen. Damit sich daraus neue stabile Muster entwickeln können, bedarf es eines kontinuierlichen Prozesses, in dem auch Zweifel und Rückschläge zugelassen sind. Diese Auseinandersetzungen verankern sich in der Gehirnstruktur durch Vernetzungen. Das Ingangbringen dieser Entwicklung ist ein vielschichtiges Aufgabenfeld, das jede erzieherische Anstrengung lohnt – auch wenn die Arbeit immer wieder Schwankungen unterworfen sein wird.

Diese Überlegungen öffnen einen Zugang, der die Bearbeitung von *Gewalt in sozialpädagogisch beeinflussbaren Zusammenhängen* möglich macht. Die Zentrierung sucht nach sozialpädagogischen Ansätzen, die auf konflikthafte Situationen und Interaktionen in Krisen Einfluss nehmen können. Spezifiziere ich diese Frage: Jugendliche, die mit Gewaltformen versuchen, ihr Leben zu bewältigen, zwingen die Sozialpädagogik zu notwendigen Überlegungen, wie auf Gewaltmuster Einfluss genommen werden kann. Genereller gefragt: Kann aufgrund der vorliegenden sozialen gesellschaftlichen Sachverhalte noch ohne weiteres zum pädagogisch Allgemeinen übergegangen werden. Die Verbindung zu den Begriffen Sozialisation und Erziehung ist zu sehen, die beide starke Anteile einer idealen Normalitätsvorstellung in sich tragen.

Wenn Sozialpädagogen/innen nicht an Gewaltformen Jugendlicher als Symptome herumbasteln wollen, wie es der Sozialpädagogik von Schule, Polizei, Jugendämtern als Aufgabe der sog. Integration oftmals zugewiesen wird, dann müssen sie Gewaltformen Jugendlicher als Teil deren Lebenssituation analysieren und daraus Intervention entwickeln – auch wenn die gesellschaftlichen Erwartungen an eine normative Lösung die Auseinandersetzung mit den Äußerungsformen Jugendlicher erschweren. Das heißt, die sozialpädagogische Arbeit[33] an den Gewaltformen Jugendlicher nicht als methodisch angeleitete Reduzierung und Bearbeitung sozialer Probleme zu verstehen, sondern die Genese von Gewaltakten und Gewalthandeln zu analysieren und dafür das analytisch-begriffliche Instrumentarium zu haben. Ich nehme den Blick von der ›Innenwelt‹ der Jugendlichen (ihrem Selbstbild) zum Ausgangspunkt und verbinde diese Analyse mit der Sicht auf das soziale Milieu, in dem sich Jugendliche bewegen. Dieser Einfluss

33 Die in diesem Buch angebotenen Trainings- und Arbeitsformen für Initiierung von Lernprozessen Jugendlicher werden diesen Zusammenhang aufgreifen.

des komplexen Erfahrungsfeldes ›Außen‹ wird exemplarisch dargestellt an den vielschichtigen familiären Prägungen und denen der peer-group. Ich wende mich der Erweiterung ihrer Handlungsmöglichkeiten (Kompetenzen) zu, die ihnen im sozialen Umfeld der Jugendarbeit zugänglich werden.

In diesem Sinne bedeutetet Prävention, Spielräume für die Auseinandersetzung mit Subjekten bereit zu stellen, d. h. Muster für und mit Kindern und Jugendlichen zu entwickeln oder zu beeinflussen, die sie befähigen, ihre Alltags- und Entwicklungsprobleme ohne Zuhilfenahme gewaltorientierter Mittel zu lösen. Darunter verstehe ich ein vorbeugendes Eingreifen: Interventionen, um normabweichendes Handeln und Regelverletzungen zu verhindern, auch ein rechtzeitiges Eingreifen. Zwei Elemente pädagogischen Handelns stehen im Vordergrund: ein kontrollierender *und* ein unterstützender Anteil. Was sind nun die Interventionsmöglichkeiten und die Bedingungsfaktoren für den präventiven Eingriff? Sie wirken auf die Lebensumstände von Kindern und Jugendlichen ein und damit auf die Lösung ihrer Alltagsprobleme. Als allgemeines Ziel können wir das Herstellen von besseren Lebens- und Kommunikationsbedingungen benennen. Prävention hat folglich zwei Ebenen des Agierens: den zeitlichen Aspekt, denn gelungenes Eingreifen ist dann erzielt, wenn Normabweichungen verhindert werden können, und einen räumlichen Aspekt: d. h. sie ist immer mit dem Sozialraum der möglichst zu verhindernden Regel- und Normverletzung verbunden. Die Möglichkeit (und die Grenzen von Prävention) sind davon abhängig, ob dieser Sozialraum Prävention zulässt. Präventives Handeln hat seinen Ausgangspunkt in den Grundlagen des sozialen Lernens.

Jugendarbeit wird konzeptionell stark durch den Auftrag der ›Prävention‹ in Anspruch genommen. Darunter fallen auch die Disziplinierungsversuche und Kontrollen, die sich aus Ängsten Erwachsener vor einer ›ausufernden‹ Jugend speisen, die ihre Folgen in normativ orientierten Erwartungen an die Jugendarbeit haben. Störungs- und Gefahrenabwehr, Gewährleistung von Sicherheit und Ordnung (nach Freund u. Lindner 2001) sind Antriebskräfte einer solchen Sozialpädagogik, die sich das Merkmal Prävention[34] gibt.

Wenn ich mir hier über die Möglichkeiten und Grenzen des vorbeugenden sozialpädagogischen Handelns Gedanken mache, dann geschieht dies auf dem Hintergrund der Frage nach den Gestaltungsmöglichkeiten durch das Intervenieren. Damit ist die Frage verknüpft, mit welchem Ziel sozialpädagogisches Handeln in Gang gesetzt wird. Erziehung und sozialpädagogisches Handeln sind immer schon auf Zukünftiges gerichtet, auch der Versuch, der auch scheitern kann, Kindern und Jugendlichen Fähigkeiten zur Lebensbewältigung zu vermitteln[35].

34 »D. h. es sollen nur jene Programme, Strategien, Maßnahmen bzw. Projekte als gewaltpräventiv bezeichnet werden, die tatsächlich vorrangig die Verhinderung bzw. Reduktion von Gewalt zum Ziel haben« (Holthusen, Hoops, 2011, 56).

35 In diesem Sinn ist der Begriff der Prävention ein Pleonasmus: Erziehung ist per se Prävention. Aber in einer bürokratisierten Welt, die Kontrolle zur Leitlinie hat, braucht es eine solche Doppelung, um die Vielschichtigkeit erzieherischer Prozesse zu legitimieren und dafür Räume zu schaffen.

Wenn wir uns das alltägliche Mobben, Erpressen, Drohen, Schlagen in Schulen, Heimen und Jugendhäusern vor Augen führen, dann ist das Verhältnis von (Sozial-)Pädagogik und Gewalt zu bestimmen. Die Aufgabe der Sozialpädagogik liegt in der Entwicklung von Handlungsfähigkeiten des Subjektes unter jeweils gegebenen Lebenslagen. Die Sozialpädagogik hat ein Dilemma mit ihrem Doppelgesicht: Einmal ist es die Aufgabe, für die Kontrolle und Einhaltung von Normen (im Jugendalter) zuständig zu sein, damit sozialen Regeln Geltung zu verschaffen, auf der anderen Seite ist die Aufgabe zu erfüllen (und dies ist auch die Erwartungshaltung der Betroffenen), Kompetenzen (Muster) und Lebensmöglichkeiten ›aufzuschließen‹. Das Dilemma liegt in der Dialektik, einerseits mit den Jugendlichen Schritte zur Eigenständigkeit zu gehen, damit Handlungskompetenzen aufzuzeigen, und zugleich dem Subjekt soziale Grenzen vorzugeben, innerhalb derer er oder sie diese Kompetenzen einsetzen und für sich nutzen kann, gerade auch im Hinblick auf die sich entwickelnde Arbeitskraft und deren Verwertbarkeit.

Fazit: Aufgabe und Ziele von Erziehung lassen sich aus dem Entwurf des autonomen Subjektes herleiten. Diese Perspektive verpflichtet die (Sozial)Pädagogik, im Kontext all ihrer Handlungs- und Sinnbezirke die Reflexion und Kontrolle des Handelns um Eigenständigkeit zu ermöglichen: Autonomie verstanden als »die Fähigkeit, ein Selbst zu haben, das auf den Zugang zu eigenen Gefühlen und Bedürfnissen gründet« (Gruen 1986, 17f.). Mit dem *Subjektbegriff* als Leitfigur in der sozialpädagogischen Auseinandersetzung mit gewaltorientierten Jugendlichen wird ein Bezugspunkt pädagogischen Denkens und Handelns eingeführt, der zweierlei betont: den Prozesscharakter (sozial-)pädagogischen Handelns und das Ziel der Eigenständigkeit für diejenigen, die lange, zu lange in der Pädagogik als Zöglinge gesehen wurden: als Objekte eines erzieherischen Anpassungsvorhabens[36].

Exkurs: Soziales Lernen als eine Grundlage für die sozialpädagogische Arbeit mit gewaltorientierten Jugendlichen

Jugendliche, auch schon Kinder, sehen und erfahren Gewalthandlungen durch Beobachtungen in ihren sozialen Zusammenhängen (Familie, Schule, Straße) sowie in den Medien. In der Begrifflichkeit des Sozialen Lernens lässt sich sagen: Gewaltformen werden am Modell gelernt. Für die Auseinandersetzung mit Gewalt sind folgende Sachverhalte des Lernens Bedeutung:

- *Soziales Lernen* wird in diesem Zusammenhang als Erweiterung personaler und subjektiver Möglichkeiten und Einstellungen verstanden: soziales Ler-

36 Die Missbrauchsfälle in pädagogischen Einrichtungen, sowohl in kirchlichen Trägerschaft als auch bei freien Trägern (bspw. der Odenwaldschule), auch in den ›sozialistischen‹ Werkhöfen der DDR, sind Belege für diese pädagogische Vorstellung von zu ›formenden‹ Kindern und Jugendlichen.

nen gründet auf Wissen, Einstellungen und Fertigkeiten und strukturiert sich durch gemachte Erfahrungen. Durch das Beobachten anderer Personen (Lernen durch Beobachten als Modelllernen) werden neue Handlungsmöglichkeiten zugänglich: Bandura (1979) hat in einem Experiment Kindern einen Erwachsenen gezeigt, der eine Alltagssituation mit Gewalt löst. Kindern wurde in der Experimentalgruppe daraufhin das Spielzeug weggenommen. Folge war, dass sie gewaltförmiger reagierten als diejenigen der Kontrollgruppe. Die Wahrscheinlichkeit, dass das jeweilige Modell nachgeahmt wird, steigt mit dessen ausgestrahlter Macht, wenn also die Handlung als moralisch gerechtfertigt dargestellt wird und wenn die Beziehung zwischen Beobachter und Modell positiv ist.

- *Lernen am Erfolg oder Misserfolg:* Der/die Betroffene lernt aus den Konsequenzen, also an erfolgversprechenden Situationen. Auch hier zeigt das Ergebnis von Experimenten, wenn Kinder für Gewalthandeln gelobt werden oder dies zumindest gebilligt wird, übernehmen sie diese Gewaltformen als Lösungsmuster für Alltagssituationen.
- Schließlich noch ein weiterer Aspekt des sozialen Lernens an Modellen. *Das Lernen von Unterscheidungen:* Das Kind oder der Jugendliche erfährt, situationsangemessen zu unterscheiden und entsprechend zu reagieren, d. h. Situationen differenzieren zu lernen. Damit lernt der Jugendliche für das Gegenüber entweder Empathie oder negative Vorurteile zu entwickeln. Dazu dienen auch Denk- und Handlungsmuster wie Freund, Feind, Ehre oder Möglichkeiten der Überlistung, des Waffengebrauchs oder Denkmuster wie ›Strafe muss sein‹. Oder aber Begründungen ›Wie du mir so ich dir‹ beeinflussen die Wahrnehmung von gefühlsbeladenen Situationen, steuern Handlungsmuster in kritischen Situationen, in denen es darum geht, das Selbst einzubringen, evtl. auch zu schützen. Diese Vorurteilsmuster beeinflussen mit Unterstellungen bzw. Zuschreibungen die Einschätzung der Lage bei Gefühlen des Ärgers und der Wut und dienen so der Selbstrechtfertigung und Rationalisierung, nicht aber der kompetenten Lösung von Alltagssituationen.

Mit dem Begriff des sozialpädagogisch angeleiteten *Erfahrungenmachens für Jugendliche* ergänze und erweitere ich diese Elemente des sozialen Lernens. Der Begriff des Erfahrungenmachens impliziert, dass Handlungen nicht lediglich hingenommen, sondern als Teil meines Selbst gesehen werden: mit anderen Worten, sie müssen eingeordnet und wieder zugänglich sein/werden. Damit verbinden sich folglich biografische Zugänge (als Erfahrungen im jeweiligen sozialen Milieu), akkumuliertes (gespeichertes) Wissen und jener Teil des Wissens, der für zukünftiges Handlungen zur Verfügung steht (sedimentiertes Wissen). Dies bereitet den Weg von Vergangenheit und Gegenwart in die Zukunft vor. Damit wird das Herstellen von Mustern aus erlebten und strukturierten Situationen, die als Vorbild für neue Situationen dienen, in den Blick genommen und die Tatsache zu klären versucht, wie dieses Erfahrungenmachen wieder in das Bewältigen von neuen Alltagssituationen eingebracht wird.

Welche Schritte sind dafür erforderlich? Erfahrungen sind auch das Verbindende einer Generation bzw. der regionalen oder überregionalen Zusammengehörigkeit. In den Erfahrungen liegen sowohl Muster als auch Zeitumstände ›vergraben‹, die zu Gemeinsamkeiten des Handelns führen können. Sie sind zugleich der Grundstock (Alltagswissen), der für Handlungskompetenzen genutzt werden kann: Welche Fähigkeiten stehen für zu lösenden Aufgaben und Situationen zur Verfügung. Als ›äußerliches Phänomen‹ werden Orte (z. B. Jugendarbeit im Jugendhaus, sozialpädagogische Arbeit im Heim) hergestellt, an denen Jugendliche sich aufhalten oder sich treffen können, um soziale Kompetenzen zu entwickeln, indem sie diesen öffentlichen Raum mit einander teilen: einen sozialen Raum zum Experimentieren mit sozialen Regeln.

Rücken wir das Erfahrungenmachen für Jugendliche in den Mittelpunkt des sozialen Entwicklungsprozesses, dann kommt Jugendarbeit die Aufgabe zu, Heranwachsenden einen sozialen Raum und Ort für Lernen und Erfahrungen anzubieten, unter der Perspektive, Orientierungen für das Selbstbild zu finden. Dieses Selbstbild ist unter dem Aspekt der männlichen und weiblichen Rollen und den darin enthaltenen Erwartungen an sie zu sehen: Was bietet diese Gesellschaft Jugendlichen an perspektivreichen Mustern an? An welchen Vorstellungen können sie sich für ihre Lebensperspektiven orientieren? Und wie können sie unter diesen Aussichten für sich einen Platz in gesellschaftlichen Zusammenhängen finden? Das Subjekt stellt sich in Alltagssituationen die Frage (die nicht bewusst abläuft): Welche Handlungsmöglichkeiten stehen mir zur Verfügung, um die Situation, die ich vorfinde, zu lösen? Was kann ich aus meinen Erfahrungen und den daraus ›geronnenen‹ und gewonnenen Mustern Handeln hervorbringen, um für mich zu einer Lösung zu kommen, die mein Selbstbild stützt? Wie kann ich die vorgefundene Situation beeinflussen, z. B. indem ich Gewalt anwende? Ein zweiter Zugang zur Alltagsbewältigung ist das ›Bild im Kopf‹, das ich von dieser Situation und den darin Agierenden habe: Welches Bild hat der Handelnde von der zu lösenden Situation? Dieses Bild ist eng mit dem Selbstbild und den sich damit verbindenden Handlungsmöglichkeiten verknüpft.

Diese hier entwickelten Ansätze, die das Subjekt im Mittelpunkt haben, werden im nächsten Teil im Hinblick auf die institutionelle Seite fortgesetzt: Welchen Beitrag zu der Entwicklung Jugendlicher können Einrichtungen der offenen Jugendarbeit leisten? Weitergehend: Wie können die entwickelten Formen der Jugendarbeit auch an Orten der Jugendhilfe wie den Heimen, sozialer Familienhilfe eingesetzt und zur Bewältigung von Problemlagen beitragen?

3.2 Jugendarbeit als Auseinandersetzung mit gewaltorientierten Jugendlichen

Gewalt kann nicht als etwas vom Subjekt und dem von ihm zu bewältigenden sozialen Situationen Abgespaltenes aufgefasst werden: Gewalt ist Teil der Lebensbewältigung und der alltäglichen Problösungsversuche Jugendlicher. Gewalt kann als Handlungsstrategie gesehen werden, in einer differenzierten und in Gruppen separierten Gesellschaft seinem Selbst zur gesellschaftlichen Anerkennung zu verhelfen. Jugendarbeit ist ein sozialpädagogischer Ansatz, der Jugendlichen soziale Räume öffnet, um darin gelernte Muster und Regeln zu erproben, auf ihre Wirksamkeit hin zu ›untersuchen‹ und mit eben diesen Regeln und Mustern zu experimentieren. Sie präsentiert zugleich einen öffentlichen Raum, den sich Jugendliche mit anderen teilen und teilen müssen, d. h. dieses Teilen eines (öffentlichen) Ortes setzt Regeln und Muster des Umgangs und der Beziehungen voraus. Die Auseinandersetzung mit Konflikten ist dabei ein zentrales Moment des sozialen Lernens in der Gruppe. Konflikte, Formen der Auseinandersetzung und deren Lösungen durch Erwachsene und andere Jugendliche werden beobachtet. Dieser soziale Ort hat in der biografischen Entwicklung die Aufgabe, auf die zugespitzten Auseinandersetzungen zwischen Innen und Außen in der Übergangsphase einzuwirken.

Waren Jugendhäuser in den 1970er Jahren Fluchtorte vor dominanten, patriarchalischen Elternhäusern (Wohnzimmer für Jugendliche[37]), also Orte der Loslösung vom Elternhaus und aus familiären Bindungen mit Orientierung an der peer-group, bekommen die Jugendhäuser in den 1990er Jahren eine neue Qualität für die Jugendphase, u. a. weil sich die erschwerten Übergänge aus der Jugend- in eine eigenständige Lebensphase in der sog. Praktikantengeneration bis in das 3. Lebensjahrzehnt verlängern. Hinzukommt die Flexibilisierung der Jugendphase: der späte Berufseinstieg und die Teilnahme an den Konsumanforderungen verlangen ein hohes Maß an Flexibilität und Mobilität.

In der Jugendarbeit zu Beginn des 21. Jahrhunderts hat sich diese Entwicklung fortgesetzt, mit ihr einhergehend die Separierung von Jugendlichen. Aktuell treffen sich in Jugendhäusern Heranwachsende, junge Erwachsene, die sonst keinen ›öffentlichen‹ Treffpunkt haben und mit Mehrfachproblemen belastet sind: Überschuldung, Sucht, ohne Arbeit bzw. ohne Berufsausbildung, weil sie hier einen sozialen Ort der Teilhabe finden, Ansprechpartner haben und nicht dem Druck der Abwehr ausgesetzt sind, der sie zu einer Gegenwehr nötigt. Entsprechend vielschichtig müssen die Formen und Angebote der Zuwendung sein: Wir können von einer Mehrfachbewältigung sprechen, die eine Netzwerk und Verweisungspädagogik (z. B. Schuldnerberatung) zur Folge haben muss. Das Aneignen von Mustern zur Lebensbewältigung verschiebt sich aufgrund der Vielschichtigkeit zu lösender Alltagserwartungen in den öffentlichen Bereich der Erziehung[38]. Aus

37 Das ist ganz konkret zu sehen: Im Hauptraum der meisten Jugendhäuser stand ein ausrangiertes Sofa, manchmal schon so altersschwach, dass sich die Federn durch den Stoff drückten, auf dem sich trotzdem Jugendliche herumfläzten, was ihnen im Elternhaus sicherlich den Verweis ›Sitz ordentlich‹, eingetragen hätte oder ›Nimm die Füße vom Tisch‹. Denn zur Ausstattung gehörte auch der obligate Nierentisch mit Aschenbecher.

38 Diese Skizze ergänze ich durch ein anderes Bild aus der Gegenwart. Machen wir einen Sprung in die Jetztzeit und betrachten die Darstellung familiärer Bedingungen aus einem Zeitungsbericht. Unter dem provozierenden Motto »Betreuer müssen ausbügeln, was

dieser Analyse erwachsen für die Jugendarbeit zwei Aufgabenbereiche. Neben sozialen Kompetenzen, dem Strukturieren von Erfahrungen und den Auseinandersetzungen mit Regeln muss (soll bzw. müsste) Jugendarbeit Befähigungen vermitteln, Brüche in der Lebensgestaltung und im Lebensablauf zu bewältigen: Ungewissheiten und Ambivalenzen müssen bearbeitet und bearbeitbar gemacht werden[39]. Weil die öffentlichen Räume kaum Experimentieren mit Regeln zulassen, ist der sozialpädagogische Ansatz der Jugendarbeit ein Raum der Aufarbeitung, um aus den Versatzstücken der eigenen Erfahrungen neue Handlungsmöglichkeiten zusammenzusetzen und diese auszuprobieren.

Jugendarbeit gegenwärtigen Zuschnitts ist durch pädagogische Differenzierung und Orientierung an den Handlungsmöglichkeiten Jugendlicher geprägt. Die Frage ist, wie in den jeweiligen sozialen Milieus Lebensbewältigungen und Eigenständigkeit mit den Jugendlichen (im Sinne der Koproduktion) entwickelt werden (können): Erzieherisches und bildungsorientiertes Handeln wird zum Schaffen eines Ortes unter biografischen Gesichtspunkten. Jugendarbeit[40] ist ein

---

auch Mittelschichteltern nicht bewältigen« beschreibt Christian Sywottek in einem Artikel in der Frankfurter Rundschau vom 19. Februar 2002, wie die Kosten für Kinder- und Jugendhilfe im Landkreis Darmstadt–Dieburg innerhalb von fünf Jahren von 13 auf 41 Millionen gestiegen sind. Aus dieser Darstellung entwickelt sich ein Bild von Überforderung in Familien, die Erfahrungs- und Lernbedingungen für Kinder so zu sichern, dass diese stabile Handlungsmuster im Prozess des Aufwachsens entwickeln können (also gerade das, was Pestalozzi noch als sicheren Hort der Familie postulieren konnte oder kritisch formuliert, die er in diesem Lichte gesehen hat). Ausdruck des modernen Lebens ist, dass Familienrituale wie gemeinsames Essen oder gemeinsam mit den Erwachsenen verbrachte Zeit sich auflösen, nicht mehr existieren. Oder aber, dass die Grundversorgung an Nahrung oft nicht mehr gewährleistet ist, beispielhaft, dass Kinder/Jugendliche ohne gefrühstückt zu haben, in den Kindergarten oder die Schule kommen. Folge ist, dass die öffentliche Erziehung in Form von Kindergarten, Kindertagesstätten, Hort oder Familienhilfe und intensive Einzelbetreuung Aufgaben in der Erziehung übernehmen muss, die traditionell der Familienerziehung zugeschrieben werden.

39 Diese Überlegungen werden im letzten Kapitel im Zusammenhang mit dem Stellenwert der fortgeschrittenen Moderne für den Prozess des Aufwachsens noch einmal aufgenommen. Es werden die offenen, nicht oder wenig definierten gesellschaftlichen Stellen thematisiert, die es Jugendlichen erschweren, einen Platz in dieser Gesellschaft zu finden. Daraus werden mögliche Folgen angesprochen und die Frage gestellt, wie sich die Sozialpädagogik diesen stellen kann.

40 Jugendarbeit hat auch einen rechtlich fixierten Rahmen, der seine sozialpolitische Wirksamkeit entfaltet. Mit der rechtlichen Fixierung (neben den §§ 8 und 9, die Paragraphen 11–13 des SGB VIII, dazu der § 14, der besagt, dass jungen Menschen und Erziehungsberechtigten das Angebot des erzieherischen Kinder- und Jugendschutzes gemacht werden soll) wird Jugendarbeit Teil sozialstaatlicher Dienstleistungen, um gesellschaftliche Fehlfunktionen wie der Mangel an Lebenschancen der Marktgesellschaft auszugleichen: Dazu gehören neben der Verbesserung von Ausbildungsmöglichkeiten von benachteiligten Jugendlichen auch die professionelle Auseinandersetzung mit jenen Jugendlichen, die Regeln verletzen, Normen brechen, deviant sind oder zu werden drohen, die Gewaltformen praktizieren. Die Hilfemaßnahmen nach dem SGB VIII sehen Beratung, Einzelbetreuung, Inobhutnahme bspw. bei Selbst- und Fremdgefährdung (§ 42) Fremdunterbringung vor. Insbesondere sind dies Hilfen zur Erziehung (§§ 27 ff) wie die Tagesgruppe (§ 32), sozialpädagogische Einzelbetreuung (§ 35), Jugendgerichtshilfe (§ 38).

sozialpädagogischer Ansatz zur Bewältigung von Lebenslagen, zentriert auf die Phase zwischen der triebdynamischen Pubertät und dem Einstieg in die Berufstätigkeit und damit der wirtschaftlichen Eigenständigkeit (wenn dieser nicht an ökonomischen und politisch verordneten Hindernissen wie Jugendarbeitslosigkeit oder dem permanenten Herumirren zwischen schlecht bezahlten Tagelöhnerjobs scheitert). Im Hinblick auf die Auseinandersetzung mit Gewaltformen heißt das: Wie sind Handlungsmuster für die Lösung von Alltagsproblemen zu finden und zu entwickeln, die nicht durch Gewaltformen geprägt sind? Im Zentrum der sozialpädagogischen Arbeit der Kinder- und Jugendarbeit steht die »Stabilisierung der Kompetenz zur sozialen Integration und der Konsolidierung der autonomen Lebensführungskompetenzen. Die Kinder- und Jugendarbeit ist entsprechend dieser Kernprämissen ein zentrales sozialpädagogisches, öffentlich organisiertes und vergesellschaftetes Sozialisationsfeld der modernen Gesellschaft« (Thole, 2000, 24). Dazu muss Jugendarbeit »Lebensorte entwickeln können, an denen Bedürftigkeit sichtbar, Milieurückhalt geboten und pädagogische Bezüge aufgebaut werden können« (Böhnisch, 1998, 158). Damit ist der Ansatz der Jugendarbeit nicht allein auf die offene Jugendarbeit (Jugendhäuser) begrenzt[41], sondern öffnet sich in Richtung Jugendhilfe, Hilfen zur Erziehung. Jugendarbeit bietet Orte an, in denen Jugendliche sich interessensmäßig und bedürfnisorientiert sozial organisieren und finden können, auch wo sie ›Macht finden‹ und an öffentlichen Handlungsstrategien partizipieren können. Jugendarbeit wendet sich folglich an spezielle Zielgruppen und folgt damit gesellschaftlichen Differenzierungsprozessen. Orientierungen für das Erwachsenenwerden werden fachlich in zunehmend kleinere und spezielle soziale Zusammenhänge verlegt: Mädchenarbeit, Jungenarbeit, sozialpädagogische Arbeit mit gewaltorientierten Jugendlichen oder aber auch mit Kindern und Jugendlichen, die gemobbt werden (dazu Riebel 2011).

Diese Zugänge als Spezialisierung in der sozialpädagogischen Arbeit bedeuten, sich mit den Widersprüchen in den jugendlichen Lebenslagen auseinander zu setzen: Professionelle haben die Aufgabe, sich diesen Ambivalenzen Jugendlicher (und den damit verbundenen unguten Gefühlen im Bewältigen ihrer Lebenslage) als ›Bewältigungsmodell‹ *›entgegenzustellen‹*. Dies heißt für die sozialpädagogische Arbeit mit Jugendlichen, das Erfahrungenmachen in Gruppenzusammenhängen zu ermöglichen und ihnen damit Gestaltungsmöglichkeiten für ihren Alltag zu vermitteln. Durch das gemeinsame Entwickeln von sozialen Mustern werden sie in ihrer Alltagsbewältigung und auf dem Weg in die Eigenständigkeit unterstützt. Mit diesen Zielen wird die pädagogische Beziehung, um an dem

41 »Die Kinder- und Jugendarbeit ist (...) nicht mit der Kinder- und Jugendhilfe identisch. Diese schließt zwar auch die Kinder- und Jugendarbeit mit ein, umfasst jedoch die Sozialpädagogik mit Kindern und Jugendlichen insgesamt, von Kindertageseinrichtungen, die zusammen mit anderen Einrichtungen ein eigenständiges, vorschulisches und tendenziell dem Bildungssektor nahestehendes Arbeitsfeld mit einem ausgewiesenen theoretischen Diskurs darstellen, bis hin zu den erzieherischen Hilfen in und außerhalb von Familien, denen primär die Aufgabe zukommt, familiale Sozialisationsdefizite abzufedern« (Thole, 2000, 23).

Nohlschen Begriff anzuknüpfen, zwischen Erwachsenem (Professionellem) und Jugendlichen in den Mittelpunkt gerückt, die eine Klammer zwischen den Generationen (und ihren Erfahrungen) bildet.

Nach Handlungsformen und Möglichkeiten von Professionellen im Bereichen der Jugendarbeit zu fragen (dazu zähle ich im weitesten Sinne auch die Jugendverbandsarbeit und die Jugendbildungsarbeit, also alle sozialen Orte, an denen Erwachsene Einfluss auf Sichtweisen und Handlungsformen Jugendlicher nehmen) heißt, die in diesen Ansätzen liegenden Entwicklungs- und Unterstützungsformen zu befragen. Mit den Angeboten der Jugendarbeit werden gruppenbezogene Lösungsmöglichkeiten für Alltagsprobleme (Koproduktion) in tatsächlichen Konfliktsituationen entwickelt: Wie lässt es sich lösen, Billard, Tischtennis spielen zu wollen, wenn andere bereits an dem Platz sind. Wie ist zu handeln, wenn Jugendliche gegen andere Gewalt anwenden, weil sie aus ihrer Unsicherheit in sozialen Situationen zu Gewaltformen greifen (›Was guckst du so‹). Die Folgerung ist, Probleme werden nicht individualisiert, Erkenntnisse und strukturierte Erfahrungen in Situationen ermöglicht und ein Rahmen für das Zusammensetzen von Mustern aus den jeweiligen sozialen Herkunftsmilieus ermöglicht.

Aus diesen Überlegungen zum Stellenwert von Jugendarbeit lässt sich die Verbindung zum sozialen Lernen herstellen: Wozu also brauchen Jugendliche Erwachsene? Diese Frage stellt Burkhard Müller in einem Aufsatz aus dem Jahre 1995, in dem er eine Verbindung von der Jugendarbeit zur Jugendkultur zieht und damit dem Pädagogischen in der Jugendarbeit das Wort redet. Hier finden sich die Überlegungen zum Erwachsenen als Modell wieder, dem ich entweder nacheifere oder an dem ich mich abarbeiten kann, der jedenfalls ein Gegenstand der Auseinandersetzung für Jugendliche ist und der Jugendlichen Orientierung und Richtung vermitteln kann. Für diese Beziehungsarbeit benötigen wir (soziale) Räume, die den Rahmen abstecken, die also diese Beziehung institutionalisieren, wir können auch sagen, auf Dauer stellen und sie aus der Beliebigkeit in eine Form überführen, die das Lernen von Mustern und Orientierungen ermöglichen kann. Damit sind zwei zentrale Komponenten dieser sozialpädagogischen Arbeit benannt: das Schaffen eines Ortes, an dem Bindungen entwickelt werden können und über die Stationen Sicherheit und Anerkennung Perspektiven für die Lebensbewältigung und Problemlösung gelernt und erfahren werden. Drehen wir die Perspektive um, dann müssen wir fragen, was kann diesen Ort für Jugendliche so attraktiv machen, dass sie sich auf den Prozess der Auseinandersetzung mit sich Selbst einlassen können? Burkhard Müller (1995, 162) formuliert diesen Zusammenhang so: Die Jugendarbeiter/innen müssten sich darüber Gedanken machen, »dass die Erziehenden immer schon selbst Objekte sind, nämlich von Kindern und Jugendlichen zu irgendwelchen Zwecken gebraucht werden, von denen sie selbst nichts wissen oder jedenfalls wenig Ahnung haben«. Dies deutet an, dass Jugendarbeit nicht nur der soziale Ort ist, um ›äußere‹ Lebensformen als soziale Beziehungen zu erfahren, sondern dass es ebenso Ort der Entwicklung ›innerer‹ Lebensformen als Gefühle und Weltdeutung, also des Bildes von sich selbst und den Realisierungsmöglichkeiten des eigenen Handelns (Kompetenzen), als das Erfahren und Auseinandersetzen mit sich selbst geht. Jugendliche müssen an einem Gegenüber erfahren, dass sie bestätigt werden, aber ebenso, dass dieses Gegen über ihrem noch nicht gefestigten Selbstbild und ihren Idealphantasien Grenzen setzt. Diese Rolle übernehmen in der peer-group andere Jugendliche, die schon wegen des eigenen Anspruches auf Anerkennung und Idealselbst den anderen Einhalt gebieten. Aber Jugendliche brauchen in diesem Gefüge auch Erwachsene (und nicht nur ihre Eltern, von denen sie sich ja gerade abzusetzen versuchen), die ihnen Entwürfe vermitteln, die lebenswert und perspektivenreich sind. Diese Erwachsenen, die über Ambiguitätstoleranz verfügen, geben die Möglichkeit der Auseinandersetzung mit negativen Emotionen, Wut und Enttäuschungen über sich selbst zu bewältigen. Was brauchen Jugendliche also? Sie benötigen Erwachsene, die eine Verbindung zwischen ihrer inneren (Ideal-)Welt und der realen Welt mit ihren Widersprüchlichkeiten und negativen Erscheinungen vermitteln können, die auf ihre Berg- und Talfahrten der Gefühle in der pubertären Phase eingehen können und nicht mit Klagen oder Abstrafen reagieren, kurzum Erwachsene, die Standhalten und die eine Attraktivität für das Nachahmen verkörpern können.

Die Schule, in der diese Auseinandersetzung ebenfalls stattfindet, trägt in einem geringeren Umfang zu diesem Lernprozess bei. Zum einen, weil Jugendliche wenig Möglichkeiten haben, diesen Ort mit zu gestalten, zum anderen, weil das Erproben von Regeln durch den Sanktionsapparat Schule weniger Spielraum für eine produktive Auseinandersetzung mit Regeln lässt.

Ich halte fest: Die sozialpädagogische Arbeit mit Jugendlichen in ihren vielfachen Formen, Ausprägungen und sozialen Orten (bspw. auch in der Heimpädagogik) schafft einen öffentlichen und damit gesellschaftlich gebilligten Ort, den Jugendliche/junge Erwachsene mit gestalten und der eine Auseinandersetzung mit (professionellen) Erwachsenen ermöglicht. Jugendarbeit bildet folglich einen Ort, an dem Jugendliche Erwachsenen begegnen, die darauf vorbereitet sind, dass es für Jugendliche zum Entwicklungsprozess gehört, mit Regeln zu experimentieren, die ihnen einen Zugang zu Erfahrungen als Lernprozess ermöglichen. Um es in Bildern auszudrücken: In Jugendarbeitern/innen können Expeditionsleiter in ein fremdes Land gesehen werden, das diese zwar selbst schon bereist haben, aber auf das sie z. B. wegen der ›Unwägbarkeit des Wetters‹ oder den Geschehnissen in der Gruppe, der Unberechenbarkeit der Ureinwohner oder wegen möglicher Zusammenstöße mit wilden Tieren immer wieder neu eingehen und reagieren müssen. Und um im Bild zu bleiben: Dieses fremde, zu erkundende Land können auch die Jugendlichen selbst sein, denn die Verarbeitungsmechanismen und die Zeichen (z. B. die Kommunikation in und mit den Medien wie auch die ›Sprache‹ der Musik), mit denen sie operieren und derer sich Jugendliche zur Lebensbewältigung bedienen, sind den Erwachsenen fremd geworden. Die Jugendlichen selbst sehen in den professionellen Erwachsenen, die sie in dieser biografisch bedingten Übergangsphase begleiten und die ihnen dafür einen sozialen Raum zur Verfügung stellen (das kann das Jugendhaus sein, aber auch der Treffort an der Haltestelle, an dem ›zufällig‹ auch der Straßensozialarbeiter ›vorbeischaut‹), jemanden, der sich mit ihren Deutungen zur Lebensbewältigung aus der Erwachsenenperspektive auseinandersetzt und an dessen Regel- und Alltagsdeutungen Jugendliche sich reiben, also Erfahrungenmachen können.

Ohne das zusätzliche Angebot der Jugendarbeit haben Jugendliche mit depriviertem Hintergrund wenig Zugänge zu Erfahrungen wie Rollenwechsel oder

Auseinandersetzung mit ›Modellen‹ und Handlungsformen, die nicht im Herkunftsmilieu vorhanden sind. Auseinandersetzen mit Regeln, Erwartungen und Normen, d. h. einerseits Normen zu folgen und nicht ins soziale Abseits zu geraten, auf der anderen Seite aber auch seinem Bild von sich Selbst und den Möglichkeiten der Anerkennung zu folgen, sind die zentralen zu lösenden Aufgaben in der Adoleszenz. Ein Bezug zu den vorgefundenen subjektiven Problemlagen und den Angeboten des Erfahrungenmachens werden ermöglicht: Negative Handlungsmuster können so verändert werden. Diese Perspektive des professionellen Handelns geht über soziologische und psychologische Ansätze hinaus. Die Frage, die sich Sozialpädagogen/innen stellt: Welche Angebotsformen sind geeignet, auf die vorgefundenen und analysierten Problemlagen einzugehen. Um es lapidar zu formulieren, was habe ich im Warenkorb, um auf das vorfindliche und analysierte Problem eingehen zu können.

Was können die Angebote und die sozialen Räume der Jugendarbeit zur Bewältigung sozialer Situationen, zu Krisen und Gewalt beitragen? Es sind Zugänge zu öffnen, die Jugendlichen die Möglichkeit geben, sich mit sich selbst und Anderen auseinander zu setzen und dadurch ihre sozialen Fähigkeiten zu erweitern (Arbeitsformen dazu werden im nächsten Teil entwickelt):

- Bei Auseinandersetzung in krisenhaften Situationen darf der Zugang zu sich Selbst und dem Gegenüber nicht verloren gehen. Diese kann in Einzel- und Gruppengesprächen stattfinden, das Plenum des Jugendhauses oder der Klassenrat kann eingebunden sein.
- Rollenspiele sind wegen der Übernahme der ›anderen Seite‹ von großer Bedeutung, auch um einen Zugang zu den eigenen Emotionen und die des Anderen, für die Rolle und das Selbst des Gegenüber zu bekommen.
- Über das Aufnehmen von Beispielen von anderen wird das eigene Handlungsrepertoire erweitert und entwickelt.
- Schließlich sind Übungen und Spielformen wichtig, weil in ihnen immer Elemente von Lösungen für Alltagssituationen enthalten sind.

Neben diesen einzelnen Interventionen kommt es aufgrund des vielfältigen Ursachen- und Bedingungsgefüges (dazu Olweus, 1996) darauf an, ein Netz zu entwickeln, in dem Schule, außerschulische Instanzen wie die Jugendarbeit/Jugendhilfe und ggf. der Jugendkontaktbeamte[42] der Polizei einbezogen sind. Das Konzept muss verschiedene Ebenen des Vermittelns von Handlungsmöglichkeiten und Entwickeln von Perspektiven miteinander verbinden.

42 Der Skepsis der Sozialarbeiter/innen gegenüber dem Kontakt mit der Polizei setze ich einen Fall aus meiner Praxisberatung entgegen. Der Jugendkontaktbeamte der Polizei hat sich trotz Schulabsenz und vorliegender Delikte eines Jugendlichen dafür eingesetzt, dass der Jugendliche weiter die Schule besuchen kann, um dadurch noch einen ›Anker‹ für dessen soziale Angebundenheit zu sichern. Ich denke, dass dieses Beispiel sehr gut die ›pädagogische‹ Sicht deutlich macht: Nicht ›Strafe‹ im Sinne der Gesetze, die durchaus berechtigt ist, sondern der Versuch, Perspektiven für den Jugendlichen ›im Verbund‹ zu erhalten.

Aus diesen Überlegungen ergibt sich auch, dass Zusammenarbeit zwischen Schule und außerschulischen Instanzen wie der Jugendhilfe oder der Schuljugendarbeit bzw. Schulsozialarbeit dringend geboten ist, um die unterschiedlichen methodischen Zugehensweisen und Unterstützungsformen zu nutzen. Ansätze zur sozialpädagogischen Auseinandersetzung mit gewaltorientierten Jugendlichen müssen die Interaktionsformen aufgreifen, diese im Kontext ihres sozialen Milieus und der Bedeutung der peer-group als Ablöse- und Sebstbestimmungsfaktor sehen. Und sie müssen die sozialen Kompetenzen von Jugendlichen und Professionellen stärken. Um es zuzuspitzen: ein gutes Sozialklima und die Ansätze, die Kindern und Jugendlichen helfen und unterstützen, ihre Alltagsfragen und Probleme zu bewältigen, sind das beste Vorbeugen.

Und was ist mit den Opfern? Sie werden am besten damit unter- und gestützt, wenn Gewalt (um noch einmal die Betonung zu setzen: dazu gehört auch Mobbing als weit verbreitetes jugendliches Handeln) in Schule und Jugendhaus nicht verschwiegen, nicht schamhaft versteckt wird und sie selbst im Rahmen von gruppenbezogener Arbeit unterstützt werden. Dabei ist es wichtig, Opfer nicht durch diskriminierendes Nachfragen doppelt zu demütigen und Tätern keinen sozialen Raum für Legitimationen ihrer Gewalttätigkeit zu geben.

3.3 Sozialpädagogisches Handeln in Konflikt- und Gewaltsituationen

Das Intervenieren in Krisen und Gewaltsituationen ist eng mit den Fragen der Professionalität[43] und den Grundlagen des sozialpädagogischen Handelns verknüpft. Im weiteren Sinne sind die Fragen der Erziehung als Ganzem und hiermit der Erziehung im öffentlichen Bereich (sozialem Raum) angesprochen, wie sozialpädagogisch an die familiäre Erziehung angeknüpft und eingegangen werden kann. Dazu gehört das Wissen über Handlungsintentionen (Ziele) sowie über die Hintergründe und Ursachen von sozialen Problemen, hier besonders über den Stellenwert von Konflikten und die Gründe für die Ausübung von Gewalt im Kindes- und Jugendalter. Burkhard Müller (1997, 21 f.) differenziert diese Wissensteile unter der bezeichnenden Überschrift ›Hinterkopf-Wissen‹ noch weiter. Das sozialpädagogische Wissen bezieht das Spezifische des Heran-

43 Ich fasse Professionalisierung und Professionalität nicht als etwas, was den sozialpädagogischen Handlungsformen und dessen Formierung als Prozess inne wohnt, sondern als Diskurs, wie ihn u. a. Foucault fasst und was Teil eines ›Herstellungsvorganges‹ ist, der sich in der Disziplin vollzieht und insbesondere die Deutungen dieser Prozesse wider gibt.

wachsens als biografischer Lebensabschnitt ein, in dem Erfahrungen gemacht und Regeln ›probiert‹ werden (müssen). Diese professionellen Wissenssegmente zu sozialen Zusammenhängen verbinden sich mit der Einschätzung über die eigenen Handlungsmöglichkeiten und Grenzen zu einem handlungsleitenden Ansatz.

Konzepte zur Aufarbeitung von Konflikt- und Gewaltformen beinhalten also immer auch die Aneignung sozialer Kompetenzen, sind also nicht auf die jeweiligen Gewaltsituationen reduziert, sondern die Angebote beinhalten die Bewältigung sozialer Situationen. Ich gehe deshalb auf die *Kompetenzen* zurück und frage nach den Handlungsmöglichkeiten, die Professionelle der Kinder- und Jugendarbeit in Situationen haben (müssen), um in der sozialpädagogischen Arbeit mit Jugendlichen in Krisen- und Konfliktsituationen angemessen intervenieren und agieren zu können. Der Kompetenzbegriff ist am Handeln von Subjekten und damit an Entwicklungsprozessen orientiert, im Gegensatz zu dem Begriff der Qualifikation, die Handeln in Bezug auf einen Gegenstand misst. Ich werde mich deshalb zunächst mit dem Kompetenzbegriff auseinandersetzen und zu klären versuchen, inwieweit diese Handlungsmöglichkeiten durch Reflexion (unter Einbeziehen der Selbstevaluation sowie der kollegialen Beratung und der Praxisberatung) bearbeitet und weiterentwickelt werden können.

Definition: Unter sozialen Kompetenzen verstehen Hingst und Pfingsten (2002) das Verfügenkönnen über emotionale Einstellungen, motorische Möglichkeiten und das vorhandene Wissen, damit auch die zu Grunde liegenden Erfahrungen, um in sozialen Situationen zu einer für den Handelnden günstigen Relation von positiven und negativen Ergebnissen zu gelangen. Ich werde hier im Folgenden zwischen den Kompetenzen unterscheiden, die Professionelle in das Handeln einbringen (müssen), und jenen Handlungsmöglichkeiten, die Jugendlichen durch ihre sozialpädagogischen Angebote vermittelt werden sollen (dazu auch Jugert u. a. 2001). Mit dieser Überlegung wird auch an das Modellhafte des Handelns und Erfahrungenmachen in sozialpädagogischen Situationen angeknüpft, da Jugendliche an den Erwachsenen, mit denen sie sich auseinandersetzen, auch Bewältigungsmuster beobachten und sich daraus Erfahrungen aneignen.

Über welche Kompetenzen muss ich als sozialpädagogische/r Professionelle/r folglich verfügen, um in Konflikt- und Gewaltsituation angemessen eingreifen zu können, sie als Erfahrungs- und Lernsituationen für die Beteiligten zu sehen und sie auf dieser Grundlage so zu lösen, dass sich daraus keine Niederlagen und schlechten Gefühle für alle an der Situation Beteiligten entwickeln.

Zunächst listet der tabellarische Überblick (nach Bauer 2004, 52, ergänzt) die unterschiedlichen Dimensionen und Handlungsfähigkeiten in der Jugend- und Heimarbeit auf und macht darauf aufmerksam, auf welchen unterschiedlichen Ebenen professionell gehandelt, bzw. ggf. in kritische Situationen eingegriffen werden muss (dieser Überblick kann sicherlich noch erweitert werden).

Tab. 1

Dimension	**Handlungsrepertoires**
Soziale Strukturbildung	– Leiten und führen – Kleingruppen anleiten – Selbstorganisation fördern – Soziale Bindung fördern – Gruppen moderieren – Regeln entwickeln und durchsetzen
Interaktion	– Positives Klima schaffen – Gefühle wahrnehmen und zeigen – Humor zeigen – Konflikte bewältigen und – Gewaltformen eindämmen bzw. verhindern
Kommunikation	– Einführungen und Anleitungen geben – Diskussion/Gespräche leiten – Feedback geben und empfangen – Visualisieren – Zuhören – Fragen stellen
Gestaltung	– Schaffen von sozialen Räumen für Entwicklung – den Körper einsetzen – Rituale schaffen – Rollen darstellen – Rhythmen finden – den Clown spielen – Materialien erfinden
Hintergrundarbeit	– Planen, Auswählen – Zeitmanagement – Organisieren

Intervention setzt Handlungsfähigkeit in Konfliktsituationen voraus: Ausgangspunkt für die Intervention in Konflikt- und Gewaltfällen sind die eigenen Handlungsmöglichkeiten, damit *auch* die Grenzen, die ich habe. Deshalb ist es grundlegend, sich vor der Auseinandersetzung mit Gewaltformen Jugendlicher der eigenen Konfliktfähigkeit zu stellen, auch mit der eigenen Position zur Gewalt und den eigenen Gewalterfahrungen zu beschäftigen. Für die *Handlungsfähigkeit* ist das Selbst ein zentraler Zugang, weil der/die Sozialpädagoge/in muss, um in Konfliktsituationen einzugreifen, sich selbst ins Spiel bringen, mit all den Möglichkeiten und Grenzen. Die Auseinandersetzung mit dem eignen Selbst führt neben der Erlangung von mehr Selbstsicherheit auch zur Stärkung von Empathie und Sensibilisierung für die Bedürfnisse Anderer in sozialen Situationen. Sie ist ein Baustein für die Entwicklung von Kompetenz.

Aus diesen Überlegungen heraus ist nach dem Selbstverständnis, dem professionellen Selbstbild zu fragen:

- Steuerung des Selbst: geht auf die Selbststeuerung und die Fähigkeit ein, sich auf sich selbst verlassen zu können und sich nicht von äußeren Einflüssen,

Provokationen, Beleidigungen beeinflussen und aus der Angst um sich selbst zu Handlungen gegenüber Anderen verleiten zu lassen (z. B. Verächtlichmachen Anderer).

- Beobachtung des Selbst: geht auf die Wahrnehmung der Reaktion anderer auf das eigene Handeln ein. Damit wird die Beziehung zwischen dem Selbst und dem Vergleich an Anderen angesprochen. Es ist die Spannung zwischen dem Idealselbst, wie man gerne gesehen und wahrgenommen werden möchte, und den realen Wahrnehmungen durch andere. Zugleich wird eine Vorwegnahme der Rolle des Gegenübers (Rollenübernahme) eingeübt und die Möglichkeit gegeben, sich auf die Erwartungen der Komplementärrollen einzustellen.
- Selbstbewertung: Was folgt aus den Möglichkeiten der Selbststeuerung und der Selbstbeobachtung für die Einschätzung des Selbst? Gelingt es mir, Idealselbst und Realselbst in beruflichen Alltag in Einklang zu bringen und bei Auseinanderdriften nicht in emotionale Schieflagen zu geraten?
- Stärkung des Selbst: Wie kann ich mein Selbst trotz evtl. Niederlagen nicht herabsetzen, sondern mit den Möglichkeiten, die ich habe, meine Ziele verfolgen?
- Wie kann ich mich auf andere einlassen, ohne mein Selbst und mich aus dem Auge zu verlieren und in den Erwartungen Anderer unterzugehen (z. B. bei Gewalttaten in der Gruppe)?

Zu der Auseinandersetzung mit sich Selbst gehört auch die Reflexion von Handlungsroutinen und Lösungsmustern durch die Selbstevaluation sowie in der Fort- und Weiterbildung und Praxisberatung/Supervision: Das sind Orte und soziale Räume für das Überprüfen der im Berufsalltag notwendigen Entlastungsmechanismen und Alltagsroutinen, damit wird das Selbstverständnis und das professionelle Selbstbild ›getestet‹. Die Deutungen zur Lösung der anstehenden professionellen Bewältigungen werden einer Überprüfung unterzogen und Methoden und professionelle Handlungsmuster entwickelt und angeboten, die dem gegenwärtigen Erkenntnisstand der Disziplin entsprechen. Fort- und Weiterbildung, ergänzt durch Praxisberatung/Supervision bieten die Möglichkeit:

- die Lebensverhältnisse, die Alltagsmuster und Problemlösungsmechanismen der Jugendlichen (Fallbearbeitung) aufzugreifen und die eigenen Anteile an dem Lösen der Alltagsprobleme von Jugendlichen zu klären,
- die eigenen Sichtweisen und das Handlungsrepertoire zur Disposition zu stellen (z. B. über Rollenspiel) und diese in der Beratung zu bearbeiten.

Definition: Selbstbewusstsein/Selbstwertgefühl zu entwickeln heißt, auch in schwierigen und als peinlich eingestuften Situationen seiner Selbst sicher zu sein. Das bedeutet in der Konsequenz, seine Handlungsmöglichkeiten und -fähigkeiten zu nutzen, um nach Bewältigungen zu suchen und nicht handlungsunfähig zu werden.

Die vorgeschlagenen Arbeitsaufträge, Spiele, Übungen und nachgestellten Situationen dieses Teiles sind als Erfahrungsfeld gedacht. Sie sollen zur Reflexion und Auseinandersetzung mit konflikt- und gewaltförmigen Situationen mit Jugendlichen hinführen, zum anderen den methodischen und praktischen Hintergrund für das Intervenieren liefern, um in der Interaktion mit Jugendlichen in dem Sinne Banduras (1971) als Modell agieren zu können.

Übung: ›Du bist es wert!‹

Ziel: Selbstwertgefühle bei sich und anderen wecken.
Durchführung: Die Teilnehmer gehen paarweise zusammen und beschreiben zwei Minuten lang mit viel Gefühl und Phantasie ihr Gegenüber, z. B. dessen Gestalt, das Gesicht oder einzelne Partien des Gesichtes wie die Mandelaugen. (z. B.: »Deine schöne Gestalt erfüllt den ganzen Raum (...)«. Dabei darf ruhig übertrieben werden.
Reflexion: Was löst die Kommunikation auf der Gefühlsebene und im ungewohnten direkten und nahen Kontakt mit dem Anderen aus? Wie nehme ich die ›guten Worte‹ meines Gegenübers wahr und wie gelingt es mir selbst, den Anderen zu einem guten Gefühl über sich selbst zu verhelfen?

Weitere *Übungen* zu diesem Komplex verbinden sich mit dem Ziel, für sich selbst, aber auch für andere (positive) Gefühle (Empathie) zu entwickeln. In diesen Zusammenhang gehört, eigene Empfindungen auszudrücken und die Anderer (angemessen) zu deuten. Diese Übungen führen dazu, eigene Emotionen und die des Gegenübers besser wahrzunehmen, zu akzeptieren, damit auch Hemmungen zu entwickeln, andere zu verletzen, sei es physisch durch körperliche Gewalt oder psychisch bspw. durch Mobbing.

Übungen zur Erfassung der Gefühlslage

Durchführung: Auf Fotos von Gesichtern und Personen deren mögliche Gefühllage einzuschätzen.
Was drücken die Gesichter, die Körper aus?
Welche Gefühlslage fällt mit leicht, welche schwerer zu erfassen?
Gefühle mimisch darstellen: Freude, Trauer, Lustlosigkeit, Überschwang usw.
Welche Gefühle stelle ich gern dar, welche fallen mir schwerer?

Um mehr Klarheit über meine Handlungsfähigkeiten und Grenzen zu erlangen, muss ich in meine biografischen ›Hintergründe hineinsehen‹, also auch das, was mir meine Biografie ›mitgegeben‹ hat an Umgang mit Gefühlen, mit Enttäuschung, Ärger, Wut. Das beinhaltet auch, meine Einstellungen zur Gewalt zu überprüfen, meine Erfahrungen mit Konflikten, mit Gewaltformen, aber auch meine individuellen Zugänge ›abzufragen‹:

Arbeitsauftrag zur Wahrnehmung der eigenen Handlungsmöglichkeiten

Durchführung: bitte zu den jeweiligen Punkten eine Überlegung (schriftlich) entwickeln:
Wie sehe ich mich im Berufsalltag?
Wie nehme ich meine Rolle im Umfeld der Einrichtung wahr?
Wie gehe ich mit den Erwartungen um (im Verhältnis zu Leitung, Kollegen/innen, Jugendlichen, Eltern, Öffentlichkeit)?
Wie sehe ich mich im Verhältnis zu den Kindern und Jugendlichen, mit denen ich arbeite?
Wie gehe ich mit den zu lösenden Aufgaben und Problemen um?
Wie ist meine Wahrnehmung von Konfliktsituationen und welche Interventionsformen halte ich in der jeweiligen Situation für angemessen?
Was erreiche ich mit meiner Konfliktstrategie?
Bin ich mit meiner Konfliktstrategie zufrieden?

Arbeitsauftrag als Anregung zur Klärung des biographischen Handelns[44]

Ziel: ist die Wahrnehmung der biographischen Hintergründe des eigenen Umgangs mit Gefühlen.
Durchführung: Beantworten Sie bitte diese Fragen schriftlich:
Erinnern sie sich bitte an Gefühle ihrer Kindheit: Welche Erfahrungen haben Sie aus konflikthaften Auseinandersetzungen mit ihren Eltern?
Wie sind Sie mit Enttäuschung, Wut, Freude, Stolz umgegangen?
Wichtige weitere Erfahrungen zum Umgang mit Enttäuschung und Wut im erweiterten Umfeld von Schule, Freundeskreis?
Was habe ich später in meinem Leben durch Freundschaften, Partner berufliche Erfahrungen usw. dazugelernt für den Umgang mit meinen Gefühlen?
Gibt es typische Gefühlsmuster, die sich immer wieder herstellen?

---

44 Bitte diese Fragen als Selbstreflexion (ehrlich sich selbst gegenüber) beantworten, ohne in Selbstanklage zu verfallen. Deshalb ist es sinnvoll, diese Punkte schriftlich zu beantworten. Wenn man sich sicher ist und Realselbst mit Idealselbst in Einklang und ins Reine gebracht hat, ist es möglich, diese Fragen auch mit anderen zu besprechen. In Teamsituationen ist dies sicherlich schwierig, weil professionelle Bedingungen immer auch einen guten Teil Idealselbst von uns verlangen, das kritische Selbst steht dann eher hinten an.

Wie zeigen sich diese Muster in Ihrem Beruf, in Ihrer Beziehung zu Jugendlichen, Mitarbeitern, Vorgesetzten?
Wie sehen Ihre Ängste in Konflikt- und Gewaltsituationen aus?

Arbeitsauftrag zur Wahrnehmung der eigenen Beobachtungen

Durchführung: bitte zu den jeweiligen Punkten eine Überlegung (schriftlich) entwickeln:
Was nehme ich in Konflikt- und Gewaltsituationen wahr?
Wie ordne ich die Beobachtung ein (als Schritt zum Handeln oder Bedrohung für mich)?
Wie stark tangiert der Konflikt meine Gefühle? Lähmt er mich oder macht er mich aktiv? Was spüre (empfinde) ich?
Gelingt es mir, die Konfliktsituation neutral einzuschätzen oder bin ich emotional sehr betroffen?
Wie ist es um meine Selbstkontrolle beschaffen?
Wie groß ist der Einfluss von starken Gefühlen auf mein Handeln: z. B. von Wut, Enttäuschung?
Wie gelingt es mir, mich in den anderen hinein zu versetzen?

Übung zur Wahrnehmung meiner Gefühle in belastenden sozialen Situationen

Durchführung: Die Teilnehmer gehen stumm im Raum herum, zunächst ohne Blickkontakt: ›Mit dir will ich nichts zu tun haben!‹
Dann mit Blickkontakt, dabei den Blick drohend auf andere gerichtet: ›Dich treffe ich noch allein …!‹
Dann mit Grimassen schneiden: ›Du kommst nicht an mich heran!‹
Dann mit abwertendem Blick: ›Lass mich in Ruhe‹
Dann sich anschreiend.
Schließlich sich anrempelnd, anderen in den Weg gehen, den Weg versperren.
Reflexion: Wie werden die unterschiedlichen Aktionen wahrgenommen?
Wie fühle ich mich jeweils?
Was war für mich am schwierigsten?

Arbeitsauftrag zur Klärung eigener Grenzen

Durchführung: bitte zu den jeweiligen Punkten eine Überlegung (schriftlich) entwickeln: In welchen Situationen fühle ich mich sicher/unsicher?
Was löst bei mir Angst aus?

Fragen zum Bewältigen:
Wie ist mein Umgang mit Situationen, die mir Angst machen?
Will ich diesen Umgang mit Angst verändern (Ziele benennen)?
Wie kann ich diesen Umgang ändern?
In welchen Situationen steigt bei mir Wut auf bzw. besteht die Gefahr, dass ich die Kontrolle über mich verliere?
Wie kann ich solche Situationen aufarbeiten?
Was kann ich tun, damit es mir besser geht?

Übung Verborgenes hervorholen

Ziel: dieses Handeln und die damit verbundenen Situationen und Gefühle in die Gruppe einbringen und sie aus dem Dunkel herauszuholen, in dem sie in der Regel versteckt bleiben.
Durchführung: nach Situationen fragen, in denen die Kontrolle über sich Selbst verloren gegangen ist. Diese Situation beschreiben.
Spiel dazu: Wenn ich wütend bin, mache ich so...: Geste mimisch darstellen. Oder Worte sammeln, die man über sich selbst nicht hören will, und diese dann laut heraus schreien.

Es ist wichtig zu wissen, wie Handlungen im Konflikt- und Gewaltfall entstehen und welche kommunikativen Prozesse sich entwickeln können. Deshalb steht am Anfang, sich mit den eigenen Gewalterfahrungen auseinander zu setzen, um damit die Erinnerungen an Ausgangspunkte des eigenen Handelns zu mobilisieren.

Arbeitsauftrag zur Klärung des eigenen Standpunktes zur Gewalt

Durchführung: bitte zu den jeweiligen Punkten eine Überlegung (schriftlich) entwickeln:
Was ist Gewalt für mich? (wichtige Merkmale von Gewalt)
Bitte erinnern: Welche Gefühle hatte ich, als ich Gewalt selbst ausgeübt habe?
Welche Gefühle hatte ich, als ich Opfer von Gewalt war?
Welche Gefühle hatte ich, als ich Gewalt als Außenstehender/nicht unmittelbar Beteiligter erlebt habe (z. B. als Zuschauer/in)?

Arbeitsauftrag zur Entwicklung einer eigenen Definition von Gewalt

Durchführung: Versuchen Sie bitte, aus den vorhergehenden Punkten eine eigene Definition von Gewalt zu entwickeln, die Ihnen dazu verhilft, professionell in Situationen, in denen Gewalt angewendet wird, zu arbeiten. Ich habe zwar im ersten Teil eine Definition entwickelt und angeboten, doch ist es für sozialpädagogische Arbeit sinnvoll, für sich selbst einen Rahmen zu entwickeln, der das eigene Handeln strukturiert und begründet (z.B. wann sind für mich Grenzen überschritten, die mir anzeigen, dass ich eingreifen muss). In der Gruppenarbeit kann dies ergänzt werden, indem zunächst jeder für sich einen Gewaltbegriff entwickelt, dieser dann in Zweier- und Vierergruppen weiterentwickelt wird, schließlich die Begriffe, die sich herauskristallisiert haben, an der Tafel gesammelt und verglichen werden.

Definition: Gewalt als Grenzverletzung, als Eingriff in psychische und physische Integrität verlangt geradezu nach Intervention, wenn ich die Beziehung zwischen dem Täter, dem Opfer und dem Dritten in diesem Bunde, dem/r kontrollierenden *und* strukturierenden Jugendarbeiter/in als Person, die für die Einhaltung der Regeln sorgt oder zu sorgen hat, im Auge habe. Ziel ist es, vor dem Ausbruch von Gewaltformen zu intervenieren, um potentielle Opfer, aber auch sich selbst vor dem Ausbruch nicht mehr steuerbarer Emotionen zu schützen. Als (Sozial-)Pädagoge/in muss ich – um handlungsfähig zu sein und zu bleiben – eine klare Einstellung und Haltung gegenüber Gewaltformen haben. Diese Position bestimmt das Handeln zwischen Akzeptanz und Nichtakzeptanz, zwischen Zulassen und Einschreiten.

4 Bewältigen von Konflikten: Möglichkeiten und Grenzen des Intervenierens

Dieses Kapitel macht mit den Bearbeitungsmöglichkeiten von Konflikt- und Gewaltsituationen vertraut[45]: Konflikte und Gewaltformen werden thematisiert als

- zu lösende Anteile im Alltag von Jugendlichen und damit als
- Lern- und Erfahrungsmöglichkeiten sowie als
- sozialpädagogische Aufgabe, Opfer zu schützen und sich ihrer Angst und damit ihrem eingeschränkten Zugang zum öffentlichen Raum zu stellen.

Die folgenden Überlegungen zeigen Zugänge zu Jugendlichen aus den sozialpädagogischen Ansätzen auf, also aus einem theoretisch und methodisch strukturierten Handeln. Aus diesen Einsichten in die professionellen Handlungszugänge entwickeln sich Fragen zur Positionsbestimmung:

- Wie ist die Aufgabe sozialpädagogischen Intervenierens in einem Arbeitsfeld zu bestimmen, das durch Gewaltformen Jugendlicher geprägt ist?
- Wie kann ein sozialpädagogisches Feld gestaltet werden, in dem sich Jugendliche ohne Angst und ohne den Zwang bewegen können, ihre gewaltorientierten Muster zum Selbstschutz einsetzen zu müssen?
- Wie können schwierige Alltagssituationen und Konfliktlagen bis hin zu Gewaltformen bewältigt werden? Für das sozialpädagogische Arbeiten heißt das, Jugendliche zu bewegen, konstruktive und zukunftsorientierte Anteile ihres Selbst und ihre Fähigkeiten zu entwickeln und einzubringen.

Drei Ebenen des Zugehens habe ich dabei im Blick:

- Die individuellen Handlungsmöglichkeiten des (Sozial-)Pädagogen und das daraus resultierende, methodisch gestützte Handeln in kritischen Situationen,
- die institutionell-organisatorischen Bedingungen eben dieses Handelns in den jeweiligen Einrichtungen und
- das Gestalten der Interaktionen mit Jugendlichen in schwierigen, gewaltbelasteten Situationen.

---

45 Methodische Anregungen sind dem Buch von Bernd Stickelmann und Thomas Putz: »Ich hab'doch nichts gemacht« – Kreatives Konfliktlösen in der Jugendarbeit – Ansätze aus Fortbildung und Praxisberatung, Oldenburg 2005, entnommen.

4.1 Wie kommt es zum Intervenieren?

Aus dem sozialpädagogischen Handeln als systematischem Rahmen folgt das Intervenieren (aufbauend auf Anamnese und Diagnose) in konflikthaften Situationen. Die dafür zu entwickelnden Handlungsfähigkeiten des Professionellen bestehen in der Aufarbeitung des Konfliktes. Dazu gehört in der Krisenintervention auch die Verhinderung von Grenzüberschreitungen und Verletzungen der Integrität anderer. In das Intervenieren geht ein:

- Einschätzung der Situation (Vorwissen bspw. über das soziale Umfeld von Jugendlichen): Kann ich mögliche Auslöser für Gewalt identifizieren?
- Einschätzung der Bedingungen (z. B. Wer ist im Raum? Wie schätze ich die emotionale Lage der Beteiligten ein?) Wie kann ich in den Prozess der Eskalation eingreifen?
- Diese Einschätzung wird auf dem Hintergrund von professionellem Wissen (systematisches ›theoretisches‹ Wissen) und der bestehenden Erfahrung (Verfügungswissen) getroffen. Das systematische Wissen über ›Jugend‹, Gewalt etc. wird bspw. mit der Frage verknüpft: Wie habe ich unter ähnlichen Bedingungen eine Lösung des Problems ermöglicht?
- Einbezug des methodischen ›Könnens‹: Welche Handlungsmöglichkeiten habe ich in der Situation zur Verfügung: z. B. Aufmerksamkeit auf mich ziehen?
- Welche alternativen Lösungen kann ich für die Konfliktsituation anbieten, die die Schadensfolgen mindern?

In der sozialpädagogischen Arbeit ergeben sich Probleme, wenn Erwachsene das Austragen von Konflikten mit Gewaltformen tolerieren oder übersehen, weil sie keine Lösungsansätze entwickelt haben. Das bedeutet für das praktische Handeln, bspw. Mobbing zu unterbinden, Opfer zu schützen, auf Täter/innen bei Gewalt einzuwirken, die Ausbreitung von gewaltsamen Verhalten zu verhindern. Dazu gehört auch, dass es pädagogische Einrichtungen gibt, die unfähig sind, auf Gewaltformen einzugehen. Sie machen es nicht zu ihrem Auftrag, Mobbing oder körperliche Gewalt zu verhindern, weil sie fürchten, in der Außendarstellung als soziale Orte zu gelten, in denen sich Konflikte und Formen der Gewalt häufen. Sie sind der irrigen Auffassung, so ihr Image nach außen positiv zu beeinflussen. Der erste Schritt zur Verhinderung von Gewalt ist, sich selbst für das Wahrnehmen von Gewalt zu sensibilisieren und zu schulen.

Sozialpädagogisches Intervenieren setzt das ›analysierende Wahrnehmen‹ voraus, um daraus Schritte für das Eingreifen, methodisch gestützt, starten zu können. Um die Wahrnehmung von Konfliktsituationen ›aufzuschließen‹, die auf physische Gewalt zulaufen können, soll als Ausgangspunkt für die Bedeutung methodischer Zugänge das folgende Bild auf die darin enthaltenen Konfliktpotentiale untersucht werden. Die Analyse des Bildes soll einen ersten Zugang zu Konfliktsituationen ermöglichen.

Arbeitsauftrag zum beobachteten Analysieren von Konfliktsituationen

Schauen Sie sich bitte dieses Bild an und versuchen Sie, die bisherigen Überlegungen zur Beobachtung und Analyse zu nutzen: Wie erkenne ich Konflikte? Beobachtung von Konfliktentstehung als Ausgangspunkt für das Intervenieren, Konfliktverlauf, Sensibilisierung gegenüber Körpersprache, Kommunikation.

Was gibt Ihnen Hinweise für das Bestehen eines Konfliktes?
Soweit Sie das Bild deuten können, handelt es sich hier um einen latenten oder um einen manifesten Konflikt?
Hinweis: Sehen Sie auf die Körperhaltung der Beteiligten (Arm- und Beinhaltung): Wie ist die Körperhaltung ›zu einander‹?
Versuchen Sie, sich das ›Arrangement‹ der Beteiligten anzusehen: Welchen Stellenwert haben die Umherstehenden? Inwieweit greifen sie ein oder sind bereit einzugreifen?
Ist das ein Konflikt, der mein Eingreifen erfordert, oder können die Betroffenen den Konflikt selbst regeln?
Mit welcher Intensität muss ggf. eingegriffen werden (sofort bis abwartend beobachtend)? Wie könnte ein Eingreifen aussehen?
Was signalisiert Ihnen das Bild im Hinblick auf die Eskalationsstufe (dazu mehr im Teil Deeskalation)?

4.2 Methoden und Arbeitsschritte für die Intervention: Überblick und Ziele

Ausgangsfragen sind folgende:

- Welche Möglichkeiten stehen mir als sozialpädagogisch Handelndem zur Verfügung, aber auch welche Grenzen muss ich beachten, um Konflikt- und Gewaltsituationen anzugehen und aufzuarbeiten?
- Welchen Einfluss habe ich (selbst) auf die Konfliktentstehung – dazu die Überlegungen zu Selbstwert, Körpersprache, Distanzverhalten?
- Was tragen die institutionell-organisatorischen Bedingungen zur Konfliktentstehung und dessen Verlauf bei?
- Daran anschließend: welche Muster kann ich in der Situation anbieten, die einerseits die Schadensfolgen mindern und aus der Konflikt- und Gewaltsituation hinausführen, andererseits ein ›Angebot‹ sind, wie in Zukunft solche Lebenslagen zu bewältigen sind.

Sehen wir die Entwicklung von Handlungsmöglichkeiten und Fähigkeiten im Zusammenhang mit Entwicklungs- und Sozialisationsbedingungen, dann gehören zu diesen Fähigkeiten kommunikative Anteile, aber auch technisch-instrumentelle Fähigkeiten, d. h. in der jeweiligen Situation muss es der/den Handelnden sowohl emotional möglich sein, eine Distanz zu der zu lösenden Situation herzustellen, wie auch die Lage zu verstehen und ihr mit eigenen Anteilen zu begegnen. Zugleich gehören dazu Fähigkeiten, auf das Gegenüber einzugehen und dessen Handeln bis zu einem gewissen Grade vorwegzunehmen (Empathie und Rollenübernahme).

Definition: »Der Begriff der Intervention wird im Unterschied zum Begriff der reaktiven Handlung für strategische, also zielorientiert ›geplante‹ Bündel von Handlungen verwendet. (...) Der Begriff Interventionen wird für alle Handlungen (ausgewiesene Methoden und Techniken, Strategien oder ›Rituale‹) verwendet, die man methodisch einsetzt. Eine Intervention umschießt zumeist ein Bündel von Verhaltensweisen, das individuell und situativ (inklusiv der Variation Mimik, Gestik und Tonfall) ›geschnürt‹ wird« (H. von Spiegel, 2004, 153).

Exkurs: Die Grundlagen des professionellen Handelns liegen im Methodischen

Methoden[46] eröffnen einen Zugang zu Bewältigungsmöglichkeiten, sie sind Suchstrategien für Lösungsmöglichkeiten im professionellen Alltag gleich zu

46 Die Grundlagen methodischen Handelns in der Sozialpädagogik werden in Handbüchern wie v. Spiegel (2004) oder Maja Heiner (2010) ausführlich, kritisch und an Fällen

setzen. Mit ihrem Einsetzen verbinden sich emotionale Zugänge zu Konfliktsituationen (z.B. Ängste), wie lassen sich belastenden Gefühle und Gefühle der Unsicherheit durch Arbeitsformen bewältigen. Sich mit Methoden und Arbeitsformen zur Lösung von Konflikten auseinander zu setzen und eigene Erfahrungen einzubringen bedeutet, z.B. in der Teamberatung, Lösungsmöglichkeiten zu entwickeln, die dann in der Praxissituation angewandt werden können. Das heißt auch, die Unsicherheiten und Unwägbarkeiten des Berufsalltags in der kollegialen Auseinandersetzung zu bearbeiten: Darin liegen die Aufgaben für das ›sozialpädagogische Können‹ (Burkhard Müller). Das methodische Handeln soll nach v. Spiegel (2004, 118) der jeweiligen Situation angemessen sein, soll zur Lösung des anstehenden Problems beitragen, »eklektisch und strukturiert, kriteriengeleitet und reflexiv sein«. Was bedeutet das? Eklektisch meint, für die Lösung eines Sachverhaltes, eines sozialen Problems, müssen in aller Regel mehrere methodische Ansätze miteinander verbunden werden und auf die jeweiligen Akteure, deren psychische und physische Möglichkeiten wie auch auf die Situation bezogen werden. Das kann bspw. das Wissen aus der Gesprächsführung, verbunden mit dem Wissen über altersspezifische Ausdrucksformen eines Pubertierenden und die Suche nach dessen vorhandenen Handlungs- und Problemlösungsmöglichkeiten sein, um zur Aufarbeitung eines Konfliktes beizutragen. Hinzu kommt das Beschaffen des nötigen Hintergrundwissens über das Durchsetzen von Regeln ebenso wie das Eingehen auf die Lage von Tätern/innen und Opfern, also das ›deutlich sein‹ und Durchsetzen von Forderungen ebenso wie Empathie. D.h. die Intervention muss strukturiert (in den Zusammenhang des Zieles eingebettet sein) und kriteriengeleitet. Reflexiv heißt in diesem Zusammenhang, dass der Verlauf des Eingreifens in seinem Entstehen bis hin zu dem Ende überdacht, mit den Mitarbeitern/innen des Teams besprochen und auf die notwendigen Folgen hin analysiert wird. Dadurch wird das gewählte Handeln für alle Beteiligten durchsichtig, es kann kontrolliert werden, ob die gewählten Handlungsschritte mit den Zielen und auch mit den Handlungsstilen (im Hinblick auf die Erziehungsstile) übereinstimmen bzw. wie und warum davon abgewichen wurde. Aus dieser Reflexion bzw. Analyse ergeben sich die nächsten Handlungsschritte (z.B. Gespräche mit den Beteiligten, Auflagen wie z.B. Entschuldigungen oder Wiedergutmachung eines angerichteten Schadens). Mit diesen Überlegungen findet auch eine Überprüfung der eingeleiteten und angewandten methodischen Schritte statt. Für die Ansätze, eben auch die methodischen Möglichkeiten, muss im Vordergrund stehen, wie sich diese in das *situative Handeln* einfügen (lassen). Alltagssituationen lassen sich weder anhalten, die Zeit zum Nachdenken und Entschlüsse fassen gibt es nicht. Situationen

entwickelt. Meine Überlegungen versuchen den Zusammenhang von sozialpädagogischen Ansätzen und Bedingungen des Handelns mit methodischen Möglichkeiten und Anregungen im Hinblick auf das Lösen sozialer Probleme zu verknüpfen.

sind vielschichtig und oftmals undurchschaubar, was sowohl die Entwicklung als auch die Emotionen der Beteiligten, ihre Macht und ihre Interessen anbelangt. Umso mehr ist die Auseinandersetzung, die Vorwegnahme (dazu bspw. Rollenspiele und Fallanalysen) wie die nachträgliche Reflexion von Handeln ein entscheidender Zugang, um Situationen bewältigen zu können. Dabei ist auch zu klären, was die Beteiligten, also auch die Professionellen, zu dem Entstehen der jeweiligen Situation beigetragen haben.

4.3 Zu Konflikten und Konfliktfähigkeit: Anamnese, Diagnose, Intervention

Die *Problemstellung* entwickele ich an einem Fall: Der Leiter eines Jugendhauses in F. beobachtet, dass ein Jugendlicher (A) mit einem Anderen (B) eine Uhr gegen Geld tauscht. Auf intensives Nachfragen erfährt er, dass der Jugendliche A dem Jugendlichen B Geld gibt, um seine Uhr auszulösen, die er ihm unter Druck (Androhung von Schlägen) überlassen hat und das als sich (fast täglich) wiederholendes Ritual.

Ich versuche, die Erfahrungen zu analysieren, die die Interaktionspartner in der Situation machen. Der Täter (B) hat den Gewinn des Geldes und das Gefühl des Erfolges, mit dem Jugendlichen A ›das‹ machen zu können, was seinen Interessen dient. Ein Unrechtsgefühl besteht bei ihm nicht, weil seine Erfahrung ist, dass er seine Interessen durch Drohung körperlicher Gewalt durchsetzen kann. A in der Opferrolle macht die Erfahrung, dass Gewalt ein Mittel zur Durchsetzung von Interessen ist, er sein Interesse, seine Uhr, sein Mobiltelefon zurückzubekommen, nur dann durchsetzen kann, wenn er Gegenleistungen erbringt. Er muss das Geld besorgen, damit sein Widerpart ihm seine eigene Uhr zurück gibt, gerät damit in Abhängigkeiten und evtl. deviante Muster, indem er sich bspw. das Geld durch Diebstahl, Lügen gegenüber den Eltern besorgen muss. Wenn nicht interveniert wird, wird Erpressung als Form von Gewalt zu einem Teil des ›heimlichen Regelsystems‹ der Einrichtung. Jugendliche, die der Erpressung ausgesetzt sind, bleiben zwei Möglichkeiten: Das Jugendhaus zu meiden und damit möglicherweise ihre Kontakte zu der peer-group nicht mehr pflegen, also ihre sozialen Zusammenhänge nicht entwickeln zu können. Oder aber sich immer wieder ihren Ängsten aussetzen zu müssen, die ihren Entwicklungsprozess behindern, weil Angst Lernen behindert und ein geschützter öffentlicher Raum (Jugendhaus, Schule) als Erfahrungsrahmen verloren geht.

Der erste Zugang ist ein analytischer und setzt voraus, dass die Situation aufgegliedert und in ihre Entstehensbedingungen ›zerlegt‹ (Genese) werden kann (in unmittelbarer Gefahrensituation muss selbstverständlich agiert und Anwesende ggf. geschützt werden). Auf der Ebene der *Anamnese* ist nach der Wahrnehmung der Situation/Lage und Sammeln von Informationen zu fragen:

- Wie ist die zu intervenierende Situation beschaffen. Was nehme ich wahr und wie lassen sich die Zusammenhänge/Fakten des Falles herstellen bzw. zusammentragen?
- Wie hat sich die Situation entwickelt?
- Wer ist an der Situation, in die ich intervenieren muss, beteiligt und welche Anteile haben die an der Situation Beteiligten an deren Entstehen?
- Wie ist die soziale Lage des/der Jugendlichen, der/die in Konflikt- und Gewaltformen involviert ist/sind und über welche Muster verfügt/en er/sie, um zu einer Lösung beizutragen (Klärung der Hintergründe)? Was muss ich wissen, um den Fall/das Problem lösen zu können?

Daraus ergibt sich für die Anamnese des Falles: Wie nehme ich die beiden Kontrahenten wahr (unterwürfig, ängstlich, auftrumpfend, einschüchternd), was weiß ich über ihre familiären Hintergründe, in welcher Beziehung zu einander stehen die Kontrahenten, in welcher peer-group agieren sie und welche Position haben sie darin, sind auch andere Jugendliche in die Erpressung einbezogen/eingeweiht? Gibt es Informationen über die Entwicklung der Abhängigkeit bzw. lässt sich dies im Rahmen eines Gespräches klären (methodischer Ansatz der Gesprächsführung)? Das sind sicherlich nicht alle Punkte, die zu recherchieren bzw. zu erinnern sind, aber es muss eingeschätzt werden, welche Informationen zur Klärung des Falles erforderlich sind, welche einen Zugang zu einer Konfliktlösung eröffnen und diese beschleunigen.

Auf der Ebene der *Diagnose*: Strukturierendes Wissen als Problemklärung:

- Wie kann eine sozialpädagogische Situation hergestellt werden, die eine Aufarbeitung des Konfliktes/der Gewalt als Lernen und Erfahrungenmachen ermöglicht? (Welche möglichen, d. h auch nicht erwünschten Effekte sind denkbar?). Auch wie lassen sich ähnliche Fälle verhindern bzw. frühzeitig auf eine Konfliktentwicklung eingehen?
- Die zu entwickelnden Handlungsfähigkeiten bestehen in der Aufarbeitung, ggf. auch der Verhinderung von Grenzüberschreitungen und Verletzungen der Integrität anderer. Hierzu gehört auch, die falsche Wahrnehmung, Einschätzung und Unsicherheiten der Täter zu korrigieren.
- Wie soll/kann die Lösung, das Ziel der Intervention aussehen?
- Möglicherweise bedarf es auch der Klärung der Rechtslage, und ob es noch andere Instanzen gibt, die einen Auftrag zum Handeln haben bzw. erteilen können.

Daraus ergibt sich für die Diagnose: Welche Informationen gibt es aus den bisherigen Kontakten zu den beiden Jugendlichen, soziale Hintergründe, Ersttat oder bereits Wiederholung, hat das Opfer schon ähnliche Erfahrungen gemacht, wie deuten die Beteiligten die Tat, welche Informationen gibt es zur Lage der Familie, Geschwisterverhältnisse usw., evtl. schulische Situation. Zeigt die Analyse, dass es angebracht ist, ein Gespräch zu dritt zu führen, in dem Regeln und Grenzen gesetzt werden, oder müssen dem Täter Auflagen gegeben werden (z. B. keinen Kontakt mehr zu dem Opfer) und wie lassen sich solche Vereinbarungen einhalten.

Das Aufdecken der Erpressung setzt voraus, dass der Leiter des Jugendhauses die Handlungsweisen der beiden Jugendlichen wahrnimmt (Frage der Zentrierung der Beobachtung) und richtig deutet, bspw. das Heimliche der Übergabe des Geldes, die ›Verhandlungen der beiden Jugendlichen‹ sieht und nicht übersieht, dass er also diese Form der Interaktion zu seinem Thema macht. Eine ›Lösung‹ wäre nämlich auch, die Erpressung zu ignorieren und als Konflikt zwischen den beiden Jugendlichen zu deuten, der keine Bedeutung für das Jugendhaus hat. Das würde allerdings eine Ausweitung gewaltsamer Konfliktlösungen nach sich ziehen.

Welche Fragen ergeben sich durch das Aufgreifen des Falles für den sozialpädagogisch Handelnden?

Was ist für wen ein Problem?

↓

Wer definiert das Problem (Einschätzungen der Beteiligten, des sozialen Umfeldes z. B. der peer-group, die Sicht des/der Sozialpädagogen/in, der/die Konflikte bearbeitbar machen will)?

↓

Was ist mein Problem in der Situation? Warum fällt mir das Problem, der Fall möglicherweise erst jetzt auf? Was kann ich tun (wie schätze ich die Situation ein, welche Möglichkeiten habe ich und wie sehe ich meine Handlungsmöglichkeiten)? Welche Grenzen kann ich setzen, welche Einflussmöglichkeiten habe ich? Kann ich z. B. Gespräche mit Eltern, Mitgliedern der peer-group führen? Welche Ressourcen stehen mir zur Verfügung (evtl. welche Hilfen und welche Kontakte kann ich einbeziehen)?

↓

Bin ich berechtigt einzugreifen bzw. wer erteilt mir das Mandat dazu?

↓

Was ist zuerst zu tun, was ist vordringlich (z. B. bei bestehender Gefahr)?

↓

Welche Lösung ist möglich bzw. ziele ich an? Kann ich und wie mit den betroffenen Jugendlichen zu einer Lösung kommen? Was bringt eine Entlastung für Täter und Opfer, welche Möglichkeiten gibt es, sich weiter begegnen zu können, ohne dass die Konflikt- oder Gewaltsituation wieder aufbricht?

↓

Welches Ziel habe ich/das Team? z. B. das Selbstbewusstsein des Opfers stärken? Auch: Gibt es andere therapeutische/juristische/sonstige Beratungs-Instanzen, die bereits mit den beteiligten Jugendlichen arbeiten – und mit welchen Zielen arbeiten diese – das bedeutet auch die Klärung der Zuständigkeit?

↓

Wie lässt sich das Ziel verwirklichen/einlösen (Interventionsmöglichkeiten und sozialpädagogischer Ansatz)? Welche methodischen Möglichkeiten habe ich und mit welchen Wirkungen ist zu rechnen? Welche methodischen Möglichkeiten zur Konfliktbewältigung und Gewaltaufarbeitung bzw. Prävention als Alltagsbewältigung lassen sich einsetzen (z. B. Mediation) und welche Aktivierung der eigenen Fähigkeiten der Konfliktbeteiligten ist möglich?

Weitere Fragen, die auf der Ebene der *Auswertung* zu stellen sind (Reflexion, Evaluation):

- Als Selbstevaluation: Ist es mir gelungen, meine sozialpädagogischen Ziele den beteiligten Konfliktpartnern zu vermitteln (zu Fragen der Selbstevaluation H. v. Spiegel, 2004, 220 ff, zudem beschäftigt sich das Kapitel 8 in diesem Buch mit dem Thema)?
- Wie kann ich das Erreichen des angestrebten Zieles überprüfen (z. B. durch Beobachtungen der Interaktion der Jugendlichen, durch Gespräche mit den Betroffenen, durch Überprüfen, ob Vereinbarungen und Auflagen eingehalten werden, durch Nachfragen im Team)?
- Haben sich die in Anamnese und Diagnose entwickelten Gründe/Einschätzungen in der Intervention als tragfähig herausgestellt und waren/sind meine organisatorischen und individuellen Möglichkeiten ausreichend, um das Problem zu lösen?
- Oder wie weit bin ich von der Lösung entfernt bzw. woran bin ich gescheitert?
- Ist es mir gelungen, meine sozialpädagogischen Ziele und Sichtweisen im Team zu vermitteln oder gibt es andere Sichtweisen?
- Was habe ich, das Team, aus der Konfliktsituation gelernt? Ergeben sich daraus Konsequenzen für mein sozialpädagogisches Handeln und das Handlungsfeld?

4.4 Was kann zur Bewältigung konflikthafter Situationen beitragen?

Der erste Zugang ist: das Ansprechen von Täter und Opfer. Dies ist allerdings, je nach Eskalationsgrad (dazu die Übersicht im nächsten Kapitel), erst dann möglich, wenn sich eine gewaltförmige Situation ›abgekühlt‹ (cooling-out) hat und die Beteiligten in der Lage sind, ihr Handeln einzuschätzen und im Verhältnis von Opfer/Täter zu sehen.

Was sind zentrale Elemente des Konfliktgesprächs[47]?

47 Die Überlegungen zum Konfliktgespräch und zu den ›Ich-Botschaften‹ gehen auf Anregungen von Hans-Dieter Will zurück.

- Klären des Sachverhaltes: Jede Partei hat die Möglichkeit, den Entstehensprozess aus ihrer Perspektive darzustellen. Das bedeutet nicht, dem Täter/der Täterin eine Bühne zur Rechtfertigung von Gewalt zu geben, deshalb nächster Schritt:
- Verhindern von Ausreden (»Ich hab' doch nichts gemacht«), Bagatellisieren (»War doch nur Spaß«), Verstellen von Fluchten und Auswegen (»Der hat mich so blöd angeguckt, angemacht«).
- Schützen des Opfers und das Einwirken auf den Täter (»Wenn ich Dich schlage, Gewalt antue, was denkst Du von mir?«). Wenn es sinnvoll ist, kann auch das soziale Umfeld einbezogen werden, Eltern, peer-group. Auch den Freundeskreis (wenn vorhanden!) des Opfers zu mobilisieren, kann eine ›Schutzfunktion‹ sein.
- Opferperspektive: Möglichkeiten die Rollen zu tauschen (Perspektivwechsel) bzw. Empathie für den anderen herzustellen (Problem, wenn der Täter bei seiner Haltung bleibt, dem Opfer die Schuld an dem Entstehen des Konfliktes/der Gewalt zuzuschreiben).
- Klären, welchen ›Gewinn‹ der Täter durch sein Handeln hat, was der Verlust für das Opfer ist, z.B. Demütigung, Verlust an Anerkennung.
- Erarbeiten von Lösungen (in dem Fall, Aufhören mit Erpressen und dies auch kontrollieren, evt. Wiedergutmachen, vorbereitetes Besprechen im Plenum des JZ, evtl. die jeweilige peer-group einbeziehen, ggf. Auflagen, diese in kleinen und kontrollierbaren Schritten).

Um eine Eskalation in Konfliktgesprächen zu vermeiden, ist es wichtig, nicht anzuklagen, sondern Ich-Bootschaften einzubringen. Diese beinhalten: Nennen des Gefühls, Nennen des Anlasses, Nennen der Begründung, Nennen der Erwartung.

Beispiel: Der Jugendliche hat zum wiederholten Mal entgegen der Hausordnung Alkohol mit in das Jugendhaus gebracht – Ich-Botschaft: »*Ich* bin enttäuscht, wenn du Alkohol mit ins JZ bringst, weil wir das in der Vollversammlung beschlossen haben, kein Alkohol; und *ich* möchte, dass Du Dich daran hältst!« oder »*Ich* will nicht, dass Du A. die Uhr abnimmst, das ist Diebstahl und geklaut wird im JZ nicht.«

Arbeitsauftrag/Übung: »Ich-Botschaften«

Ziel: Übung von deeskalierender, nicht anklagender Kommunikation in Konfliktsituationen.
Durchführung: Die Teilnehmer teilen sich in Kleingruppen auf und formulieren gegenseitig vorgegebene Konfliktsituationen, nicht anklagend als ›Du-Botschaften‹ (»Du sollst nicht immer die Füße auf den Tisch legen...«), sondern als ›Ich-Botschaften‹: »Ich bin enttäuscht (nennen des Gefühls), wenn du ... (nenne den Anlass), weil ... (nennen einer Begründung), und ich möchte ... (nennen der Erwartung).« Diese Übung kann auch schriftlich ›geprobt‹

werden: die Konfliktbeispiele am Ende dieses Teiles eignen sich dazu, kurze Statements als Ich- Botschaften zu verfassen.
Hinweis: Auch die Strategie des aktiven Zuhörens kann hilfreich sein, um auf die Wut des Gegenübers einzugehen und so die Chance zu geben, den Frust verbal zu artikulieren. Auf diese Weise können auch Kinder/Jugendliche zu gegenseitigen Helfern werden, wenn sie sich dem Anderen zuwenden und sich unterstützen, mit ihrer Wut konstruktiv umzugehen. Einige hilfreiche Sätze für die Praktizieren des aktiven Zuhörens sind beispielsweise: *»Erzähl weiter!«, »Das muss schlimm für Dich gewesen sein«, »Du wirkst wütend/enttäuscht/frustriert«, »Willst Du darüber reden?«, »Das hört sich an, als wärst du richtig wütend/verletzt/traurig«.*

4.5 Die drei Ebenen des Intervenierens

4.5.1 Erste Ebene des Intervenierens: Institutionelle Bedingungen

In diesem Zusammenhang ist es wichtig, den Stellenwert institutioneller Rahmenbedingungen zu klären: Zu lösende Frage: Wie kann ich in der jeweiligen Einrichtung handlungsfähig sein bzw. bleiben? Wie schaffe ich einen Zusammenhang mit meinen Handlungsmöglichkeiten und den institutionellen Rahmenbedingungen? Wie Konflikte und Gewalt in Einrichtungen bearbeitet werden, hängt auch von den dort herrschenden ›Kulturen‹ ab. Hier können die weltanschaulichen Ausrichtungen eine Rolle spielen oder politische Orientierungen, auch ökonomische Abhängigkeiten verführen dazu, ein bestimmtes Bild von sich zeigen zu wollen. Man kann verschiedene institutionell-organisatorische ›Kulturen‹ unterscheiden. Judy Korn und Thomas Mücke (2000, S. 47 ff) beschreiben u. a. folgende Gewaltkulturen in den Institutionen:

›Imageorientierte Problemverschleierungskultur‹ (der Begriff ähnelt der Ignoranz- bzw. Negierungskultur): Gewaltformen werden nicht wahrgenommen, negiert, weil befürchtet wird, dass ein schlechtes Licht auf die Einrichtung fällt. Diese Art der Verschleierung wird häufig in Schulen betrieben, um den notwendigen Folgen der Arbeit mit den Tätern, aber auch mit dem eigenen sozialen Klima der Einrichtung zu entgehen, das die Täter begünstigt und Opfer vernachlässigt. Der Grund dafür: man ist selbst Teil dieses Klimas und es ist notwendig, sich selbst auf Änderungen einzulassen und die (sozial-) pädagogischen Handlungsbedingungen (die sog. Strukturen) zu verändern. Wegen des Bildes nach Außen werden Probleme wie Mobbing oder Gewalt verschleiert, um als ›gute‹ Einrichtung dazustehen. Die Opfer von Mobbing und bzw. physischer Gewalt werden damit zum zweiten Mal, dieses Mal mit

struktureller Gewalt, in eine Ecke gedrängt, und ihre schwierige Lage wird zementiert.

Konfliktverschiebungskultur: Probleme werden anderen angelastet.

Akzeptanz-Kultur: Probleme werden als nicht veränderbar dargestellt und akzeptiert; ähnelt der

Sachzwänge-Mangel-Kultur, die besagt, die Bedingungen seien schlecht, aber nicht zu ändern. Dies geht sehr stark mit Resignation vor den zu lösenden Aufgaben einher. Auf der einen Seite werden die Probleme gesehen, aber die Hürde für das Bearbeiten von Anfang an so hoch angesetzt, dass ein Bearbeiten, ein Zugehen nicht in Reichweite erscheint.

Jammerkultur, die mit der Akzeptanzkultur in naher Verbindung steht: die Bedingungen werden beklagt oder auch die nicht zu ändernden sozialen Bedingungen (soziale Lage im Stadtteil, soziales Umfeld der jeweiligen Betroffenen, Eltern werden als nicht ansprechbar dargestellt usw.). Es wird lamentiert, doch dieser Schritt wird nicht in Richtung auf Ansätze zur Veränderung der Lage weitergeführt und somit nicht aktiv nach Lösungsschritten gesucht.

Rechtfertigungskultur, bei der das Auseinandersetzen über Gewaltformen im Team oder in der Konferenz verweigert wird und dem Opfer (Lehrer/in oder Jugendarbeiter/in) mehr oder weniger offen die Schuld am Entstehen der Konflikt- bzw. Gewaltsituation zugesprochen wird. Damit wird verweigert, offen über diese Situationen, auch die Bedingungen dafür, zu sprechen und gemeinsam nach Lösungen zu suchen, das Opfer wird isoliert.

Arbeitsauftrag zur Kultur in Institutionen

Es lassen sich sicherlich noch weitere Typen des Nicht-Bearbeitens von Konflikten und Gewalt finden und beschreiben. Fallen Ihnen weitere ein? Schreiben Sie diese weiteren Begründungen für das Verhindern auf.

Arbeitsaufträge zur Kultur in Ihrer Einrichtung

- Zu welcher der aufgezählten ›Kulturen‹ ist meine Einrichtung zu rechnen? Bitte füllen Sie ein Arbeitsblatt mit einer ausführlichen Begründung aus, warum Sie ihre Einrichtung zu dem jeweiligen Typus rechnen.
- Welchen Veränderungsbedarf sehen Sie und welche Möglichkeiten? Bitte formulieren Sie nicht nach tatsächlich Machbarem, sondern was zur Lösung der Probleme in Ihrem Arbeitsbereich notwendig ist: Gegebenenfalls kann diese Stellungnahme im Team diskutiert werden.
- Welche institutionelle Hilfe ist für Sie derzeit am Wichtigsten, um Konflikte besser steuern oder aufarbeiten zu können?
- Zu welchen Einzelpersonen können und wollen Sie die Beziehung verbessern?
- Welche Gegenmaßnahmen und welche Handlungsoptionen bieten sich als nächstes an?

Arbeitsauftrag: »Wir akzeptieren keine Gewalt in der Einrichtung«

Wie lässt sich dieses pädagogische Ziel umsetzen, ist es unter den gegebenen Bedingungen herstellbar und durchsetzbar? Das gilt auch für verbale Beleidigungen (Anmache). Opfer sollen geschützt werden, damit soll auch ein angemessener Ausgleich zwischen Täter und Opfer hergestellt werden. Das bedeutet, wie kann das Team dies in der jeweiligen Einrichtung ermöglichen: *»Wir akzeptieren keine Gewaltformen, das heißt auch kein Mobbing in der Einrichtung!«*

4.5.2 Zweite Ebene der Intervenierens: Die eigenen Handlungsmöglichkeiten und Grenzen reflektieren

Ausgangspunkt der Selbstanalyse ist die Frage: Welche Möglichkeit der Interventionen liegt mir am nächsten, zu welchen Schritten tendiere ich?

Der sozialpädagogische Hintergrund für mein Eingreifen im Rahmen der sozialpädagogischen Arbeit sind meine Persönlichkeit, meine eigenen Stärken und Schwächen, die Art und Weise, wie ich auf Konflikte reagiere. Dabei reicht die Spannbreite von eher ängstlich, konfliktscheu und zurückhaltend bis hin zu zupackend und keiner Auseinandersetzung aus dem Wege gehend. Die folgenden charakteristischen Merkmale des Eingreifens sind Beispiele. Sie zeigen, zu welchen Formen man beim Intervenieren tendieren kann bzw. aus welchen sich das eigene Handeln speisten und ›zusammensetzen‹ kann. Sie bieten einen Anhaltspunkt, um zu überlegen, wohin das eigene sozialpädagogische Handeln in kritischen Phasen tendiert. Dieser Ansatz der Reflexion geht auf Judy Korn und Thomas Mücke (2000, 34 ff.) zurück, zeigt neben den typischen Einstellungen die Vor- und Nachteile dieser Haltung sowie die möglichen Interventionsformen auf:

- Die *offensive Intervention* greift unmittelbar in das Geschehen ein, notfalls auch körperlich.
  Vorteile: sofortige, schnelle Reaktion; Grenzen aufzeigen; sich nicht zurückdrängen lassen; Aufmerksamkeit auf seine Person ziehen.
  Nachteile: Überschätzung der eigenen Person; Selbstgefährdung; evtl. eskalationsverstärkend.
  Mögliche Interventionen: ›Abschreckung‹ durch deutliches Auftreten, auch körperliches Einschreiten, z. B. lautstarke Trennung (»Sofort aufhören!«, »Stopp!«).
- Die *vorsichtige Intervention* vermeidet direkte Konfrontation und versucht, sich der Konfrontationssituation zu entziehen.
  Vorteile: Geringe Selbstgefährdung; Sensibilität für Frühwarnsignale; Erkennen von Fluchtmöglichkeiten.

Nachteile: Verlust von Autorität und Kollegialität; kein direktes Eingreifen. Mögliche Interventionen: eigene Flucht; Aufforderung einer Gewaltpartei, sich dem Gewaltgeschehen zu entziehen (Abstand schaffen); Hilfe von außen holen.

- Die *handlungsunfähige Intervention* verharrt in Gewaltsituation, ist handlungsunfähig.
  Vorteile: Erstarren kann vor Angriff schützen und Empathie bei den Konfliktparteien erzeugen.
  Nachteile: Keine Einflussmöglichkeiten auf die Gewaltsituation durch eigenes Handeln; direkte Konfrontation mit gewaltausübenden Personen ist zumeist eine Überforderung.
  Mögliche Interventionen: indirekte Deeskalation durch Beschwichtigung des Umfeldes; Beseitigung gewaltverstärkender Signale (wie z.B. laute Musik); Veränderung der äußeren Bedingungen (z.B. Einschalten von Licht); Hilfe von außen organisieren.
- Die *kommunikative Intervention* stellt Kontakte her und stört somit den Handlungsablauf der gewaltagierenden Personen.
  Vorteile: Ablenkungs- und Verzögerungsmöglichkeiten; Wiederherstellung der nichtkörperlichen Kommunikation; Reden regt zum Nachdenken bei den Konfliktparteien an.
  Nachteile: Kommunikative Intervention erreicht die Konfliktparteien nicht (Kontrollverlust, Drogen, Alkohol); wirkt evtl. reizverstärkend.
  Mögliche Interventionen: beruhigendes und nicht provozierendes Reden mit passender Körpersprache; verbindlicher Augenkontakt (nicht starren) bei ausreichender Distanz.
- Die *ideenreiche Intervention* versucht mit Hilfe kreativer Ablenkungsstrategien, Situationen zu schaffen, die aus den eskalierenden Zuständen hinausführen.
  Vorteil: Schafft Überraschungseffekte und somit Möglichkeiten zum Gewaltabbruch.
  Nachteil: Die Betroffenen fühlen sich möglicherweise nicht ernst genommen, was unter Umständen zur Verstärkung des gewalttätigen Verhaltens führen kann.
  Mögliche Interventionen: Aufmerksamkeit auf sich ziehen, z.B. durch hysterisches Agieren. Paradoxe Interventionen.

Zusammenfassung der Konsequenzen aus der Typisierung der Intervention:

- Es ist hilfreich, für sich selbst und für das Team zu wissen, welchen Interventionstyp (offensiv, vorsichtig, kommunikativ, ideenreich, handlungsunfähig) man selbst am nächsten kommt. Notwendig für Intervention und Deeskalation ist es, die eigenen Erfahrungen und Muster im Umgang mit Konflikt und Gewalt zu kennen.
- Um Eskalationen vorzubeugen, ist es ratsam, die institutionellen Rahmenbedingungen (dazu die Überlegungen zu den Konflikt- und Gewaltkulturen) zu

erkunden: Wie wird mit Problemen/Konflikten umgegangen? Welche Atmosphäre/soziales Klima herrscht im Jugendhaus, im Heim, in der Schule.

Arbeitsauftrag: Einschätzung des eigenen Interventionstypus, Selbst- und Fremdwahrnehmung

Sich nach diesen Vorgaben selbst einordnen:
Welchem der geschilderten Interventionstypen komme ich am nächsten?
Gibt es Konfliktsituationen, in denen ich von meiner bevorzugten Konflikthaltung abgewichen bin? Warum? Vorteile dieser Haltung?
Welcher Interventionstyp möchte ich gerne sein?
Diese Einschätzung eignet sich auch als Arbeit in Gruppen. Neben der Selbsteinschätzung ist es auch sinnvoll, sich von anderen Gruppenmitgliedern einschätzen zu lassen (z. B. auf dem Rücken, auf einer Flipchart), auch wenn dies auf Spekulationen beruhen mag, um so zu einer Fremdeinschätzung zu gelangen. Es können in der Nacharbeit Rückfragen aus der Gruppe gestellt werden.
Hinweise: Die Übung erleichtert für das Erstellen von gemeinsamen Regeln für den Konfliktfall im Team. Die Interventionstypen sind nicht fest, hängen auch von der »Tagesform« und der momentanen Gefühlslage ab, ob man gerade in Stress ist, so dass der Vorfall das Fass zu ›überlaufen‹ bringt. So etwas kann bspw. in ›Befindlichkeitsrunden‹ im Team geklärt werden. Daher ist es wichtig, dass jede/r mit sich Selbst und seinen eigenen Stimmungen verantwortlich umgeht (wie auch mit den Gefühlen anderer, also auch der Jugendlichen). »Eine ausschließliche Festlegung einer Person auf einen dieser ›Interventionstypen‹ ist kaum möglich. (...) Wichtig für die pädagogische Arbeit ist es zu erkennen, in welchen Situationen Pädagogen/innen wie reagieren und welche Interventionstypen in meinem Team vertreten sind.So wird es möglich, adäquat in Konflikte einzugreifen oder aber Hilfe zu holen, wenn ein persönliches Eingreifen nicht möglich ist« (Korn/Mücke 2000, 39).

4.5.3 Dritte Ebene des Intervenierens: Sozialpädagogische Auseinandersetzungsformen mit Jugendlichen

Sozialpädagogische Skizze der Ausgangslage von Problemen, die Interventionen in bestimmten Situationen nötig machen:

Jugendliche geraten immer wieder in die Lage, kritische und für sie belastende Situationen nicht ohne Gewaltformen zu bewältigen. Gründe für Gewaltformen und Mobbing können sein:

- wollen Macht ausüben;
- suchen nach Sündenböcken für eigenes Fehlverhalten und lenken davon ab;

- verschaffen sich gegenüber Anderen auf Kosten eines Opfers Ansehen;
- leiten erfahrenes Unrecht an Andere weiter;
- sind unfähig, ihre Emotionen zu steuern, und lösen ihre Spannungen mit Gewaltformen;
- haben übernommene Muster des Umgangs mit Konflikten und Spannungen, der Fremdenfeindlichkeit, des Rassismus und des Neides.

Um es deutlich zu machen: Ich vertrete nicht die Auffassung, dass das Jugendzentrum oder Heim, auch nicht die Schule, ein Ort ›gewaltfreier Kommunikation‹ (Marcel Rosenberg) sein kann, noch sein müsste. Auch kann ich dem Argument etwas abgewinnen, dass es zu jugendlichen Handlungsweisen dazu gehört, Grenzen und Regeln zu überschreiten, d. h. auch sich körperlich zu beweisen und zu raufen. All dies kann und darf allerdings nicht auf Kosten eines Anderen geschehen oder Folgen haben, die der/die Täter/in gar nicht abschätzen kann wie bspw. bei Mobbing, bei der das Opfer sich gegen die Angriffe kaum oder gar nicht wehren kann, weil der oder die Anderen hinter seinem/ihrem Rücken erniedrigen, oder bei der Gewaltform Schaden (z. B. an den Augen, am Trommelfell usw.) zufügen. Zu den Aufgaben von Sozial-Pädagogen/innen, Jugendarbeitern/innen wie auch von Lehrern/innen gehört es, solchen Schaden zu verhindern, zumindest aber zu begrenzen und durch Eingreifen und Bestärken des Opfers in die Situation zu intervenieren. Dem Lerneffekt »Gewalt ist Stärke, sie nutzt meinem Selbst und ich brauche mich nicht um die Gefühle der Anderen zu kümmern« ist eine Auseinandersetzung und »Beunruhigung« entgegen zu setzen: »Ich/wir will/wollen das hier und jetzt in diesem sozialen Raum/Umfeld nicht!«.

In diesen Zusammenhang gehört die sozialpädagogische Auseinandersetzung mit Mobbing (auch Bullying). Diese soll hier beispielhaft für die soziapädagogische Arbeit mit Jugendlichen an Gewaltformen eingebracht werden. Kennzeichen von Mobbing ist, dass einem Menschen Schaden zugefügt werden soll, aber in der Regel nicht körperlich, sondern indem man seinen Ruf, seine Person, das Bild von ihm oder ihr diskreditiert und versucht, ihn oder sie ›schlecht‹ zu machen. Das Perfide an dieser Machtstrategie ist, dass sie in der Regel ›hinter dem Rücken‹ des oder der Betroffenen abläuft, d. h. anders als bei der körperlichen Gewalt haben die Opfer es mit ›unsichtbaren‹ Gegnern zu tun, die nur schwer zu stellen sind oder die sich auch selten offen zu ihrer Feindschaft bekennen. Eine besondere Form ist das Cybermobbing[48]: im Internet veröffentlichte Schmähungen oder Verunglimpfungen des Opfers. Eine Variante dieses Vorgehens ist das sog. ›Happy slapping‹, die mit der Kamera aufgezeichnete Partysituationen zeigt, bei der das Opfer angetrunken ist, oder Schlägereien, bei der das Opfer misshan-

48 S. dazu Heinz Kindler: Cyberbullying und Cyberaggression durch Kinder und Jugendliche, 2011. In einer neuen repräsentativen Untersuchung von 2013 geben 17 Prozent der Schüler an, von Mobbing im Internet betroffen zu sein. Am stärksten davon betroffen ist die Altersgruppe zwischen 14 und 16 Jahren, also jene Altersphase, in der die Suche nach Orientierung, auch die Unsicherheiten am gravierendsten sind (dazu Schneider, Katzer, Leest 2013).

delt wird bzw. sexuelle Misshandlungen erleidet, die per Foto und Internet der Öffentlichkeit zugänglich gemacht werden. Kennzeichen für Mobbing ist, dass das Opfer in der Regel eine Außenseiterposition in der Gruppe (z.B. der Klasse) hat. Dieses Vorgehen führt dazu, dass andere versuchen, ihre eigene Position durch das Traktieren des Opfers (z.B. nassen Schwamm in die Hose stecken) in der Gruppe zu stärken, d.h. ihr Selbstwertgefühl auf Kosten des Opfers ›aufzubessern‹. Für soziale Einrichtungen (Schule, JZ, Heim) sind Mobbing-Vorfälle auch ein Hinweis, dass das soziale Klima nicht ausgewogen ist, dass es den Tätern/innen die Möglichkeit gibt, ihre Angriffe zu platzieren und sie dafür auch Unterstützter/innen finden (dazu Olweus, 1996). Zentral an der Situation des Mobbing ist, dass es neben den unmittelbaren Tätern/innen Unterstützer/innen gibt (sog. Bystander), die nicht selbst aktiv werden, sondern in der Zuschauerrolle verbleiben, aber die diskreditierenden Aktionen wohlwollend begleiten bzw. unterstützen. Julia Riebel (2011, 197) betont die Notwendigkeit von Interventionsansätzen bei Mobbing, weil es »Auswirkungen im Sinne von Modelllernen auf all diejenigen Kinder- und Jugendlichen hat, die nicht selbst an Mobbing beteiligt sind, trotzdem aber in der Funktion des Zuschauers und Zeugen dieser Gewaltanwendung sind«.

Welche Interventionsmöglichkeiten gibt es? Aus verschiedenen Abschlussarbeiten im Rahmen eines Kurses zur Gewaltprävention wird deutlich, dass das ›Öffentlichmachen‹ in der Gruppe (der Schulklasse) – z.B. durch Behandeln der Aktivitäten der Täter/innen im Klassenrat, im Plenum des Jugendzentrums oder des Heimes – die Heimlichkeiten des Mobbing durchbricht und die Täter sich zu ihren Taten bekennen müssen. Wichtiges Element ist dabei, ob die Täter/innen zu erreichen sind, in wie weit sie zu Empathie mit dem Opfer fähig sind. In diesem Fall besteht die Möglichkeit, die Arbeit an dem Problem in eine peer-mediation[49] weiter zu geben und dort weiter bearbeiten zu lassen. Fehlt dem Täter ein empathischer Zugang zu seinem Opfer, müssen deutliche Regeln, ggf. Sanktionen, dem Täter Grenzen setzen. Problematisch kann sein, wenn der/die Lehrer/in oder Sozialpädagoge/in sich vor das Opfer stellt, weil dies seine schwache Position oder Hilflosigkeit noch verstärken, auch zu Angriffen in unbeaufsichtigten Situationen führen kann. Deshalb sind Verfahren, die sich an die peer-mediation anlehnen, Erfolg versprechender. Eine Variante des ›Opferschutzes‹ ist es, die sozialpädagogische Arbeit mit den Opfern zu suchen, zum einen, um ihr Selbstwertgefühl und ihr Selbstbewusstsein zu stärken, zum anderen hat sich der Ansatz bewährt, dass aus der Klasse sich Jugendliche dazu bereit erklären, das Opfer zu unterstützen und zu schützen, z.B. bei verbalen Angriffen oder bei Kichern, wenn das Opfer etwas sagt oder tut, die Täter/innen zur Rede zu stellen. Für das soziale Klima in der Gruppe oder Klasse ist es bedeutsam, solche Entwicklungen nicht als ›Kinder-

49 Peer-mediation basiert auf dem Ansatz der peer-education: Gleichaltrige lösen Konflikte selbst und zwar nach Regeln, die sie vorher eingeübt haben. Dieser Ansatz ist auch als Streitschlichterverfahren bekannt. Hintergrund ist die Erfahrung, dass Jugendliche zu Konflikten und den damit verbundenen Emotionen in der Gleichaltrigengruppe einen besseren Zugang entwickeln (dazu Will 2003, 213f.).

kram‹ zu übergehen, sondern den Regeln zur Geltung zu verhelfen: Jede/r hat mit seinen Mitteln die Möglichkeit, sich in den Gruppenprozess einzubringen.

Um diese Lernprozesse in sozialen (Lern-) Situationen erfahrbar machen zu können, muss ich mich mit der Lebenslage der Jugendlichen auseinandersetzen und ihr Handeln in einen Sinnkontext stellen. Ausgangspunkt dafür kann ein Fragebogen an Jugendlichen sein, um mit den Jugendlichen Gewaltsituationen zu thematisieren (dazu Vorschläge im folgenden Absatz) und eine Vorstellung von den Hintergründen für die Konflikt- und Gewaltlage in der Einrichtung zu gewinnen.

Ein Zugang, um Mobbingvorfälle in der Gruppe/Schulklasse aufzuklären, kann ein anonymer Fragebogen sein, der Opfern die Möglichkeit gibt, sich zu ›outen‹ (dazu auch Olweus 1993). Ein Fragebogen zum Mobbing kann Betroffene wie Täter/innen auf ihr Handeln ›aufmerksam‹ machen, d. h. in dem Augenblick, in dem diese Punkte angesprochen werden, bleiben sie nicht mehr im Verborgenen, sie werden aus dem Kreis von Scham und Verleumdung hervorgeholt. Den Gruppenmitgliedern wird vor Augen geführt, dass dieses Handeln dazu führt, sich selbst zu erhöhen und andere zu erniedrigen.

In einem solchen Fragebogen[50] können Vorfälle aus der Einrichtung, die man beobachtet bzw. ahnt und aufklären will, aufgenommen werden.

Bspw. können folgende Punkte[51] aus der Opfer- oder aus der Täterperspektive angegangen werden (jeweils mit ja oder nein zu beantworten):

- Andere hindern mich daran, etwas zu sagen (beispielsweise durch Tuscheln, Lachen).
- Andere unterbrechen mich ständig, wenn ich etwas sagen will.
- Andere werten mich durch Blicke, Andeutungen oder Handbewegungen ab.
- Andere schreien mich an, drohen mir.
- Andere lassen mich nicht ausreden (das kann bspw. auch für Lehrer/innen zutreffen).
- Andere belästigen mich am Telefon/Internet (um Fällen von Cybermobbing auf die Spur zu kommen).
- Was hast du gefühlt, als Du geschlagen, verletzt, gemobbt hast?

Evt. können auch Antworten vorgegeben werden, wenn die Einschätzung besteht, dass die Jugendlichen Schwierigkeiten haben, ihre Gefühle auszudrücken.

Eine weitere Möglichkeit ist, im Kreis zu sitzen und die Jugendlichen vollenden Satzanfänge, die der/die Leiter/in vorgibt: Welches Gefühl hattest Du, wenn du schlecht über andere geredet hast? (Evtl. Auch Beispiele vorgeben oder noch konkreter Fälle/Beispiele aus der Einrichtung aufgreifen).

50 Ein ausführlicher Fragebogen zum Mobbing bei Schülern findet sich im Internet als smob-Fragebogen nach Heinz Leymann, LIPT Fragebogen, dgvt- Verlag, Tübungen 1996.

51 Die hier aufgeführten Frageschwerpunkte wurden im Rahmen von Fortbildungskursen zur Deeskalation an der Fachhochschule Erfurt entwickelt.

Übung: Meine Position zum Schlagen

Auf den Boden liegt ein Band – an dem einen Ende Ja, am anderen Nein. Der/die Gruppenleiter/in liest Statements bzw. Fragen vor, und die Teilnehmer/innen ordnen sich jeweils Ja oder Nein zu. Reflexion: die jeweilige Zuordnung gibt dem Einzelnen wie der Gruppe einen Blick darauf, welche Position eingenommen wird. Diese Position und deren Begründung gibt Anlässe zur Diskussion.
Solche Fragen/Statements können sein:

- »Schläge tun manchmal nicht so weh, wie Äußerungen anderer Menschen.«
- »Wenn dir unrecht getan wird, würdest du gerne mal draufschlagen?«
- »Kann Gewalt Spaß machen?«
- »Hast du selbst schon gemobbt, andere verprügelt?«

Diese Beispiele lassen sich aus der Gruppensituation und der Kenntnis der Teilnehmer/innen fortsetzen. Weitere Reflexionen: Wie (schwer/leicht) ist es, sich zu seinen Taten bzw. Positionen zu bekennen? Welches Gefühl entsteht, wenn man sein tatsächliches Selbst (im Gegensatz zu dem Idealbild) preisgibt? Wie ist es, in der Minderheit/Mehrheit zu sein?

Arbeitsauftrag zu den Beweggründen für Gewalthandeln Jugendlicher

Bitte stellen Sie Zusammenhänge von Gewaltformen Jugendlicher in ihren Einrichtungen her. Was können mögliche Gründe für das Anzetteln von Konflikten und Gewaltformen für Jugendliche sein?

- Schwierigkeiten mit dem Selbstbild: Jugendliche fühlen sich ›klein‹ und haben das Gefühl, in schwierigen Lebenslagen nicht angemessen handeln zu können.
- Angst verringern, um sich in der peer-group als potent und fähig darstellen.
- Provozieren und Macht demonstrieren.
- Egoistische Bedürfnisse durchsetzen.
- Langeweile überwinden und andere zu Reaktionen zwingen.
- Eigene Enttäuschungen kompensieren.
- Lust an der Erniedrigung anderer.
- Unsicherheit oder Niederlagen durch Angriffe auf Andere kompensieren.
- Eigene isolierte Position und Ohnmächtigkeit überwinden.
- Andere Beweggründe für Gewalthandeln Jugendlicher in meinem Arbeitsbereich.

Arbeitsauftrag: Welche Gewaltformen nehme ich in meiner Einrichtung war?

Liste von Gewaltformen Jugendlicher aufschreiben, die ich in meiner Einrichtung erlebe. Das können beispielsweise sein:
Stoßen, anrempeln, treten
Umzingeln
Räume nicht verlassen
Spucken
Sexuelle Übergriffe, an Po, Brust, Geschlecht fassen
Klauen
Erpressen (wie in dem geschilderten Fall)
Handy abnehmen
Im Internet verleumden und denunzieren (Cybermobbing)
Stress durch Lärm
Ins Gesicht schlagen
Drohungen
Freiheitsberaubung bzw. Geld für das Loslassen verlangen

Arbeitsauftrag[52] zur Klärung meiner Toleranzgrenze

Welche Gewaltformen toleriere ich als Ausdruck von jugendlichem Experimentieren (z. B. schubsen, den anderen in den Schwitzkasten nehmen, Schimpfwörter bis hin zu Beleidigungen)?
Welche Gewaltformen lösen bei mir Widerwillen aus (Versuche, mich körperlich zu berühren, Beleidigungen)?
Welche sprachlichen Attacken gibt es in meinem Umfeld? Wie reagiere ich, meine Kollegen/innen darauf?

Arbeitsauftrag: zugespitzte Konflikte in meinen beruflichen Kontext

Bei welchen Gelegenheiten/Jugendlichen ereignen sich in meinem beruflichen Kontext besonders häufig Eskalationen?
Was provoziert/stört mich am meisten?
Was wünsche/erwarte ich von dem/der Jugendlichen in entsprechenden Situationen?
Was bringe ich dafür aus meiner Biografie an Vorerfahrung Einstellung zu solchen Verhalten/Situationen mit?
Was würde ich gerne im beruflichen Kontext in Bezug auf den Umgang mit Gewaltformen noch lernen?

52 Siehe dazu auch das Kapitel 6 zur Jungenarbeit

4.6 Weitere Übungen und Spiele zur Bearbeitung von Konflikten[53]

Zum Abschluss dieses Kapitels sind noch einige weitere Übungen zusammen getragen, die ergänzend zur Konfliktbewältigung eingesetzt werden können. Sie sollen helfen, das eigene Handlungsrepertoire bei Provokationen und damit die Konfliktfähigkeit zu erweitern. Diese Übungen sind für die sozialpädagogische Arbeit mit Kindern und Jugendlichen geeignet, sollen aber auch von Professionellen im Team oder der Fortbildung erprobt werden, um ein ›Gefühl‹ für die jeweiligen Zugänge zu entwickeln und deren Möglichkeiten selbst erfahren zu haben.

Übung: ›Kalt-Wasser-Wörter‹

Ziel: Die Wut anderer ist deren Problem.
Durchführung: In der Gruppe wird thematisiert, wie man positive Effekte erreichen kann, wenn man sich von der Wut anderer fernhält und es dem anderen nicht mit gleicher Münze heimzahlt. Zunächst werden in der Großgruppe einige Methoden zusammen getragen, um erhitzte Situationen herunter zu kühlen.
Einige Beispiele für Kalt-Wasser-Wörter sind: »*Klar!*«, – »*Hmmmm*«, – »*Da kannst du recht haben*« – »*Macht Dir das was aus?*«.

Übung ›Abkühlen‹

Ziel: Gelassenheit bewahren.
Durchführung: Jede Kleingruppe erhält ein Arbeitsblatt, auf dem einige Eimer oder andere Wassergefäße aufgemalt sind. In der Kopfzeile steht: »Manchmal sind andere wütend auf uns, oder werten uns ab oder ärgern uns und versuchen, wütend zu machen.« Überlegen Sie einige Reaktionen, um die Situation abzukühlen.
In jedes Gefäß wird eine alternative Möglichkeit aufgeschrieben wie: »Denken an Situation, auf die ich besonders stolz bin«, ….

53 Diese Spiele habe ich den Spiel- und Aktionsformen von Nicole Scherhag entnommen, die sie für ihren Kurs ›Spielformen zur Deeskalation‹ im Rahmen der Kurse zur Deeskalation an der Fachhochschule Erfurt zusammengestellt und in einer Handreichung eingebracht hat. Ich danke Nicole Scherhag für ihre Bereitschaft, das Material für diese Veröffentlichung zur Verfügung zu stellen. Die Möglichkeiten sind aus einem Spektrum von Spielen speziell für den Schwerpunkt der Auseinandersetzung mit jugendlicher Gewalt und Deeskalation ausgesucht worden. Eine umfangreiche Spielesammlung findet sich beispielsweise bei Portmann, R: Spiele zum Umgang mit Aggression, München 2004, 10. Aufl.

Übung ›Schmutzige Wut, saubere Wut‹

Ziel: Wut als normale Emotion erfahrbar zu machen. Der Umgang und die Ausdrucksweise der Wut machen den Unterschied.
Als Input können folgende Wut-Regeln eingebracht werden:
Es ist o.k., wenn Du wütend bist, aber:
Verletze niemanden.
Verletze dich selbst nicht.
Zerstöre keine Gegenstände.
Durchführung: Auf die Flipchart werden die Begriffe »Wilde Wut« und »Saubere Wut« geschrieben. Zunächst soll die Gruppe klären, was diese Begriffe bedeuten können: »Wilde Wut« ist schädigend und »Gezähmte Wut« ist entlastend. Die Teilnehmer/innen bilden Gruppen. In der Gruppe soll eine Liste von Ideen erarbeitet werden, wie saubere Wut sich ausdrückt. Die Teilnehmer/innen sammeln ungewöhnliche Reaktionen, Wut zu zeigen, und stellen sie anschließend in der Großgruppe vor.

Übung ›Wütende Satzanfänge‹

Ziel: Für Wahrnehmung und Umgang mit Wut sensibilisieren.
Durchführung: Die Teilnehmer/innen bekommen Blätter mit Satzanfängen, die auf das Wütendsein (und seine Folgen) eingehen. Die Sätze werden ergänzt (jede/r für sich), dann in kleinen Gruppen besprochen und verglichen. Solche Satzanfänge können z. B. sein (die hier vorgeschlagenen Satzanfänge gehen von Schülern/Jugendlichen aus):
Wenn ich wütend bin, dann ...
Wenn andere wütend sind, dann ...
Wenn andere mich ärgern, dann ...
Zuschlagen ist erlaubt, wenn ...
Mein bester Freund/Freundin macht mich wütend, wenn ...
Am meisten ärgere ich mich, wenn ...
In die Satzanfänge können aktuelle Konflikte aus der Gruppensituation einbezogen werden. Gibt es aktuelle Spannungen oder Konflikte, kann diese Übung dazu dienen, diese zu reflektieren und aufzuarbeiten.

Übung mit schlechten Gefühlen umgehen

Diese Übung lässt sich auch als Kreisspiel durchführen und die jeweiligen Reaktionen pantomimisch darstellen. Die Teilnehmer/innen sitzen im Kreis und führen pantomimisch oder mit einer Bewegung vor:
Wenn ich wütend bin, dann mache ich so ...
Wenn ich mich ärgere, dann mache ich ...
Wenn mich Andere ärgern, dann ... usw.

Ziel ist also, die Interaktionen in dem sozialen Raum, der mit sozialpädagogischen Formen beeinflusst werden kann, so zu regeln, dass Jugendliche ihren Alltag mit weniger bis hin zu geringen/gar keinen Gewaltformen bewältigen können, und dass ihnen Raum gelassen wird, ihre Fähigkeiten und Potenzen – auch ihre körperliche Kraft, ihren Mut, ihre Reaktionsfähigkeit – zu entwickeln und zu nutzen. Eine so definierte sozialpädagogische Arbeit setzt Arbeitsformen und Zugänge voraus, die sich nicht von gewaltorientierten und gewalttätigen Jugendlichen distanzieren und diese wegen ihrer Gewaltbereitschaft ausgrenzen.

5 Deeskalieren als sozialpädagogisches Handeln: Einwirken auf zugespitzte Konflikte

5.1 Was geht in die Eskalation ein – vom Konflikt zur Gewalt

Dieses Kapitel beschäftigt sich mit der professionellen Bewältigung zugespitzter Konfliktsituationen. Auseinandersetzungen, in denen sich latente Konflikte durch die darin enthaltene Dynamik zu manifester Gewalt entwickeln, machen ein unmittelbares Eingreifen notwendig. Auch deshalb, weil sich die Parteien in dieser Lage in einem emotionalen Ungleichgewicht befinden und das sich daraus entwickelnde (Gewalt-)Handeln nicht mehr einschätzbar und kalkulierbar ist. Das schrittweise Vorgehen zur Konfliktbewältigung, das ich im vorangegangen Teil vorgestellt habe, von der Anamnese über die Diagnose zur Intervention, muss dem gezielten, ›schlagartigen‹ und damit auch eingeübten Intervenieren weichen. Der Ausgangspunkt für diesen Teil ist das Entstehen von Konflikten und der typische Verlauf von Eskalationen. Dazu werden zentrale Phasen der Eskalation dargestellt, in einer Grafik nachgezeichnet und Ansätze zur sozialpädagogisch angeleiteten Deeskalation gezeigt. In die methodischen Möglichkeiten der Deeskalation gehen Überlegungen zur Körpersprache ein, es wird die Bedeutung von Blickkontakten ebenso wie die Auswirkungen des eingenommenen Status, Hochstatus versus Tiefstatus, berücksichtigt: Körperliche Ausdrucksformen können bei Konfliktfällen anheizend oder beruhigend wirken. Diese Ansätze der Interventionen werden ergänzt durch die Beschäftigung mit der ›nicht eskalierenden Beharrlichkeit‹. Wichtiger Bestandteil dieses Kapitels sind Spiele und Übungen, die exemplarisch auf Eskalationen vorbereiten, deren Wahrnehmung schulen und die eine vorwegnehmende Auseinandersetzung mit den innewohnenden Kräften dieser Spannungen ermöglichen.

Ein Spiel soll deutlich machen, wie Konflikte im Alltag ihren Ausgang nehmen, wie unterschiedlich Menschen ihre Bedürfnisse vorbringen und verteidigen, wie hartnäckig oder nachgiebig sie sind, wie leicht sie sich wegen Lappalien in Gewaltformen hineinsteigern können und welche Hilflosigkeit, Ohnmacht und fehlende Argumente Gewaltformen auslösen können. Mit der einführenden Übung wird der Stellenwert von Verunsicherung in der Auseinandersetzung zwischen den Konfliktparteien deutlich gemacht:

Aus dieser Spielsituation und ihrer Alltagsbedeutung ist zu erkennen, dass uns Konflikte begleiten. Sie sind Teil unseres Alltages. Konflikte ergeben sich in der Interaktion, im Handeln, wenn unterschiedliche Interessen vorhanden sind, die Einschätzung und die Wahrnehmung von Situationen und Tatbeständen

Übung: ›Der Platz gehört mir‹

Ziel: Sensibilisierung der Wahrnehmung, welchen Einfluss negative Gefühle auf den Konfliktverlauf nehmen können.
Durchführung: Die Gruppe bildet einen Kreis, in dessen Mitte ein Stuhl gestellt wird. Ein/e Teilnehmer/in nimmt darauf Platz und verteidigt ihn gegen eine/n Andere/n, der/die etwa 5 Minuten lang versucht, ihm/ihr diesen Platz – mit verbalen Mitteln – streitig zu machen. Danach werden die Rollen getauscht. Auf beiden Seiten darf argumentiert, gefordert, geschimpft, gedroht, beleidigt, gebettelt, geschmeichelt, geweint usw. werden. Körperliche Angriffe wie anfassen, treten, schubsen, zerren sind verboten. Die Szene kann auch als Alltagsszene gestaltet werden (im Bus/Straßenbahn).
Reflexion: Nach dem Spiel sollen die Gefühle von Opfern und Tätern festgehalten werden: Wie ging es mir, als ich bedroht wurde? Welche Emotionen (und Kräfte) habe ich entwickelt, um mein Ziel zu erreichen?

zwischen den Handelnden differieren und die Lösungsansätze voneinander abweichen, so dass die Handelnden in ihren Möglichkeiten eingeschränkt, in ihrer Wertauffassung betroffen und in ihrem Gefühl der Eigenständigkeit verletzt werden oder sich verletzt fühlen. Daraus ist abzuleiten, dass das Lernen (und das Erfahrungenmachen) von Konflikten und deren gewaltfreier bzw. gewaltreduzierter Lösung ein Grundbestand sozialpädagogischen Handelns ist oder – soll ich besser sagen – sein muss. Konflikte lassen sich nicht vermeiden oder verhindern, allenfalls unterdrücken oder durch Zwang lösen. Das lässt sich allerdings mit dem Erziehungsziel ›autonomes Subjekt‹ schwer vereinbaren. Dieses hat die Entscheidung darüber, ob und wie es Konflikte im Rahmen seiner Möglichkeiten lösen will, folglich auch die Konsequenzen zu tragen.

Verschiedene Typen von Konflikten sind zu unterscheiden: der innere Konflikt (der Konflikt, den Subjekte mit sich selbst austragen und der ihr Selbstbild beeinflusst), der zwischenmenschliche Konflikt (dyadische Konflikt zwischen Subjekten), der Konflikt zwischen Gruppen und deren Interessen und den damit einhergehenden Bindungen, schließlich der Konflikt zwischen Religionen als Wertkonflikt und der zwischen Ethnieen, die sich gegenseitig mit negativen Merkmalen belegen und sich voneinander abzugrenzen versuchen. Auf staatlicher Ebene beeinflussen Konflikte Beziehungen. Es wird versucht, Emotionen zu schüren, beispielsweise um Macht und Einfluss zu gewinnen oder um ökonomische Vorteile und Zugänge zu Energie und Bodenschätzen zu erlangen.

Beziehe ich mich auf diese Einteilung, dann haben wir es im (sozial-)pädagogischen Feld vorwiegend mit inneren, mit zwischenmenschlichen sowie mit Gruppen-Konflikten zu tun. Diese Konflikte können sich gegenseitig beeinflussen und überlagern. Innere Konflikte können als zwischenmenschliche ausgetragen werden, wenn ein Jugendlicher seine Wut, seine negativen Gefühle, wie beispielsweise seinen Frust über schlechte Schulleistungen, an anderen ausagiert. Zwischenmenschliche Konflikte können, wie zum Beispiel beim Mobbing, zu inneren Konflikten werden, wenn die Angriffe beim Opfer zu psychischen Schäden führen.

5.2 Entwicklung von Eskalationen: Fünf typische Phasen

Eskalationen, so ihr Merkmal, entfachen eine Dynamik, die je nach Phase und Heftigkeit unterschiedliche sozialpädagogische Eingriffsformen notwendig machen. Deshalb haben einige Autoren ein Phasenmodell konzipiert, das einen typischen Verlauf solcher Eskalationen zeigt[54]. Diese sind dadurch gekennzeichnet, dass sie sich auf einen Höhepunkt, ein Plateau mit hochgradiger emotionaler Erregung zu bewegen. Dieser Höhepunkt baut sich je nach Erregungsgrad und Form der Gewalt langsam wieder ab. Er kann dann auf Seiten des Täters in eine Depressionsphase oder in Rechtfertigung münden, bei dem Opfer in Scham bis hin zu Wut und Wünschen nach Wiedergutmachung. Ich beschreibe einen Phasenablauf der Eskalation gegliedert in fünf Abschnitte und orientiere mich dabei an Mathias Schwabe (2000), der Eskalationen und Deeskalationen in den Einrichtungen der Jugendhilfe beschreibt. Dazu die folgende Grafik:

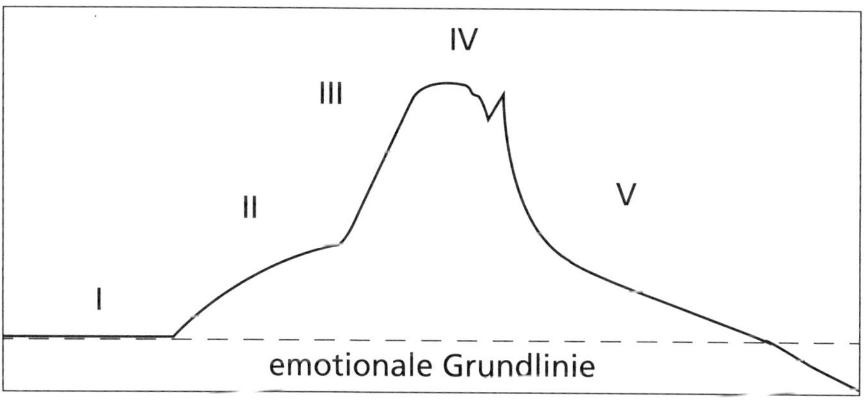

Abb. 1: Phasenverlauf der Eskalation

Übersicht:

Phase I: Beginn des Eskalation – Man gerät ›aneinander‹
Phase II: Es entwickeln sich feindselige Gefühle – ›Aufschaukeln‹ des Konfliktes bis hin zur Eskalation
Phase III: Eskalationssog – die Auseinandersetzung entwickelt ihre eigene Dynamik

54 Zu den verschiedenen Phasen der Eskalation gibt es mehrere Modelle. Glasl (2009) geht von einer weiter gefächerten Eskalationsskala von acht Stufen aus.

Phase IV: Höhepunkt – Mobilisierung aller Kräfte und Kampf um die Entscheidung
Phase V: Nach dem Höhepunkt – langsamer Abbau der Erregung.

Zur ersten Phase: Beginn der Eskalation – Man gerät ›aneinander‹
Gegensätzliche Auffassungen und beginnende Verletzungen weiten sich zu Abwehrhaltungen aus. Ein einzelner als verletzend aufgefasster Satz, eine Handbewegung oder eine als verächtlich aufgefasste Kopfdrehung, also ein negativ eingeschätzter Körperausdruck, kann zu Verstimmungen führen, die einen Prozess auslösen, in dessen Verlauf sich unterschiedliche Positionen der an dem Konflikt Beteiligten entwickeln. Es werden Argumente und Gegenargumente gewechselt, aus denen die unterschiedlichen und gegensätzlichen bis hin zu abwertenden Positionen und Einschätzungen abgelesen werden. Daraus können sich Unsicherheiten bis hin zu Erregungszuständen bilden, weil die Kommunikationssituation als unangenehm bis feindselig aufgefasst wird. Die Konfliktparteien sehen ihre gesicherte Position – evtl. auch in der Gruppe – bedroht und reagieren mit Gegenstrategien, gegebenenfalls mit Angriffen. Möglicherweise kann in diesem Austausch von Argumenten auch ein unterschwelliger Wunsch nach stärkerer Anerkennung und Beachtung verborgen sein, der aber aus Angst vor Zurückweisung nicht ›unchiffriert‹ geäußert werden kann.

Bewältigen der Eskalation: Wege zum Deeskalieren

- Dem Gegenüber deutlich machen, dass man zwar anderer Meinung ist, aber durchaus die Position des Gegenübers akzeptieren kann, also den Anderen nicht ablehnt, weil er oder sie eine andere Meinung vertritt. Das bedeutet, den Anderen annehmen und Verständnis für die Lage des Gegenübers signalisieren, aber auch die eigene Haltung begründen.
- Aus der Position des beobachtenden Professionellen bedeutet dies, Angebote zu machen, die beiden Seiten bei dem Verwirklichen ihrer Bedürfnisse gerecht werden und deutlich machen, dass es nicht um Abwerten des Anderen gehen kann.
- Hilfreich kann es auch sein, die Gemeinsamkeiten zu thematisieren und klar zu stellen, welche Vorteile es für die Konfliktparteien haben kann, nicht das Trennende herauszustellen, sondern ein Spiel, eine Aktion, ein Vorhaben zu Ende zu führen und nicht scheitern zu lassen.
- In dieser ersten Phase einer Auseinandersetzung kann es förderlich sein, eine andere Körperhaltung einzunehmen, bspw. sich entspannt hinzusetzen oder sich ein wenig aus dem ›Ring‹ der Streitenden zu entfernen, um eine Distanz aufzubauen.
- Eine weitere Variante zum ›Abkühlen‹ kann es sein, eine dritte Person als Vermittler einzubeziehen. Auf diese Möglichkeit wird besonders in der Mediation als Konzept zurück gegriffen.
- Schließlich kann dem Aufschaukeln von Konfliktenergien entgegengewirkt werden, wenn einer der Beteiligten angekündigt aus der Situation geht oder aus dieser ›herausgenommen‹ oder ›gezogen‹ wird (beispielsweise indem schnell eine wichtige Aufgabe ›vergeben‹ wird oder die Disco anfängt), somit der Zeitpunkt der Klärung des Konfliktes verschoben wird.

Zur zweiten Phase: Es entwickeln sich feindselige Gefühle – ›Aufschaukeln‹ des Konfliktes bis hin zur Eskalation
Diese Phase ist durch eine zunehmende Ablehnung geprägt: ein abweisender, lauter Tonfall, abfällige Bemerkungen und Gesten, eine herausfordernde Körpersprache, ein vor gereckter Hals oder abweisende Handbewegungen. Fast jede Äußerung des Gegenübers wird als Ablehnung, als Drohung gedeutet. Die Form der Auseinandersetzung wird zunehmend gereizter und orientiert sich an Drohungen, Gewalt anzuwenden. Jeder versucht, den Anderen von seiner Kraft und Entschlossenheit zu überzeugen. Diese Kampf- und Drohgebärden steigern sich, denn keiner will unterliegen. Jeder hat schon zu viel investiert und er/sie hat Angst, das Gesicht zu verlieren und vor den anderen der Gruppe schlecht dazustehen. Es wird versucht, Bündnispartner für die Entscheidung auf seine Seite zu ziehen.

Möglichkeiten der Deeskalation

- Durch das Benennen von Erwartungen das abwertende und feindselige, gewaltorientierte Handeln beeinflussen und damit Gründe für das eigene Handeln verständlich machen (um Empathie ›werben‹).
- Keine Moralpredigten, sondern ›Ich-Botschaften‹ einbringen (dazu die entsprechende Passage im Kapitel 4.4).
- Momentanes Gefühl thematisieren.
- Kompromissangebot machen.
- Angekündigt aus der Situation gehen und Zeitpunkt der Klärung mit Absprache verschieben.

Zur dritten Phase: Eskalationssog – Der Konflikt entwickelt seine eigene Dynamik
Es verdichtet sich das Tempo der verletzenden Anfeindungen, die Dynamik und Intensität der gegenseitigen Angriffe. Vorurteile und Verdächtigungen werden zur Verletzung des Anderen eingebracht. Das führt dazu, dass das jeweilige Handeln scheinbar zwangsläufig auseinander läuft, die Kontrolle über die eigenen Gefühle verloren geht und dies zu einer Verfestigung ablehnender und emotional negativ besetzter Positionen führt. Die Verantwortung für den Konflikt wird diffus und beim Gegenüber gesucht. Die Kontrolle für das eigene Handeln ist minimal. »Die Körpersprache zeigt die emotionale Erregung: Je nach persönlichem Eskalationsstil kann das mit Euphorie und Größenfantasien oder mit wachsender Angst (vor Kontrollverlust) und Unsicherheit verbunden sein. Gefühle von Hass und Wut, die aus ganz anderen (...) Situationen stammen (z. B. Frust in der Schule am Vormittag), können in den aktuellen Konflikt ›einfließen‹. (...) Verletzende und beleidigende Äußerungen (unter die Gürtellinie) nehmen stark zu« (Schwabe, 56).

Möglichkeiten der Deeskalation

- Ausstieg aus der Eskalation ist häufig nur durch Verlassen des Konfliktbereichs möglich.

- Wenn möglich, können Außenstehende (Eltern, Freunde), die Einfluss auf die Konfliktpartner haben, in den Prozess beruhigend eingreifen.
- Wichtig ist folgendes: Alle anderen Maßnahmen (Kompromissangebote, Akzeptanz zeigen) können in dieser Phase die Auseinandersetzung anheizen und auf den Konflikt verschärfend wirken, weil sie dazu führen können, dass die Konfliktparteien auf ihrer Position (z. B. Gewaltandrohung) beharren (müssen), um ihr Gesicht vor den Anderen, z. B. ihrer Bezugsgruppe und anderen Beteiligten, zu bewahren.

Zur vierten Phase: Mobilisierung aller Kräfte und Kampf um die Entscheidung
Entweder gelingt es einem der beiden Konfliktpartner, durch Aufgeben und Abbrechen einen Endpunkt zu markieren, z. B. durch Verlassen der Situation, auch mit Verwünschungen oder Türeschlagen. »Andernfalls setzt eine körperliche Attacke einen ›schlechten Höhepunkt‹, da diese weitere Konsequenzen und Konflikte nach sich ziehen muss. Die manifeste Gewalthandlung wird von demjenigen Konfliktpartner vorgenommen, der seine bisherige Machtposition am stärksten bedroht sieht, und/oder die schlechtere Impulskontrolle besitzt bzw. für den Gewalt im Rahmen seiner Lerngeschichte nicht eindeutig negativ besetzt ist. Häufig wird der Impuls, den anderen zu ›vernichten‹ (bzw. zum Verschwinden zu bringen), erst dann gestoppt, wenn die erste Gewalthandlung ausgeführt ist. Dieser folgen jedoch häufig Vergeltungsanschläge des Angegriffenen« (Schwabe 2000, 57).

Möglichkeiten der Deeskalation:

- Eigenschutz und Schutz Anderer. Das kann bedeuten, andere Jugendliche im Raum auffordern, diesen zu verlassen, entweder zu deren eigener Sicherheit oder um den Konfliktpartnern das ›Publikum‹ zu entziehen und die Möglichkeit, die Situation weiter einheizen. Das heißt auch, für die eigene Sicherheit zu sorgen und einen Sicherheitsabstand (Schritt- und Armlänge) zu dem Täter herzustellen.
- Die Konfliktparteien möglichst räumlich trennen, evtl. einen der Kontrahenten aus der bedrohlichen Lage ›herausziehen‹, um auf diese Weise die Auseinandersetzung ›zu kühlen‹.
- Hilfe einfordern, d. h. Externe (andere Kollegen/innen oder evtl. auch vertrauenswürdige Jugendliche) in den Konfliktfall einbeziehen, von denen bekannt ist, dass sie einen positiven Einfluss auf die Konfliktparteien haben. Bei der Deeskalation im öffentlichen Raum kann das bedeuten, z. B. Passanten anzusprechen, dann aber direkt: z. B. »Sie mit der schwarzen Jacke, kommen sie bitte und unterstützen mich« oder »Sie mit der schwarzen Jacke, rufen Sie die Polizei«.
- Ggf. muss also auch ›Macht‹ eingreifen: bspw. die Polizei gerufen werden, was zur Folge hat, dass die Entwicklung des Lösungsprozesses und das sozialpädagogische Zugehen aus der Hand gegeben wird.

Zur fünften Phase: Nach dem Höhepunkt – langsamer Abbau der Erregung
»Abhängig von dem Ergebnis eines ›guten‹ oder ›schlechten‹ Höhepunktes gestaltet sich der weitere Konfliktverlauf sehr unterschiedlich. Nach einem ›guten‹ Hö-

hepunkt haben beide Konfliktteilnehmer das Gefühl, ›ihr Gesicht gewahrt‹ oder wenigstens nicht völlig ›verloren‹ zu haben« (57). Wenn die Möglichkeit besteht, sich zunächst aus den Augen zu gehen, besteht nach 2–24 Stunden (je nach vorangegangener Intensität) die Möglichkeit, den Konflikt (z. B. durch Mediation) nachzubearbeiten. Bei einem ›schlechten‹ Höhepunkt, wenn also mit dem Einsatz körperlicher Gewalt und starker emotionaler Aufgeladenheit der Höhepunkt erreicht worden ist, baut sich die Erregung langsam ab und es besteht die Gefahr, dass gewalttätiges Handeln wieder aufflammt. Ein geringer Anlass, ein wütender Blick kann genügen, die Auseinandersetzung wieder auflodern zu lassen. Die Kontrahenten müssen weiter beobachtet werden, ob sie ihre Gewalttätigkeiten wieder aufnehmen. Dies muss bei der Intervention und Deeskalation beachtet werden.

Haben sich die Hassgefühle des Angreifers abgebaut, gewinnt häufig zunächst ein euphorisches Gefühl bei dem Täter die Oberhand. Rechtfertigungs- und Rationalisierungsmechanismen setzen rasch ein. Manchmal gibt es ein Wiedergutmachungsbedürfnis, das aus Schuld- und Schamgefühlen entsteht, die mit Selbstbestrafungsfantasien und Depressionen verbunden sein können.

Auf der Seite des Angegriffenen, des Opfers, steht anfangs häufig ein Schock, verbunden mit entsprechenden körperlichen Symptomen. »Sobald dieser abklingt, wird die Demütigung der Schläge als Verletzung der eigenen persönlichen Würde empfunden. Mit dem Wechsel vom körperlichen zum seelischen Schmerz gehen häufig starke Wutgefühle einher. Diese können in den Stunden und Tagen nach der Attacke sogar noch zunehmen, eventuell auch zur Wiederaufnahme der Auseinandersetzung führen« (58). Es besteht oft ein Wunsch nach Bestrafung des Täters, zumindest der Wiedergutmachung der Tat.

Möglichkeiten der Deeskalation

- Die Kontrahenten sind räumlich zu trennen und im Auge zu behalten, damit sie bei noch anhaltenden Erregungspegel nicht wieder aneinander geraten.
- Nach- und Aufarbeiten der Konflikte, so auch mit der beteiligten Gruppe.
- Aus der Auseinandersetzung müssen für die Beteiligten Folgen entstehen, besonders für die Täter, in Form von Auflagen, Wiedergutmachen, Kontrolle der verabredeten Leistungen zur Wiederherstellung des entstandenen Schadens.
- Entlastung der/des Opfer/s z. B. durch Gespräche, Unterstützung, Hilfeangebote.

5.3 Sozialpädagogisches Handeln zur Deeskalation

Mit den Überlegungen zur Deeskalation sollen die Interaktionsformen so geregelt und gestaltet werden, dass Jugendliche und Sozialpädagogen/innen nach Möglichkeit nicht in Zwangslagen geraten, ihre Emotionen nicht (mehr) steuern zu können und so ihre inneren Spannungen in Gewaltformen austragen (müssen).

Das betrifft auch die Planung gemeinsamer Aktivitäten. Gute Vorbereitung und das Einstellen auf mögliche Reibungen ist auch im Vorfeld von größeren Veranstaltungen wie Diskothek oder Einladungen an Bands angebracht. Im Team sind typische Situationen durchzuspielen und zu ›trainieren‹ bzw. neue Ideen zu entwickeln. Das heißt auch Handlungsalternativen in Konfliktfällen zu besprechen, mögliche Reibungspunkte und Auseinandersetzungen aus vorangegangenen Veranstaltungen zusammentragen und nach gelungenen und nicht gelungenen Lösungen zu ordnen. Zudem muss Jugendlichen vermittelt werden, dass auch Disco-Veranstaltungen ›ihre‹ Ordnung haben, denn das kennen sie aus kommerziellen Einrichtungen.

Dazu der *Fingerzeig*: Wichtig ist, welche Atmosphäre im Jugendhaus oder im Heimbereich herrscht (Farbe, Räume, Licht, Möbel, Fluchtwege etc.): Ob Bilder und Farbe ›aufheizen‹ oder eher beruhigend wirken. Meist kann man als Mitarbeiter/in diese Wirkung nicht mehr einschätzen. Eine gute Möglichkeit ist es, Gruppenteilnehmer/innen oder Kollegen/innen in das eigene Jugendhaus/Heim einzuladen und die Eindrücke schildern zu lassen.

Das Wahrnehmen von Konflikten und das Beobachten sich anbahnender Gewalt sind Voraussetzung für das (sozial-)pädagogische Einwirken auf Eskalationsprozesse. Aus der Eskalationskurve wird ersichtlich, dass bei hochgradiger emotionaler Erregung die Impulskontrolle stark eingeschränkt ist: Erreicht die Erregungskurve ihren Höhepunkt, ist in der Regel ein Eingreifen auf das (körperliche) Trennen reduziert. Es ergeben sich Folgen für die Beteiligten, die neue Auseinandersetzungen nach sich ziehen. Deshalb müssen die sozialpädagogischen Anstrengungen darauf gerichtet sein, schon im Vorfeld der Konflikte einzugreifen, also bevor sich Erregung und Wut in Gewalt entlädt. Dafür ist es notwendig, die eigenen Reaktionen und Gefühle in eskalierenden Situationen ebenso wie die eigene Körpersprache und die eigenen Gewaltpotentiale zu kennen, um sie bewusst, damit deeskalierend einsetzen zu können.

Nehme ich die modellhafte Darstellung von eskalierenden Situationen zum Ausgang und bestimme so die deeskalierenden Handlungsmöglichkeiten, dann ergeben sich daraus Überlegungen zum sozialpädagogischen Handeln[55]:

- Wie schätze ich die Handlungsentstehung im Konflikt- und Gewaltfall ein?
- Welche Handlungsauswahl (Deeskalationsstrategien) habe ich bei dem Eingreifen in den Konflikt – auch von außen – und das sowohl bei leichten wie bei schweren Konflikten?

55 Beispiele und Arbeitsansätze zur Deeskalation finden sich auch in Judy Korn/ Thomas Mücke, Gewalt in Griff, 2000 auf den Seiten 45 ff.

- Welche Zugänge (dazu die verschiedenen Interventionstypen) habe ich zu der Konfliktsituation (meine Interventionsberechtigung, meine Gefühle und meine Körperhaltung- bzw. -sprache) und wie kann ich emotional/sachlich auf die Auseinandersetzung einwirken?

Wenn wir uns mit der Eskalation von Situationen, von der verbalen Auseinandersetzung bis hin zu Gewaltformen (psychisch und physisch) beschäftigen, ist der erste Schritt, deren Entwicklung intensiv zu beobachten und unsere Wahrnehmung dafür zu sensibilisieren, wie sich eskalierende Prozesse entwickeln und welche Eskalationsmuster angewandt werden, so wie es die Eskalationskurve deutlich macht. Wie entsteht diese Gewalt, mit der ich konfrontiert bin? Bricht sie plötzlich in das Handlungsfeld ein (weil Handelnde ihre Gefühle nicht steuern können) oder hat sie eine Geschichte (was die Regel ist) und Gefühle, die es zu beachten und in die Analyse einzubeziehen gilt.

Schon in der Anfangsphase (Phase eins) einer eskalierenden Gewaltsituation versucht der Agierende (der/die Täter/in), Oberhand (Macht) über sein/ihr potentielles Opfer zu gewinnen, durch Drohen, Verweigern, Beleidigen, Abwerten, Kränken, Demütigen (z. B. durch wahrheitswidrige Anschuldigungen) oder auch bereits durch Gewaltanwendung (z. B. Festhalten, Anrempeln, Weg verstellen), um die Gefühle des Gegenübers negativ zu beeinflussen, ihn oder sie wütend oder deprimiert zu machen und zum impulsiven Handeln zu zwingen. Diese Provokation ist darauf gerichtet, den Anderen aus seinem Gefühlsgleichgewicht zu bringen und in eine Lage zu versetzen, die ihn oder sie als Opfer verunsichert und in die Handlungsunfähigkeit drängt. Das Opfer soll in einen willenlosen Zustand versetzt und somit verletzbar gemacht werden. Bei sich anbahnenden Konflikten, ist es wichtig, auf die Signale zu achten, so versteckt sie auch ›ausgestrahlt‹ werden mögen:

- Wer will was mit dem Konflikt, der Gewaltform erreichen, ausdrücken, wahrgenommen werden?
- Welcher ›Schuh‹ drückt den/die Handelnde/n in diesem Augenblick?

Wichtig für die Deeskalation ist die Fähigkeit, Konflikte auf emotionaler Ebene zu erfassen, die darin versteckte ›Botschaft‹ zu verstehen und einzuordnen. Die Botschaft, dass ein Konflikt, eine unbewältigte Beziehung zwischen den Kontrahenten vorliegt, kann sich unterschiedlich zeigen:

- Im Inhalt der jeweiligen Interaktion.
- Oder die Ebene und die Gestaltung der Beziehung vermitteln Anzeichen für einen Konfliktfall.
- Es kann das verunsicherte Selbst des betreffenden Jugendlichen sein, in dem die Konfliktsymptome zu suchen sind.
- Es kann sich um einen Appell für Hilfe bzw. Anerkennung handeln.

Wenn es noch Chancen gibt, den Prozessverlauf (Phase eins und zwei) positiv zu beeinflussen und die Emotionen ›zu kühlen‹, dann besteht die Möglichkeit des Nachfragens nach Bedürfnissen, die hinter dem gezeigten Ärger und der Wut stecken können. Wenn sich die Situation schon verhärtet hat, dann kann eine räumliche Veränderung oder Ablenkung die Situation entschärfen (z. B. Licht/Musik an/aus), Ansage über geplante Aktivitäten oder den Torstand beim Fußballspiel, Bewegungsspiele oder Paradoxe Intervention: durch Witzigkeit und Schlagfertigkeit zu überraschen.

Sind Wut und Erregung mit den vorhandenen Möglichkeiten des Eingreifens im Vorfeld nicht zu stoppen und bauen sich weiter auf (Phase drei und vier), sind nach der kurzer Analyse des Umfeldes (wer ist/kann Unterstützer sein) und der vorherrschenden Atmosphäre (wird die gewaltorientierte Stimmung angeheizt) die weiteren deeskalierenden Schritte und Maßnahmen zu bestimmen, die in die zu klärende Situation einzubringen sind, um psychische und physische Verletzungen zu verhindern. Wenn man keine andere Möglichkeit sieht, einer Verschärfung entgegen zu treten, kann das beispielsweise auch heißen, die Polizei zu rufen, wenn Waffen im Spiel sind oder deutlich wird, dass die eigenen Kräfte zum Eingrenzen der Eskalation nicht ausreichen. Werden Außenstehende bspw. die Polizei in die Konfliktbewältigung einbezogen, so hat das zur Folge, dass das möglicherweise dahinter stehende Problem nicht mehr sozialpädagogisch bearbeitet werden kann, weil der kritische Sachverhalt an eine andere Instanz weiter gereicht und dort bearbeitet wird (bspw. wenn eine Anzeige erfolgt).

Die folgenden Aufgaben und Fragen sollen als Anregung der Reflexion der eigenen Situation und der Weiterarbeit dienen. Dabei können Gruppenarbeit, Teamarbeit und Kollegiale Beratung zur Erweiterung des sozialpädagogischen Handlungsrepertoires von Konflikt- und Gewaltproblemen beitragen.

Arbeitsauftrag zu Deeskalationstrategien und Unterstützern

Mögliche Deeskalationsstrategien bei Konflikten zusammentragen. Auch an Kooperationspartner und mögliche Unterstützer denken. Wen kann ich im Eskalationsfall schnell einbeziehen, wer ist handlungsfähig und bereit zur Hilfe. Das können sein : ...

Arbeitsauftrag zur Reflexion eigener möglicher Schwachstellen

- Erinnern Sie sich an eine Situation, in der Ihre Bemühungen zur Eskalation nicht den gewünschten Erfolg zeigten. Worin lagen die Grenzen meiner Deeskalationsmöglichkeiten:
- In der undurchsichtigen Situation? Habe ich die Situation falsch eingeschätzt?
- Lag es an meinen Interventionsansätzen?
- Lag es möglicherweise daran, dass ich mich zu sehr mit einer Konfliktpartei identifiziert habe und mich parteinehmend eingeschaltet habe?
- Oder gab es andere Unsicherheiten, schlechte Tagesverfassung, Stress etc.?

Fragen für die Weiterarbeit in der Gruppe:

- Habe ich ähnliche Situationen auch schon einmal erlebt und wie habe ich mich gefühlt?
- Wie habe ich in den betreffenden Konfliktfall reagiert?
- Was hätte man in der Situation anders machen können?
- Welche individuellen Handlungsmuster werden zur Veränderung angeregt?
- Welche organisatorischen/inhaltlichen Bedingungen müssen überprüft, ergänzt und evt. verändert werden (z. B. keine Waffen, Fragen des Alkoholkonsums, keine aufheizende Musik im Jugendhaus oder wenn, dann nur zu bestimmten Zeiten)?

Rollenspiel zur Eskalation

In der Gruppenarbeit stellen die Teilnehmer/innen kurz ihre Eskalationssituationen vor. Einige aktuelle Fälle werden von der Gruppe ausgewählt und im Rollenspiel vertieft.[56] Die dargestellten Szenen können mit der Videokamera mitgeschnitten und dann im Hinblick auf folgende Kriterien besprochen werden :
Wer ist beteiligt? Was tun die Beteiligten?
Worum geht es? Wer will was erreichen?
Was ist die verbale Botschaft (z. B. ich will, dass ihr mich ernst nehmt)?
Was drückt die Körpersprache aus, was sind die Signale (ängstlich bis gewaltorientiert)?
Was ist die emotionale Botschaft (z. B. ich fühle mich von euch, der Gruppe nicht akzeptiert)?
Und auf welchem Status agieren die Beteiligten (dazu die Ansätze zur Körpersprache)?

Übung: Gassenspiel

In dieser Übung soll eine typische Konfliktsituation nachgestellt werden. Zwei Jugendliche stehen auf einem Bürgersteig, auf dem ich entlang gehe. Ich merke, dass die beiden Streit suchen. Was soll ich tun?
Ziel: Gewaltsame Konflikte vermeiden, sich selbst vor Gewalt schützen.
Durchführung: Alle legen zunächst Gegenstände ab, an denen man sich verletzen kann. Die Teilnehmer bilden dann Schulter an Schulter eine enge Reihe, die in einem Abstand von 1,5 m parallel zu einer Wand verläuft. Zwischen

56 Vier Konkrete Falldarstellungen und Fallbearbeitungen werden im Kapitel über Fälle und Fallarbeit beschrieben.

der Teilnehmer-Reihe und der Wand ist eine Gasse, in der zwei Personen (Türsteher!) stehen, die verhindern sollen, dass jemand durchkommt. Jede/r Teilnehmer/in hat die Aufgabe, durch die Gasse an den beiden vorbeizukommen, ohne in eine Schlägerei verwickelt zu werden.
Reflexion: Nach jedem Versuch kann kurz überlegt werden, wodurch der/die betreffende Teilnehmer/in eine gewaltsame Auseinandersetzung provoziert oder vermieden hat. Gemeinsam können Regeln heraus gearbeitet werden, um einen gewaltsamen Konflikt zu vermeiden. Dabei sollte beachtet werden, was für Mädchen/Frauen und was für Jungen/Männer gilt.

5.4 Kommunikation und Gewalt: Bedeutung der Körpersprache

Die körperlichen Grundlagen des deeskalierenden Handelns sowie einige angesprochenen Strategien werden in folgenden Abschnitten detaillierter vorgestellt und durch Aufgaben und Übungen ergänzt.

Die Körpersprache ist eine Ausdrucksform unseres Selbst, die stark von unseren Gefühlen/Empathie beeinflusst wird. Sie ist ein Ergebnis unserer Wahrnehmung der jeweiligen Situation. Sie gibt ›zu Protokoll‹, welche Einschätzung wir von der jeweiligen Situation haben, wie wir uns in diese einführen können und welche Anerkennung wir erfahren bzw. erwarten. Die Körpersprache macht einen hohen Grad unserer Kommunikation in Situationen aus. Sie passiert im ›Hier und Jetzt‹, drückt aktuelle Gefühle und Gedanken aus. Daher ist es für die professionelle Arbeit mit Jugendlichen in Konfliktsituationen wichtig, die eigene Körpersprache zu kennen und bewusst einsetzen zu können. Dieses Wissen kann für die Bewältigung von Konfliktsituationen und Eskalationsprozessen entscheidend sein. In Konflikt- und Gewaltsituationen, in der die Aufnahmefähigkeit der Kontrahenten sehr eingeschränkt ist, können dem Gegenüber Signale vermittelt werden, die ihn oder ihr das Weitermachen oder aber die Einstellung der ›Kampfhandlungen‹ signalisieren. Im Gegensatz zur Gesprächsführung, bei der die Akzente bewusst und auf Wirkung gesetzt werden, ist die Körperhaltung ein Teil unseres Handelns, das bei weitem nicht in dem Maße kontrolliert wird. Durch bewusstes Handeln und Konzentration auf diesen Aspekt kann sie gezielt eingesetzt werden, um eindeutige Signale zu setzen, zum Beispiel zur Beruhigung einer aufgeheizten Situation. Kommunikation, insbesondere die Körpersprache, ist die zentrale Grundlage der Bewältigung von Konfliktsituationen. Sie kann eskalierend und deeskalierend wirken, sie kann Situationen öffnen und bearbeitbar machen, oder aber sie kann den Prozess der Eskalation ›anheizen‹ und ein gewaltsames Ende provozieren. Die Frage, die uns in diesem Abschnitt beschäftigt, sind die Signale, die wir aussenden. Diese können sprachlich und/oder körpersprachlich auf den oder die Kontrahenten einwirken und ihn/sie zum Einlenken oder zum Verfolgen ihrer Gefühle auf ›Teufel komm raus‹ (ver-)führen.

Zur Wahrnehmung von Konflikt- und Gewaltsituationen

Körperhaltung und Bewegung geben Auskunft über den ›inneren‹ Zustand des Gegenübers. Welche Körperteile geben Signale für Unterwerfung, für Rückzug oder Angriff?
Kopf gesenkt: Ausdruck des Tiefstatus, auch der inneren Zurückgezogenheit und des ›Aus-dem-Wege-gehen-Wollens‹; ein hochgereckter Kopf kann auf ›Kampfbereitschaft‹ hindeuten, sich in voller Größe positionieren wie beim ›Hahnenkampf‹.
Brust eingezogen: als Ausdruck für zurückhaltend, ängstlich, sich schützend; aufrecht und entgegengestreckt: als Ausdruck für kampfbereit, Siegesgewissheit, ›Ich lass‹ mir nichts gefallen‹.
Arme eng am Körper, zusammengepresst: Ausdruck für vorsichtig; dagegen ausladend: Ausdruck für ›auf sich aufmerksam machen‹ und ›Wege verstellend‹.
Beine schmal angewinkelt, im Sitzen übereinander geschlagen, wenig Raum beanspruchend: verbreitete Sitzposition von Frauen; oder breit ausgestellt, raumgreifend, anspruchsvoll: entspricht eher Männern.

Eng mit der Körpersprache ist der Blickkontakt verbunden: Er kann beruhigend bis drohend, durchdringend oder auffordernd sein, evtl. auch so von dem (unsicheren) Gegenüber empfunden werden und zu Reaktionen herausfordern (»Was guckst du so?«).

Zur Verbesserung der Wahrnehmung der eigenen körperlichen Signale in Bezug auf kooperative Konfliktlösungen sollen die weiteren Übungen beitragen. Dabei geht es um folgende Aspekte der Körpersprache[57]: körperliches Gleichgewicht, Ausdruck der Körperhaltung, der einzelnen Körperteile sowie der Gefühle, Raum- und Territorialhandeln, Blickverhalten.

Übung: ›Stopp‹

Ziel: Erfahrungen mit Grenzsetzungen.
Durchführung: Die Gruppe teilt sich in Zweiergruppen. Die Paare versuchen, einander wegzuschubsen und dabei auf sicheren Stand zu achten. Abwechselnd versuchen sie, laut und deutlich ›Stopp‹ zu sagen. Dabei kann die Hand als Distanzhalter eingesetzt werden, um sich stärker abzugrenzen. Es ist ein sicherer Stand wichtig: leicht gebeugte Beine, aufrechter Oberkörper, nicht wippen.
Reflexion: Die Gefühlslage, aber auch den eigenen sicheren oder unsicheren Stand einschätzen.

57 Die Überlegungen zur Körpersprache und zum Status der Kommunikation stützen sich auf Rolf Bongartz. Dazu auch Rhode, Mies, Bongartz, 2003. Einige der hier angeführten Übungen zum wurden von Ralf Bongartz im Rahmen des Forschungs- und Entwicklungsprojekt ›Professionelle Strategien der sozialpädagogischen Arbeit mit gewaltbereiten Jugendlichen‹ in die Arbeit eingebracht.

Übung ›Gleichgewicht‹

Ziel: Die Bedeutung der jeweiligen körperlichen Position für das Klären (oder das Beschleunigen) von schwierigen Situationen ›ablesen‹.
Durchführung: A und B stellen sich mit der Außenseite des rechten bzw. linken Fußes zusammen und halten sich an den Handgelenken fest; sie spreizen das äußere Bein ab und versuchen, Gleichgewicht herzustellen. Dazu gehen sie langsam mit dem Oberkörper auseinander, strecken die Arme und gleichzeitig ziehen sie das äußere Bein langsam nach innen, bis alle vier Füße nebeneinander stehen, die Arme ausgestreckt sind und damit das Gleichgewicht hergestellt ist.

Hinweis: Wichtig ist, die eigene Körpersprache durch Ausprobieren vor dem Spiegel kennen zu lernen (Wie wirke ich? Evtl. auch auf Video aufnehmen, also von Zeit zu Zeit mal eine Kamera aufstellen und mitlaufen lassen und die Aufzeichnung mit Kollegen/innen auswerten). Auch die Körpersprache anderer Menschen studieren (Jugendliche, Teamsitzungen, Menschen im Café, Talkshows). Vorsicht ist jedoch bei der Interpretation von körpersprachlichen Signalen geboten (nicht jedes Armverschränken ist immer gleich Abwehr: es kann auch ein Signal für Bequemlichkeit sein).

Übung ›Gefühle erkennen‹

Ziel: Erkennen, wie eindeutig sich die jeweilige Gefühlslage des Gegenübers einschätzen lässt. Auf diese (vage) Einschätzung bauen viele der Interventionen im Alltag auf, aber auch in professionellen Zusammenhängen.
Durchführung: Die Teilnehmer bilden Paare. Eine/r beginnt und stellt einen körpersprachlichen Ausdruck dar: Wut, Arroganz, Überheblichkeit, Bedrohung, bis der Ausdruck von dem/der Partner/in geraten wird, dann ist der oder die andere an der Reihe. Am besten vorher die jeweilige Ausdrucksform, die geraten werden soll, aufschreiben.
Reflexion: Wie eindeutig sind die jeweiligen Ausdrucksformen der Gefühle zu erkennen, wie gelingt es, sich in die jeweilige Gefühlslage hinein zu versetzen, auch den jeweiligen Ausdruck zu finden.

Übung ›Anrede‹

Ziel: Erfahren der Wirkungen unterschiedlicher Ausdrucksformen.
Durchführung: Die Teilnehmer stehen sich gegenüber und sprechen sich paarweise in drei Varianten an: liebevoll, arrogant und gewaltsam (anschreien). Sie unterstützen die jeweilige Haltung durch ihre Körpersprache und diskutieren danach die Wirkung.

Alternative Übung ›Lächeln‹

Durchführung: Die Teilnehmer stellen sich paarweise gegenüber auf. A läuft auf B zu und bleibt 15 Sek. stehen mit freundlichem Lächeln, neutralem Lächeln, provozierendem Lächeln und herabsetzendem Lächeln und der dazu gehörenden Körpersprache.
Reflexion: Wie wirken die verschiedenen Varianten auf mich, was lösen sie in mir aus?
Was lösen die jeweiligen Haltungen bei dem Gegenüber aus? Erreichen sie die gewollte Wirkung oder wird damit eher Abwehr erzielt?

Übung ›Vorwurf‹

Ziel: Sensibilisierung für die eigene Wahrnehmung.
Durchführung: Die Teilnehmer gehen paarweise zusammen und formulieren einen Vorwurf, den sie dem Gegenüber so neutral wie möglich machen. Der Gegenüber nimmt ihn einmal mit geschlossenen Augen und einmal mit geöffneten Augen auf.
Reflexion: Die unterschiedlichen Wahrnehmungen werden anschließend diskutiert. Wie kann ich mit Provokationen und Drucksituationen umgehen?

Übung ›Nähe und Distanz‹

Ziel: den Kommunikationsabstand einzuschätzen und auf seine Auswirkungen hin wahrzunehmen. Dieser beträgt zwischen Menschen unseres Kulturkreises ca. eine Armlänge. Trete ich näher heran, muss ich mit Abwehrreaktionen rechnen.
Durchführung: Es werden zwei Reihen gebildet, jede/r hat in der anderen Reihe einen Partner/in. Die Teilnehmer einer Reihe gehen auf ihre Partner in der anderen Reihe zu, bis der jeweilige Partner ›stopp‹ sagt.
Reflexion: Wie weit kann und will ich einen Fremden an mich heranlassen, wann wird der körperliche Kontakt unangenehm? In der Eskalationssituation ist es notwendig, Abstand zu halten (Sicherheitsabstand: Schritt- und Armlänge, um der Gefahr, geschlagen zu werden, ausweichen zu können), auch um den gegenüber Stehenden wahrnehmen und seine Aktionen im Auge behalten zu können.

Übung ›Raum- und Territorialhandeln‹

Ziel: Erfahrungen mit dem Raum machen, besonders unter dem Gesichtspunkt, welche Gefühle und welche Abwehr die sich darin bewegenden Menschen mit ihren unterschiedlichen Gesten bei mir auslösen.
Durchführung: Zunächst lockeres Gehen durch den Raum mit und ohne Anschauen, dann schneller werdend, mit Verstellen des Raumes für die anderen (in den Weg stellen), schließlich in der letzten Phase Anrempeln und Schimpfwörter ins Gesicht sagen.
Reflexion: Welche Gefühle sind bei den unterschiedlichen Formen der Kontakte entstanden, was überwiegt: Gewalt- oder Fluchtgedanken? Welche Strategie ist für mich die richtige, bei welcher fühle ich mich am wohlsten, welche ist am erfolgreichsten?

5.5 Analyse des Status: Welche Positionen provozieren ein Zuspitzen von Konflikten?

In der Kommunikation, auch im Konfliktfall, sind die symmetrische und die asymmetrische Form zu unterscheiden, die mit dem Bild einer Waage zu veranschaulichen sind. Bei der *symmetrischen Kommunikation* bewegen sich beide Kommunikationspartner auf gleicher Ebene, in dem Bild der Waage ausgedrückt: die Waage befindet sich im Gleichgewicht. Verläuft die Kommunikation auf gleicher Ebene, ist die Waage ausbalanciert: Sie befindet sich in der Horizontalen. Will ein Agierender in einer kommunikativen Situation einen Hoch-Status einnehmen, muss er oder sie dem Gegenüber einen Tief-Status zuweisen. Nimmt ein Handelnder Tief-Status ein, weist er dem Anderen einen Hoch-Status zu. An der Stellung der Waage lässt sich der Grad der kommunikativen Status-Unterschiede ablesen, den die Handelnden und Kommunizierenden sich in der jeweiligen Situation zuordnen. *Asymmetrische Kommunikation* findet statt, wenn einer der beiden Partner ein Übergewicht hat und damit die Macht, den anderen zu beeinflussen. In dem Bild der Waage ausgedrückt: das Gewicht einer Waagschale neigt sich.

Bei dem kommunikativen Status geht es darum, welche Person in einer konkreten Situation dominant ist und welche sich unterordnet. Beide Pole, der Hoch- wie auch der Tiefstatus, beinhalten Versuche, den Anderen zu beeinflussen und unter Druck zu setzen. Beide Positionen haben aber auch Anteile der Opferperspektive.

Welchen Stellenwert haben Hoch- und Tiefstatus in der Interaktion?

Hochstatus: Dieser zeichnet sich durch Selbsterhöhung und Fremdherabsetzung aus. Dies ruft bei dem Gegenüber Ängste hervor – besonders bei unsicheren Jugendlichen, weil sie sich berechtigterweise erniedrigt fühlen. Oft suchen sie, dieses negative Gefühl durch Gewaltformen zu kompensieren. Der Hochstatus ist eine traditionelle Handlungsweise des/r Täters: dieses Handeln folgt in der Regel einer Verletzung des Selbst, die durch die eigene Erhöhung ausgeglichen und durch die Kränkung des Anderen bereinigt werden soll. Mit dem ›Auftrumpfen‹ werden Gesichts- und Kontrollverluste behoben und der Angst entgegengewirkt. Dies wird erzielt durch: Den anderen herabdrücken (verbal bis hin zu Gewaltformen), sich selbst heben (nur von sich reden, die eigenen Erfolge in den Mittelpunkt stellen), beschuldigen, laut werden, rausreden, herunterspielen, moralisieren, den anderen nicht zu Wort kommen lassen (›volllabern‹, ›zutexten‹, ›reinreden‹), abwerten evtl. mit Verallgemeinerungen (Du machst das immer! Jedes Mal, wenn du hier auftauchst!).

Tiefstatus: Kennzeichen ist das sich selbst senken, den Anderen erheben, leise werden, Kopf senken, den Anderen nicht anschauen können, sich unterbrechen lassen, Sätze nicht zu Ende bringen. Mit dem Tiefstatus ist die Opferposition verbunden: Damit soll an die Gefühle des Gegenübers im Hinblick auf Hilflosigkeit und Mitleid appelliert, ein schlechtes Gewissen erzeugt und Verunsicherung ausgelöst werden.

Ziel des sozialpädagogischen Handelns muss es sein, eine neutrale und angemessene Körpersprache für sich selbst zu finden. Dabei ist es ein Prinzip sozialpädagogischer Arbeit, dem Gegenüber trotz Konflikt wertschätzend und auf gleicher Statusebene gegenüber zu treten. Dies ist wichtig, um Jugendlichen ein Modell und ein Erfahrungenmachen der Vermeidung oder Lösung eines Konfliktes anzubieten, bei dem es auch im Konfliktfall und bei der Deeskalation nicht um Verächtlichmachen, sondern um gegenseitige Anerkennung und Lösung einer schwierigen Situation geht.

Systematischer Input: Bei der Beschäftigung mit Status und Körpersprache ist auf die Körperhaltung als Einheit, aber auch auf einzelne Körperteile wie Kopf, Schulter und Becken zu achten. Eine neutrale Körperhaltung drückt sich durch einen geraden, aufrechten Körper aus, das Becken ist nicht nach vorn oder hinten gekippt, Armhaltung ist hängend und nicht angespannt; sonst kann es überheblich/bedrohlich oder unsicher wirken und zu entsprechenden Reaktionen führen. Für die Bein-/Fußstellung gilt: Beine hüftbreit und Füße gerade nach vorn. Im Sitzen sind Fuß-, Bein-, Armhaltung zu beachten.

Woran kann der jeweilige Status in Konfliktsituationen ›abgelesen‹ werden?

Dazu einige Beispiele:

- Fuß/Beine/Becken (Verhältnis zum Platz, der eingenommen wird),
- Oberkörper/Brustkorb (Haltung und Territorium in Beziehung zu anderen),
- Kopf/Augen (Haltung und Blicklänge bzw. -rhythmus),
- Qualität der Bewegungen (ruhig oder schnell),
- Muskelspannung (Entspannung entspricht Hochstatus – Anspannung deutet auf Tiefstatus).

Partnerübungen zum Status: Ebenen der Kommunikation

Ziel: der Übungen ist es, aus den unterschiedlichen Positionen den jeweiligen Status erfahrbar zu machen und Schlüsse für die Konfliktsituationen zu ziehen.
Durchführung: A und B unterhalten sich. A hält über die gesamte Zeit den Blick mit B; B hält den Blick nicht und weicht immer wieder aus (ca. 60 Sek.).
A und B unterhalten sich. A nimmt in der Unterhaltung mehr Raum ein als B. (ca. 60 Sek.).
A und B unterhalten sich. A redet und bewegt dabei seine Arme Raum einnehmend (ca. 60 Sek.).
A und B unterhalten sich. B fasst sich während der Unterhaltung oft an den Kopf (Haare, Gesicht, Mund etc. ca. 60 Sek.).

Übung ›Verdrängen‹

Ziel: verschiedene Strategien (Hochstatus, Tiefstatus etc.) auszuprobieren und die eigene Statussignale (Blickverhalten, Körperhaltung, Gang etc.) bewusst einzusetzen.
Durchführung: Der/die Gruppenleiter/in steht im Raum. Die Teilnehmer laufen nacheinander auf ihn/sie zu mit der Absicht, dass er/sie zur Seite geht und ihnen Platz macht.

Übung ›Blickverhalten‹

Ziel: Stellenwert des Blickkontaktes in der sozialpädagogischen Arbeit erfahren.
Durchführung: Die Teilnehmer laufen durch den Raum und ändern ihr Blickverhalten. Zunächst haben sie keinen Blickkontakt mit den anderen. Dann nehmen sie normalen Blickkontakt auf und beobachten, wie lange ein normaler Blickkontakt dauert (bis 3 Sek.).
›Enger Blick‹ – direktes Ansehen der Person (Spannung wird aufgebaut),
›Weiter Blick‹ – Räume zwischen den Personen wahrnehmen (Spannung wird abgebaut).

Alternative Übung

Die Teilnehmer laufen im Raum mit normaler Geschwindigkeit, dann schneller, schließlich rennen sie, dabei
achten auf Personen, denen man begegnet,
achten auf Raum über den Köpfen der Personen,
achten auf Zwischenraume zwischen den Personen,

Räume »weit« machen (viel Platz zwischen den Personen lassen),
Räume »eng« machen (wenig Platz zwischen den Personen lassen).
Reflexion: Wie habe ich mich bei den einzelnen Positionen gefühlt, welche Folgen hat dies für das Handeln?

Übung ›Kontaktaufnahme‹ (Rollenspiel)

Durchführung: Streetworker geht zum Erstkontakt auf Gruppe Jugendlicher zu und spricht sie an, stellt sich vor und geht dabei mit zwei Varianten vor:
beim Betreten des Raumes nur Gesichter der Jugendlichen wahrnehmen;
beim Eintreten die Räume zwischen den Jugendlichen wahrnehmen.
Reflexion: Welche Folgen haben die unterschiedlichen Herangehensweisen auf die Situation/Gespräch?
Im ersten Fall wird das interpretatorische Denken aktiviert (Vorurteile, Erfahrungen). Im zweiten Fall wird kreatives Potential aktiviert (emotional, offen, entkrampft).
Hinweis: Wenn ich auf Zwischenräume achte und ein Statusverhältnis herstelle, verbinde ich mich mit meinen Gefühlen und suche nicht nach Schutzmechanismen.
Reflexion: Eindrücke, die aufgrund der jeweiligen Körpersprache entstehen, reflektieren. Welche Veränderungen in der Kommunikation durch die Veränderung der Körperhaltung sind wahrnehmbar? Wie verändert sich die Wahrnehmung und mit ihr die Gefühlslage?

Übungen ›Bewerbung‹

Ziel: den jeweiligen Status ›ausprobieren‹ und feststellen, was dieser zur Lösung der Konflikte beiträgt bzw. wie er einen Zugang zur Lösung positiv oder negativ beeinflusst.
Durchführung: Mutter (M) kommt von der Arbeit als Kassiererin im Supermarkt völlig ausgebrannt nach Hause. Sie hat mit dem arbeitslosen 18-jährigen Sohn (S) ausgemacht, dass er sich heute vorstellt und sich um eine Stelle kümmert. Der liegt aber auf dem Sofa, sieht fern und hat sich wieder nicht beworben. Die Mutter beginnt die Situation im Hochstatus, der Sohn im Tiefstatus. Mutter (oder Vater) befindet sich im Hochstatus, steht aufrecht und auffordernd vor dem Sohn. Sohn sitzt/liegt auf dem Sofa im Tiefstatus. M macht S den Vorwurf, z. B. »Warum hast du wieder nichts gemacht?« Daraus entwickelt sich ein Streitgespräch. Im Verlauf der Szene wechseln Mutter und Sohn ihren Status ins Gegenteil: Inhaltlich als auch körpersprachlich wechseln der Sohn von dem Tiefstatus in den Hochstatus. Am Ende steht S und M sitzt auf dem Sofa mit gesenktem Kopf.

Die anderen Gruppenteilnehmer beobachten, welche körpersprachlichen Statussignale ausgesandt werden (Blick, Kopfhaltung, Körperhaltung usw.) und versuchen herauszubekommen, in welchem Status die jeweilige Person agiert. Es werden verschiedene Status-Variationen im Rollenspiel ausprobiert und besprochen.
Hinweis: Die Szene wird improvisiert, es gibt kein vorgefertigtes Bild, die Handlungsabfolge wird im Spiel entwickelt; also nicht nur Austausch von Argumenten, sondern das Entwickeln einer Geschichte.
Reflexion: Wie haben sie sich dabei gefühlt? Welche Veränderungen in der Kommunikation haben sie wahrgenommen?

5.6 Strategien der Eskalationsbewältigung: ›Nicht eskalierende Beharrlichkeit‹ und ›Paradoxe Intervention‹

Die Strategie der ›Nicht eskalierenden Beharrlichkeit‹ oder ›Kontrolliert ansteigende Beharrlichkeit‹, dies ist als neuer Begriff für diesen Ansatz im Gebrauch (dazu Rhode, Meis und Bongartz 2003, 144 ff), wird eingesetzt, um Eskalationen von Konflikten entgegenzuwirken, d. h., die eigenen Interessen durchzusetzen, ohne die Situation weiter anzuheizen und durch Verletzung des Gegenübers die Beziehung zu gefährden. Gleich einer sich immer wiederholenden Ansage basiert sie auf dem ständigen Repetieren einer Forderung. Selbst wenn dabei klare verbale Forderungen im Vordergrund stehen, liegt die Wirkung der Nicht-eskalierenden-Beharrlichkeit in der Körpersprache bzw. dem Status der Person, die sie verwendet:

> »Nicht- eskalierend meint in diesem Zusammenhang erst einmal, dass die Person, die diese Strategie verwendet, im Laufe des Konflikts ihren Status nicht verändert, das heißt weder lauter, noch drohender, aggressiver und verletzender wird. (...) Statt Eskalation setzt die Strategie auf Beharrlichkeit, d. h. auf den langen Atem und das selbstbewusste Auftreten. Die sie verwendende Person vermittelt dem Konfliktpartner die eigene Kraft nicht etwa durch Lautstärke oder Körpergröße, sondern durch die körpersprachliche Wirkung einer ruhigen und ausdauernden Präsenz – ruhige Präsenz signalisiert Souveränität. (...) Die Faszination der Strategie der nicht-eskalierenden Beharrlichkeit liegt in der gewinnenden Ausstrahlung der Personen, die sie anwenden. Sie wirken ruhig und kraftvoll. Sie sind in einem hohen Maße authentisch und selbstsicher. Gewinnende Personen kämpfen nicht oder geraten außer sich, sondern sie ruhen in sich und sind sich ihrer Gefühle, Bedürfnisse und Wünsche bewusst. Selbst-bewusst. Selbst-gewiss. Gewinnende Menschen besiegen nicht, sondern gewinnen ohne zu siegen!« (Rhode u. a., 2003, 147).

Die Strategie kann immer eingesetzt werden, um Verhärtungen, Eskalationen und Konsequenzen (z. B. Hausverbot) in Konfliktsituationen zu vermeiden. Natürlicher Hochstatus heißt hier: gelassen und präsent zu sein. Der Status des Handelnden wird in der Regel höher sein als der des Jugendlichen, weil er Hausrecht und die Verantwortung für das Haus und andere Jugendliche und Mitarbeiter/innen hat, die sich in den Räumen befinden. Respekt für das eigene Ziel und Klarheit sind Grundvoraussetzungen, d. h. zuerst Selbstachtung, dann Fremdachtung, sonst besteht die Gefahr, von der Reaktion des Gegenübers abhängig zu werden. Deshalb nicht in Diskussionen verwickeln lassen und auf Argumente, Erklärungen und Belehrungen verzichten, sonst besteht die Gefahr, sich durch die Fragen und Provokationen des Konfliktpartners in Widersprüche zu verwickeln oder auf Nebengleise zu geraten und die Kontrolle zu verlieren.

Für angespannte und belastende Situationen wie bei Eskalationen von Konflikten, in der die Aufnahmefähigkeit der Konfliktpartner stark eingeschränkt ist, kann eine Wirkung nur mit kurzen, klaren Sätzen erzielt werden. Mit der Interventionsform der ›Fünf-Wort-Sätze‹ steht eine distanzierende und auf das wesentliche konzentrierte Eingriffsform zur Verfügung. Diese lässt sich mit der ›Kontrolliert ansteigenden Beharrlichkeit‹ verbinden, deren Ziel darin besteht, Klarheit und Durchsetzung der Regeln herzustellen. Die Fünf-Wort-Sätze: »Hör (bitte) auf damit, Maik!« »Lass das jetzt sein, Leoni!« oder: »Isabella, ich kümmere mich drum!« geben deutliche Anweisungen. In den Phasen der Eskalation geht es sozialpädagogisch darum, dass den Regeln ›Gehör‹ verschafft wird und dass diese eingehalten werden. Kurzum, das Ziel muss sein, Grenzen zu setzen, sich selbst und andere zu schützen; es geht nicht darum, zu überzeugen oder Argumente zu entwickeln bzw. emotionale Bezüge herzustellen. Je weiter fortgeschritten der Konflikt ist, desto weniger ist der Angreifer, der oder die Täter/in verbal erreichbar. Dann sind 3-Wort–Sätze angebracht, wie: »Maik, hör auf!«

Fallbeispiel
Zwei Jugendliche sitzen rauchend am Tisch. Im Haus besteht Rauchverbot. Der/die Sozialarbeiter/in will die Regel durchsetzen und erreichen, dass sie jetzt und hier nicht rauchen: »Ich sehe, dass ihr hier raucht. Im Haus ist aber Rauchverbot. Ich möchte, dass ihr jetzt hier nicht raucht« (s. dazu das ausgeführte Fallbeispiel im Kapitel Fälle).

Arbeitsauftrag: Versuchen Sie bitte selbst, aufgrund der bisher gemachten Ausführungen eine Lösung für das Beispiel zu entwickeln.

Hinweise: Dialog ja, aber nicht auf Argumente eingehen, klar bleiben (»Ich verstehe Eure Argumente, aber es ist Rauchverbot und ich bitte euch …, fordere euch auf …«)! Freundlich und bestimmt; nicht nach vorne beugen; bei lauter Musik: näher heran gehen, evtl. in die Knie gehen, aber: achten auf Körpersprache und Körperhaltung, auch auf Atmung achten und Status beibehalten! Sich nicht aus seiner Position bringen lassen, also nicht den Hochstatus verlassen und sich auf eine andere Ebene ziehen lassen: Es geht in eskalierenden Situation nicht um ›Aufklärung‹ oder Argumente, sondern um Machtspiele, und entsprechend gilt es, den sozialen (und auch den vereinbarten) Regeln Geltung zu verschaffen. Deshalb: Führungsposition besetzen (klares Ziel, Präsenz, Beharrlichkeit). Nicht um Führung ›kämpfen‹ – nicht auf Provokationen eingehen!

Eine Deeskalationsmöglichkeit, die bei leichteren Konflikten wirksam werden kann, ist die *Paradoxe Intervention.* Diese kann nach Bedingungen und Bedürfnissen in den jeweiligen Einrichtungen ergänzt werden. Sie besteht darin, in Konflikt- und gewaltträchtigen Situationen schlagfertig/witzig/ ungewöhnlich/ wortgewandt zu agieren und so die Spannung aus der Situation zu nehmen. Ziel der paradoxen Intervention ist es, das Gegenüber zu verblüffen oder zu verwirren und von dem Vorhaben abzubringen, einen Streit zu provozieren und Gewalt auszuüben. Bei »Du Hurensohn« kann die Antwort: »Ich sag's ja immer, Ehrlichkeit währt am längsten«, entwaffnend wirken. Manchmal lohnt der Versuch, den Angriff umzuleiten: »Entschuldigung, ich habe einen wichtigen Termin bei meinem Hausarzt«, oder »Ich wollte gerade gehen, meine Frau/Freundin wartet.« Durch ein Kompliment zu antworten, kann den Angriff entschärfen: »Du bist doch behindert« – »Ja, du bist mir haushoch überlegen, es wäre nicht das erste mal, dass du etwas besser kannst!« – oder »Ich danke dir, dass du so offen bist!« Eine andere Möglichkeit ist, sich zu entschuldigen: »Im Augenblick bin ich etwas daneben.« Wichtig ist es, dabei den richtigen Tonfall und die entsprechende Lautstärke zu treffen, denn ein hämischer oder ironischer, auch ängstlicher Ton kann die Lage anheizen und eine Deeskalierung verhindern. Wichtig ist, solche Interventionen müssen der Lage und Situation angemessen sein, sonst besteht die Gefahr, dass sie den/die Täter/in bestärken und zu weiteren Attacken auffordern. Auf eines ist bei der paradoxen Intervention hinzuweisen: Jugendliche reagieren in der Regel auf ironische Töne, also auf einen distanzierenden Zugang eher mit Unverständnis bis hin zu Abwehr und Angriff, weil sie keinen kognitiven Zugang haben, um kritische Situationen durch ›Abstand herstellen‹ zu entschärfen.

Übung ›Zurufen‹

Ziel: die jeweilige Wirkung festzustellen und die eigenen Gefühle dabei zu realisieren.
Durchführung: sich in verschiedenen Tonfällen anerkennend, ironisch, vorwurfsvoll, wütend, mit Schadenfreude zurufen: »Das hast du aber gut gemacht!« oder »Bist Du verrückt?«.

Übung ›Schlagfertigkeit‹

Durchführung: Die Teilnehmer/innen überlegen sich Schimpfworte oder Situationen, in denen sie sich gewünscht haben, mit einer guten Reaktion zu kontern. In Kleingruppen werden passende Antworten bzw. Reaktionen überlegt.

Beispiel: »Du Rotznase«. Antwort: »Stimmt, hast Du mal ein Taschentuch für mich?«

5.7 Zusammenfassende Hinweise für die sozialpädagogische Arbeit in eskalierenden Situationen

Hinweis: Konflikt und Gewaltsituation sind hochgradig emotional aufgeladen und angespannt, fordern ein hohes Maß an Konzentration. Deshalb gehören auch Entspannungsübungen zum Konzept der Einstellung und Vorbereitung auf diese Situationen. Sie sollen helfen, den körperlichen Stresssymptomen entgegen zu wirken, die Kontrolle über die Atmung zu behalten, mit Gelassenheit dieser Anspannung begegnen zu können. Dies klingt nach einer Paradoxie, ist aber eine wichtige psychische Grundlage, um zu einer Lösung zu gelangen.

Hier folgen Anregungen für Sensibilisierungs- und Entspannungsübungen

Übung ›Körperteile wahrnehmen‹

Durchführung: Die Teilnehmer setzen sich bequem auf einen Stuhl, schließen die Augen, kommen zu Ruhe und lokalisieren auf Ansage des/der Leiters/Leiterin nacheinander einzelne Bereiche ihres Körpers (Körperteile, Organe) – von den Zehen bis zum Gesicht.
Ziel: Es wird die Wahrnehmung für bestimmte Körperteile geschärft, die man normalerweise nicht fühlt (wie im Autogenen Training).

Übung: ›Entspannung Nacken‹

Die Teilnehmer/innen bilden Paare. A sitzt bequem auf einen Stuhl, schließt die Augen, kommt zu Ruhe. B massiert nach Ansage des Trainers nacheinander Bereiche des Körpers von A, vom Nacken bis zum Gesicht.

Übung: Entspannung Wirbelsäule

A geht leicht in die Hocke und beugt den Oberkörper nach vorne, die Arme hängen herab. B legt sich mit dem Oberkörper von hinten auf den Rücken von

A und lässt seine Arme seitlich hängen. A drückt B nach oben, sodass B keinen Bodenkontakt mehr hat und läuft ein paar Schritte und hält ihn (B) einige Sekunden in der Luft.
A und B stehen Rücken an Rücken, die Arme sind gegenseitig ineinander verhakt. A beugt sich nach vorne und zieht damit B auf seinen Rücken. B bleibt dabei ganz locker und lässt Arme und Beine baumeln.

Übung: ›Entspannung Becken‹

A setzt sich auf den Boden mit angewinkelten Knien. B steht vor A und zieht ihn an den Armen vorsichtig nach vorne.

Übung: Muskelentspannung

Eine Übung zur Muskel(ent)spannung ist das sog. Jacobsontraining (dazu Jacobson 1990), das mit Anspannung und Entspannung der Muskeln arbeitet. Durch die sog. Progressive Muskelentspannung (auch Progressive Muskelrelaxation) wird durch bewusstes Anspannen und Entspannen von Muskelgruppen ein Entspannungszustand hergestellt. Einzelne Muskelpartien werden angespannt (rechte Hand, rechter Unterarm, rechter Oberarm, entsprechend für die linke Hand, Stirn, Augenpartien, Mundpartie und Unterkiefer, Nacken, Schultern, Rücken, Bauch, rechter Fuß, rechter Unterschenkel, rechter Oberschenkel, entsprechend die linke Hälfte), diese Spannung wird für fünf Sekunden gehalten und dann gelöst. Die Aufmerksamkeit richtet sich auf das Anspannen und das Abklingen in der Entspannung. Die auf die Anspannung folgende Entspannung führt zu einem besseren Wohlbefinden. Die Übungen dazu können im Sitzen oder Liegen durchgeführt werden und dauern 20 bis 30 Minuten. Sie sind sowohl für Erwachsene als auch für Jugendliche geeignet, weil sie zwar Konzentration erfordern, aber leicht anzuwenden und zu lernen sind.

Ein Hinweis auf Atemübungen: Wichtig für Beherrschung konflikthafter und angespannter Situationen ist die Beherrschung des Atems, also im wahrsten Sinne des Wortes nicht aus dem Atem zu kommen und atemlos zu werden: Nicht reflexartig reagieren, sondern durch mehrmaliges tiefes Ausatmen wird die Atmung intensiviert, es wird mehr Sauerstoff aufgenommen, Zeit gewonnen und beruhigend auf den Körper eingewirkt. Dies kann in Alltagssituationen, die weniger belastend sind, probiert und geübt werden.

Im Konfliktfall[58] ist es wichtig, Ruhe zu bewahren: Nicht aufgeregt, sondern ruhig sprechen und sich nicht von der Hektik der Auseinandersetzung ansteckenlassen. Dies muss durch Einübung vorbereitet werden (Atemtraining, Jacobson-Übungen). Den Standpunkt erklären, beruhigend auf die Konfliktparteien einwirken.

- Bei leichteren Konfliktn die Aufschaukelung von Emotionen durch die sog. paradoxe Intervention oder Schlagfertigkeit und Witzigkeit verhindern, aber Vorsicht, dass dies nicht als Ironie verstanden wird!
- Es ist wichtig, in kritischen Situationen auf den Status zu achten und zu versuchen, eine Selbsterhöhung bzw. einen Tiefstatus zu vermeiden. Ein Statusverhältnis herstellen heißt, seine eigenen Ängste senken.
- Wichtig dabei ist eine angemessene Körperspannung, eine deutliche Sprache (freundlich und bestimmt) und ein klares Ziel. Nicht in Opfer-/Täterrolle verfallen.
- In angespannter Situation kurze Sätze, Fünfwortsätze, Dreiwortsätze, Name und klare Handlungsaufforderung.
- Deeskalierende Beharrlichkeit, lässt sich auch als nicht nachlassendes Beharren und als Hartnäckigkeit benennen, ist eine Möglichkeit, seinem Gegenüber persönlich, wertschätzend und im natürlichen Hochstatus gegenüberzutreten. Dies kann immer eingesetzt werden, um Verhärtungen und Eskalationen in Konfliktsituationen entgegen zu wirken.
- Auf das Blickverhalten und das Raum- und Territorialverhalten der beteiligten Konfliktpartner ist zu achten.
- Wenn ein Konflikt zu eskalieren droht, ist die Grundregel: Handelnde auf Distanz beobachten, z. B. Arme, Brustbereich (heftige Bewegungen deuten Gewalt an), ›sich abgrenzen‹, weder unsicher noch herablassend oder arrogant auftreten, Körpersprache beachten, bei Blickkontakt nicht wütend mit den Augen fixieren.
- Aktiv werden, Körpersprache einsetzen, sich weder zu laut noch zu leise einbringen, auf alle Fälle sich Gehör verschaffen.
- Wichtig ist in der Situation, den vom Täter gewollten Ablauf (Gewalt auszuüben) zu unterbrechen (Absicht des Täters beeinflussen): z. B. kann dies ein lautstarkes emotionales[59], schnelles Eingreifen bedeuten: Aufmerksamkeit auf sich ziehen, Kontakt aufnehmen und Beziehungen aufbauen: laut, deutlich handeln mit klaren und eindeutigen Handlungsstrategien. Ansprechen (nach Möglichkeit mit Namen), deutlich und bestimmt Grenzen setzen, auch um Aufmerksamkeit zu erreichen und ggf. ›um zu lenken‹.
- Ablenken durch Licht an/aus, Musik an/aus, Ansage machen, möglicherweise gemeinsame Aktion vorschlagen (z. B. alle auf die Tanzfläche und eine bestimmte Bewegung machen).

---

58 Die folgenden Hinweise sind so angeordnet, dass die Deeskalation leichter Konflikte am Anfang steht und die Formen der Gewalttätigkeit sich steigern.

59 In stark eskalierenden Situationen hat das ›lautstark‹ den Stellenwert eines ›Deutlich-Machens‹, Aufmerksamkeit auf sich zu ziehen, ggf. auch des ›Erschreckens‹ oder Aufrüttelns des gewaltorientierten Gegenübers!

- Keinen Körperkontakt herstellen, Abstand halten (Schritt- und Armlänge) bis hin zur Flucht.
- Hilfe holen (lassen) und kreativ werden, nach Möglichkeit (›Kräfteverhältnisse‹!) einschreiten, z. B. den Schwächeren aus der Situation ›herausziehen‹.
- Nicht alle Konflikte sind in der Situation zu lösen – oft ist eine ›Auszeit‹ notwendig.
- Fluchtweg offen lassen, evt. auch Klärung auf später verschieben (unbedingt Zeitpunkt und Ort vereinbaren), möglicherweise also einen Aufschub anstreben (zum Zweck des ›Abkühlens‹ aus der Erregungsphase). Emotionales ›Verarzten‹ der Gefühle auf eine spätere (inhaltliche) Ebene verschieben, dann auch den biografischen/indivduellen/sozialen Hintergrund der Konflikt herausfinden.
- In der Teamarbeit ist es erforderlich zu wissen, wer in der akuten Situation die höchste Interventionsmöglichkeit und auch Konfliktfähigkeit hat.
- Bei niedriger Interventionsberechtigung, wenn ich die Konfliktbeteiligten nicht oder nur wenig kenne, muss versucht werden, in der Deeskalation eine ›Berechtigung zu erwerben‹ und zwar durch: Aufmerksamkeit auf sich ziehen, Kontakt aufnehmen: freundlich ansprechen, nach Möglichkeit mit Namen bzw. danach fragen und Beziehung herstellen.
- Diese deeskalierenden Zugänge rücken noch einmal das Besinnen auf die eigenen Handlungsmöglichkeiten und deren Grenzen in das Blickfeld. Man muss immer für sich überprüfen, ob der jeweilige Ansatz für die eigenen Handlungsmöglichkeiten angemessen, einsetzbar und akzeptabel ist oder nicht. Die hier entwickelten Möglichkeiten und Überlegungen haben den Stellenwert von Vorschlägen für das sozialpädagogische Handeln. Sie sind auf keinen Fall Rezepte, die versprechen, dass die Eskalation in der jeweiligen Situation ›beispielhaft‹ aufgelöst werden kann. Das Ziel heißt folglich: Lösungsmöglichkeiten situativ zu entwickeln, d. h. gemäß den Bedingungen und der Einschätzung der beteiligten Subjekte. Das lässt sich in der emotionalen Anspannung in Konfliktsituationen nur bewerkstelligen, wenn auf Vorwissen (also auch Reflexion) zurückgegriffen werden kann. Und wenn es gelingt, tief durchzuatmen und Distanz zu gewinnen. Noch einmal: Das sozialpädagogische Handeln, das sich aus fachlichem Wissen und der Erfahrung ›zusammensetzt‹, muss in die aktuell zu lösende Situation eingebracht werden.
- Das Ziel in allen Phasen der Eskalation muss sein, Ausschreitung mit Gewalt Einhalt zu gebieten, schon um den Regeln der Einrichtung oder des sozialen Ortes Geltung zu verschaffen. Dabei muss sich alle Kraft auf die Grenzsetzung konzentrieren. Die Aufgabe des pädagogisch Handelnden muss es folglich sein, soziale Zusammenhänge zu sichern, sich nicht auf ›Nebenkriegschauplätze‹ abdrängen zu lassen, sondern Führungsposition einzunehmen, Präsenz zeigen, sich deutlich einbringen. Das können durchaus auch die ›heimlichen‹ Erwartungen der Jugendlichen an den/die Sozialpädagogen/in sein. Und das heißt weiterhin, Beharrlichkeit zu demonstrieren, nämlich die Einhaltung von Regeln durchzusetzen. Dafür muss ein ›Hochstatus‹ eingenommen werden.

6 Rambo oder Weichei? – Zum Stellenwert der Jungenarbeit[60]

Die Differenzierung zwischen dem biologischen Geschlecht (Sex) und der sozialen Zuschreibung (gender) ist zu einem festen Bestandteil des Diskurses in der Geschlechterforschung geworden. Damit wird die Aufmerksamkeit auf geschlechtsspezifische Entwicklungsanforderungen gelegt, die jeweils weibliche und männliche Jugendliche zu verarbeiten haben. In der ›Mädchenarbeit‹ wird schon seit Ende der 1970er Jahre der Einfluss der gesellschaftlichen Machtstrukturen auf die weiblichen Sozialisationsprozesse thematisiert, Mädchen und junge Frauen in der Auseinandersetzung mit den mehrdeutigen geschlechtsbezogenen Verhaltenserwartungen und im Umgang mit den Zwiespältigkeiten in ihren Lebensentwürfen unterstützt[61]. Konzept und Diskurse geschlechtsspezifischer Anforderungen differenzierten sich in den 1990er Jahren. Die Jungen geraten stärker ins öffentlich-mediale Blickfeld. Sie werden als Verlierer der Anstrengungen um Gleichberechtigung gesehen: Im Vergleich zu Mädchen haben sie nicht nur schlechtere Schulabschlüsse und auffälligere Handlungsweisen, sondern weisen das Mehrfache an offenen Gewalthandlungen auf. Da die Ausübung von Gewalt in besonderer Weise mit der männlichen Rolle verschränkt ist, lege ich in diesem Teil die Aufmerksamkeit auf die spezifischen Belastungen, die männliche Jugendliche qua ihrer Rolle ausgesetzt sind und die sie aufgrund ihres (zukünftigen) Mannseins als soziale Erwartungen zu tragen und zu bewältigen haben (dazu Möller 2012).

Ein erster Zugang zu den im Erziehungs- und Sozialisationsprozess vermittelten gesellschaftlichen Erwartungen an das Handeln von Jungen wird in einer Gegenüberstellung der Geschlechter in den jeweiligen Lebensphasen hergestellt. Dabei wird den sozial vorhandenen und vermittelten Bildern in den verschiedenen Phasen des Lebenslaufes nachgegangen.

---

60 In diesem Teil wird die Betrachtungsebene gewechselt: Bislang lag der Schwerpunkt der Argumentation auf dem Zugang des/der Sozialpädagoge/in auf die Interaktion mit gewaltorientierten Jugendlichen. In diesem Teil über die Jungenarbeit richtet sich der Blick auf den ›fremden‹ Anteil männlicher Jugendlicher, um ihren Zugriff auf Gewaltformen und die damit verbundenen emotionalen Anteile herauszuarbeiten. Dazu ist indessen auch eine Reflexion der vorhandenen Männlichkeitsbilder erforderlich und zwar auf beiden Seiten: bei den Professionellen *und* bei den Jungen.

61 Ging es in der ›Mädchenarbeit‹ lange Zeit eher um die psychischen Auswirkungen der gesellschaftlichen Machtprozesse auf das weibliche Geschlecht, wird mit der deutlichen Zunahme des offenen Gewalthandelns von Mädchen auch die Notwendigkeit einer eigenen Zielgruppe der Bearbeitung von Gewalt thematisiert (dazu Silkenbeumer, 2011, 333).

Arbeitsauftrag[62] zum Thema Jungen- und Mädchensozialisation

Ziel: Verdeutlichen, wie stark unser Handeln und Denken von geschlechtsspezifischen Klischeebildern und Erwartungen geprägt ist, die wir ständig reproduzieren.

Durchführung: Es werden die Erwartungen in den verschiedenen biografischen Altersstufen benannt. Sie werden mit den vorhandenen Alltagsbildern für Jungen/Männer und Mädchen bzw. Frauen verglichen. Wenn möglich kann dies auch als Gruppenarbeit durchgeführt werden. Die Frauen in der Gruppe tragen gemeinsam ›ihre‹ männlichen, die Männer die eigenen weiblichen Klischeebilder zusammen und werten sie im Plenum gemeinsam aus.

Solche tradierten Bilder und Erwartungen können solche sein, die in der Tabelle festgehalten sind[63]:

Jungen/Männer		**Mädchen/Frauen**	
sollen/können/dürfen	… nicht	sollen/können/dürfen	… nicht
5–6 Jahre			
Fahrrad fahren; sich nichts gefallen lassen; müssen »Bestimmer« sein; Sport treiben	weinen; mit Puppen spielen; petzen; Weiberkram machen	mit Puppen spielen; Zöpfe, Vater-Mutter-Kind spielen; weinen; zickig sein	mit Autos, Baggern spielen; raufen; stromern; Doktorspiele; frech sein; stärker als Jungs sein
13–14 Jahre			
rauchen; Freundin haben (keine feste); Computer, Handy; Sport; Mofa fahren; Markenklamotten tragen (je nach Szene)	Gefühle zeigen; Schwächen zeigen; »Streber« sein; mit Eltern blicken lassen	gut aussehen, schminken und sich aufbrezeln; zickig, albern sein; übernachten bei Freundin; Tagebuch schreiben; Popstars gut finden; reiten; weiter als Jungen sein	rauchen, saufen; alleine ausgehen; wechselnde Jungsbekanntschaften und Sex haben; dick sein; schlechte Noten haben

62 Bitte die folgende Tabelle erst nach dem Erstellen der eigenen Überlegungen ansehen.

63 Diese Statements sind das Ergebnis einer Gruppenarbeit, haben folglich exemplarischen Charakter. Sie sind dem Forschungsbericht Bernd Stickelmann, Thomas Putz: Professionelle Strategien der sozialpädagogischen Arbeit mit gewaltbereiten Jugendlichen (Erfurt 2005) entnommen.

Jungen/Männer		Mädchen/Frauen	
sollen/können/ dürfen	... nicht	sollen/können/dürfen	... nicht
25–35 Jahre			
Job haben/ Karriere machen; handwerklich/ technisch begabt; Erfolg haben (Auto – Haus – Frauen); feste Partnerin (Heirat, Kinder); Sport/Alkohol; Kneipenabend allein oder mit Kumpels	kindlich sein, planlos sein, Verlierertypen sein; noch nichts erreicht haben; Gefühle zeigen; »Schwul« sein; sich von der Frauen »unterdrücken« lassen; Geheimratsecken/ Glatze haben	weinen; Hausarbeit (einkaufen, waschen, kochen, putzen); Kinder kriegen; Familiensinn; Kinder hüten; müssen den Haussegen aufrecht halten, soziale Kontakte pflegen; emotional und treu sein	sexuell dominant; wechselnde Männerbekanntschaften (Untreue, ›Schlampe‹); dick sein; »Heimchen«; ausgehen (allein oder mit Freunden); rauchen; Alkohol

Reflexion: Aus diesen gesammelten Statements lassen sich unterschiedliche Erwartungen an die Geschlechtsrollen in Lebensläufen herauskristallisieren, die auch in pädagogischen Interaktionen wirksam werden. Diese äußern sich bewusst oder auch unbewusst, offen oder gebrochen, verbergen sich hinter ›emanzipierter‹ klingenden Äußerungen. Inwieweit decken sich meine geschlechtsspezifischen Bilder mit denen Anderer, inwieweit weichen sie ab.

Diese Überlegungen zu den geschlechtsbedingten ›Erwartungsbildern‹ erweitere ich durch folgende Beschreibung der ›Bilder‹, die Jungen an öffentlichen Plätzen abgeben. Wenn Jungen sich an Orten aufhalten, an denen sie weitgehend unter sich sind, dann fallen sie mit folgenden Mustern auf:

- Sie sind laut und machen Stress, weil sie fürchten, nicht beachtet zu werden, oder weil sie die Erfahrung haben, dass nur so auf sie eingegangen wird.
- Sie verletzen Grenzen und Regeln, indem sie z. B. sexistische Sprüche und Anmache einbringen, weil sie dies als männlich ansehen (nach den Vorbildern, die sie erleben oder die ihnen medial präsentiert werden).
- Sie haben einen Drang zur Selbstdarstellung, geben an und behaupten, alles zu können (um ihr geringes Selbstwertgefühl zu beruhigen).
- Sie lösen Streitereien oft körperlich, weil sie über keine anderen Muster zur Lösung von Konflikten verfügen.

Wie kann es Jungen gelingen, sich soziale Räume anzueignen, ohne auf Gewaltformen zurückgreifen zu müssen, wenn es als männliches Muster gilt, Territorien zu verteidigen? Damit werden die Schwierigkeiten in der psychischen und physischen Entwicklung angesprochen, die sich in Handlungsformen männlicher Jugendlicher zeigen: Die Probleme von Jungen im Jugendhaus, aber ebenso in der Schule oder anderen sozialen Räumen sind, ihren Platz zu finden und einnehmen zu können.

Die Gefährdungspotentiale, die aus der männlichen Sozialisation herrühren, veranschaulicht Benedikt Sturzenhecker (1995, 56) in einer Gegenüberstellung. Die Probleme, die Jungen in Situationen machen, mit denjenigen, die sie selbst haben.

Tab. 2

Probleme von Jungen im Jugendhaus	
die sie **machen**	die sie **haben**
a) Raumdominanz	Stress des Behauptungskampfes in der Öffentlichkeit – Hierarchiedurchsetzung und Unterlegenheit
b) Geräte-/Technikdominanz	Leistungszwang (Spiel- und Technik-Kompetenz) Behauptungsstress
c) Gruppendominanz	Machtkämpfe, Anpassungsdruck an Männlichkeitsnorm (cool, hart, unabhängig usw.), Abwertung des Gegenübers (Mädchen), Einsamkeit
d) Dominanz durch Sexualisierung	Irreal überfordernde Normen (sexueller Leistungsstress), Verbot von Unsicherheit und Hilflosigkeit, Angst vor Potenzmangel, Homophobie, Gewaltsexualität
e) Dominanz durch (sexuelle) Anmache und Gewalt gegen Mädchen	Hilflosigkeit und Unwissen über positive Annäherung, Verlust von Zuneigung, Unwissenheit, wie positive Kontaktaufnahme sein kann, für sich selbst, für das Gegenüber und für die Männlichkeitsnormen der männlichen Clique
f) Dominanz durch Gewalt untereinander	Körperliche Verletzung, Zwang zur Panzerung und Härte, Zwang der Kontrolle der Gefühle, Verbot von Verletzlichkeit, Angst
g) Mangelndes Mitgefühl und soziale Verantwortung	Mangelndes Selbstgefühl und Misslingen der förderlichen Beziehungen
h) Mangelnde Sorge-Selbständigkeit	Allein hilflos, mangelnde soziale Eingebundenheit und Unterstützung, Ruinierung der Gesundheit

Benedikt Sturzenhecker unterscheidet in dieser Auflistung verschiedene Dominanzstrebungen, mit denen Jungen im Jugendhaus ihre Muster ausleben, um den Erwartungen an ihre Rolle gerecht zu werden, die mit Macht verbunden sind. Um diese Macht zu zeigen und durchzusetzen, werden bei der Beherrschung des Raumes, dem Vertreiben Schwächerer von wichtigen Orten im Jugendhaus, wie der Tischtennisplatte, dem Billardtisch, den Computern oder der ›Hoheit‹ über die CD–Anlage oder MP-3-Player, Gewaltformen eingesetzt. Wird dem nicht professionell entgegen gehalten, wird in diesem Lern- und Experimentierfeld Gewalt als Lösungsform erfahren und zu einem Bewältigungsmuster. Der Zwang zur Durchsetzung männlicher Muster übt zudem Druck auf die betroffenen Jugendlichen aus, denn damit sind Kämpfe verbunden, die mit Ängsten und Leistungszwängen einhergehen, weil die Gefahr besteht zu unterliegen. Um in dieser Dominanz bestehen zu können, müssen sich diese männlichen Jugendlichen in Gruppen zusammen schließen. Dies führt sie wiederum in Konkurrenz zueinander, die sie mit Gewaltformen austragen, auch um die Hierarchie auszukämpfen. Eine Unterstützung in ihren subjektiven Anliegen und Problemen, auch in ihren Gefühlen, erfahren sie in ihren an Männlichkeitsnormen orientierten Kontexten nicht. Diese Orientierung an männlichen Gewaltformen des Niedermachens und körperliche Überlegenheit zeigen (Schlägereien) führt nicht nur zu Verletzungen, sondern ist auch mit der Notwendigkeit verbunden, sich gegen ›lästige‹ Gefühle des Mitleids und der Fürsorge zu panzern. Härte zeigen ist das sozial gewollte Bild der Männlichkeit. Dazu gehört Kontrolle zu behalten, mit all den Folgen des Egoismus und des übersteigerten Selbstbezugs, der in die körperliche Selbstausbeutung hineinführt: Drogen, Alkohol, Überschätzung der körperlichen Leistungsfähigkeit, wie sie auch in sportlichen Aktivitäten zu finden ist. Ein weiteres Feld der Verunsicherung für männliche Jugendliche ist die Sexualisierung der Alltagswelt, die sie unter Druck setzt, sich potent zu zeigen und mit sexistischen Sprüchen auf sich aufmerksam zu machen. Mit den leicht zugänglichen Bildern aus der Pornografie, die ihre Attraktivität wegen der darin demonstrierten Verfügbarkeit über weibliche Körper auf Heranwachsende nicht verfehlt, werden Zerrbilder von Beziehungen vermittelt. Sie treffen auf Unsicherheiten, auf Unwissenheit über den eigenen Körper und auf nicht gelebte erotische Wunschbilder, die in sexuellen Begegnungen zu Gewaltformen führen können, um die aufgenommenen Vorstellungen von Sexualität durchzusetzen (sexuelle Anmache, Anrempeln, an den Haaren ziehen bis hin zu versuchten oder tatsächlichen Vergewaltigungen).

Als weitere Risikofaktoren für Jungen, die zu Gewalttaten führen können, sind zu benennen:

- Jungen werden eher als Mädchen im familiären Zusammenhang durch körperliche Gewaltformen bestraft (dazu Dornes 2000). Wie Sutterlüty in der zitierten Untersuchung (2004) gezeigt hat, kann dieser biografische Hintergrund zu einem Auslöser für Gewalttaten werden.
- Hinzu kommt, dass Jungen ihre Gefühle weniger gut als Mädchen kontrollieren können (dazu Kassis 2003), dass sie ihre Affekte wie Wut eher ausagieren und gegen andere richten. Dies verbindet sich mit dem Umstand, dass Jungen oft ihre Bedürfnisse verbal nicht mit der erforderlichen Sicherheit einbringen können. Und sie sind häufiger in Schulformen (z. B. Sonderschulen) zu finden, in denen das Gewaltniveau höher ist als an anderen (dazu Möller 2008).
- Männliche Heranwachsende halten sich öfter als Mädchen an (öffentlichen) Orten auf, an denen es zu Gewaltsituationen kommen kann (z. B. Sportplätze, Gaststätten, Kirmes), an denen zudem Alkohol als Symbol für Männlichkeit mit seiner enthemmenden Wirkung getrunken wird.
- Zu den männlichen Lösungsmustern in Konfliktfällen gehören Gewaltformen, um sich potent und den Anforderungen des Musters entsprechend zu zeigen: bspw. die Ehre aufrecht zu halten oder seine Körperlichkeit einzusetzen.

- Durch den Gruppendruck beispielsweise in der peer-group werden Gewaltformen als Lösung für kritische Situationen provoziert. Möller (2008, 281) verweist darauf, dass »gut die Hälfte aller Gewaltakte unter Jugendlichen Gruppentaten« sind.

Diese Beobachtungen lassen einen Blick auf die Bewältigungsmuster im Alltag und deren Zusammenhang zu dem Gewalthandeln Jugendlicher zu, zeigen die Dynamik zwischen gewalttätigen Jungen und deren Umfeld als Folge männlicher Sozialisation auf. Daraus lassen sich Themen für ein geschlechterorientiertes sozialpädagogisches Vorgehen ableiten:

- Auseinandersetzung mit der Selbstbehauptung in der peer-group;
- Einbringen erotischer Wünsche, z. B. indem sie lernen, ihren Körper besser wahrzunehmen und sich damit auseinanderzusetzen;
- ›für sich selbst sorgen‹ zu lernen, gesundheitliche Fürsorge;
- Entwickeln von Formen des (befriedigenden) Umgangs untereinander;
- Zugänge zu fehlender Empathie und Gefühlen wie z. B. Verletzbarkeit;
- Förderung von Eigenständigkeit;
- Verringerung des Druckes, der durch Dominanzstreben ausgelöst wird.

Hinweise auf die Notwendigkeit der Arbeit mit Jungen ergeben sich zudem aus der sozialen Tatsache, die sich mit Statistiken[64] zur Gewaltbelastung sozialer Gruppen[65] belegen lässt: Jugendgewalt ist männlich und findet primär im Zusammenhang der Gruppe Gleichaltriger statt. Nimmt man die Gewaltkriminalität für das Jahr 2009, dann »gilt sogar, dass jeder fünfte Tatverdächtige (19,3%) zwischen 14 und 18 Jahre alt war. Die Jugendlichen stellen damit die kriminalstatistisch auffälligste Altersgruppe« (Baier 2011, 37). Im Rahmen der Untersuchung ›Männer in Bewegung‹ (Volz und Zulehner, 2009) berichtet Möller, dass in der Altersgruppe der bis 19-Jährigen die gewaltorientierten Jugendlichen rund ein Viertel der befragten Population ausmachen[66]. Wenn wir dies mit den Einstel-

---

64 In dem einleitenden Teil habe ich kritisch auf den Stellenwert von Statistiken in der Auseinandersetzung mit Gewalthandeln verwiesen. Ich greife hier noch einmal auf die Daten zurück, um den Stellenwert von Jungenarbeit zu untermauern.

65 In der PKS (Polizeiliche Kriminalstatistik), die jedes Jahr durch das Bundeskriminalamt veröffentlicht wird, werden alle Gewalttaten aufgelistet, die bei der Polizei angezeigt werden. Baier (2011, 41ff) verweist darauf, dass es bei Gewaltdelikten eine hohe Zahl an sog. Dunkelfeldern gibt, weil Gewalttaten nicht angezeigt werden, entweder aus Angst vor den Tätern oder weil die Gewaltkonflikte durch die Beteiligten selbst ›aus der Welt geschafft‹ werden, bspw. durch Gegengewalt.

66 Wie sehr solche Daten von Fragestellung, Erhebungsinstrumenten und Datenbasis abhängen, lässt sich an Vergleichsdaten der bei Wassilis Kassis (2011, 153) dargestellten Untersuchung belegen, die mit Selbsteinschätzung von Jugendlichen durch Items arbeitet. Danach »setzen 22,5 Prozent der Mädchen, aber 45,7 Prozent der Jungen physische Gewalt gegen Gleichaltrige in den letzten drei Monaten ein. (…) Obwohl somit Jungen mehr als doppelt so häufig wie die Mädchen Gewalt einsetzen und damit 69,7 Prozent aller gewalttätigen Jugendlichen männliche Jugendliche sind, kann und darf der Anteil der gewalttätigen weiblichen Jugendlichen nicht negiert werden.«

lungen zur Gewalt in Beziehung setzen, dann wird erkennbar, dass Gewaltbereitschaft der erste Schritt zu einer in der Folge auch praktizierten Form von Gewalt ist. »Dass Männer sich nicht nur als gewaltbereiter bezeichnen, sondern häufiger auch eigene Gewalttätigkeit einräumen als Frauen, entspricht dem Geschlechterklischee und verwundert insofern nicht« (Möller, 2009, 358). Männer werden im Verhältnis zu Frauen rund zehnfach mehr als Täter bei Gewaltdelikten verdächtigt. Sie weisen nach den Ermittlungsstatistiken in diesem Deliktbereich vor allem in der Gruppe der Heranwachsenden und Jungerwachsenen zwischen 18 und 25 Jahren herausragende Werte auf (360).

> »Während schon immerhin rund drei Viertel der gesamten ermittelten Kriminalität in Deutschland auf männliche Täterschaft zurückgeführt werden können, werden im Bereich der Gewaltkriminalität bei fast 90% der Fälle Angehörige des männlichen Geschlechts verdächtigt. Mit einer bis zu rund zehnfachen Tatverdächtigenbelastung gegenüber dem weiblichen Geschlecht weisen nach den Ermittlungsstatistiken in diesem Deliktbereich vor allem die Altersgruppen der Heranwachsenden und Jungerwachsenen zwischen 18 und 25 Jahren herausragende Werte auf. (...) Dabei gilt in der Regel die Devise: Je ›härter‹ die Taten, umso eher werden sie von Jungen oder Männern begangen« (Möller 2009, 360).

Durch ihre Gewaltformen betonen (männliche) Jugendliche das Regelverletzende: Cool-sein und Härte werden als Muster der Männlichkeit übernommen, um einerseits dem überlieferten Bild gerecht zu werden, zum anderen um zu den Gewinnern zu zählen. »Aus der männlichen Geschlechterrolle heraus gilt die physische Gewalt gewissermaßen als gelebte Männlichkeit« (Kassis 2011, 146). Und als ein weiteres Moment gibt Gewalthandeln die Möglichkeit, sich zu inszenieren: Gewalt, Spaß, Action sind die Themen einer jugendlichen, männlich geprägten Orientierung in der peer-group. Die Bedürfnisse Jugendlicher nach Eigenständigkeit, nach Ausprobieren stehen in einem Spannungsverhältnis zu pädagogisch beaufsichtigter wie verregelter und überwachter Freizeit. Durch Gewalthandeln wird dem Gegenüber ebenso Macht demonstriert, Macht, über die die männlichen Jugendlichen nicht verfügen, die sie aber an *ihren* ›Modellen‹ (z. B. Popstars, Models, Filmstars, Boxer, Fußballer) ›ablesen‹. Auch jenes Erfolgreichensein, so wie sie es den Medien abgebildet finden und die damit verbundenen Handlungsmöglichkeiten, wünschen sie sich für ihr Leben und adaptieren diese Bilder für ihre Zukunftsvorstellungen. Mit dem Nacheifern hoffen sie, Anerkennung zu erlangen. Dazu dienen auch Gewalt- und Größenphantasien, in denen auf Waffen, technische Geräte, Motorräder oder getunte Autos bzw. entsprechendes Outfit (Lederjacken und militärische Kleidung) zurückgegriffen wird.

Das sind Argumente genug, um sich sozialpädagogisch der Gewalt bei männlichen Heranwachsenden als sozialem Problem zuzuwenden. Zugleich ist die Frage nach der Aneignung männlicher Handlungsmuster zu stellen und auf den Stellenwert von Gewalt im Alltag (und dessen Bewältigung) einzugehen. Diese Themen werden als Schwerpunkte in der sozialpädagogischen Jungenarbeit aufgegriffen, um unter anderem Gewaltformen bearbeitbar zu machen: Das heißt auch, nach Ansätzen zur Lebensbewältigung für die betroffenen Jungen zu suchen.

6.1 Grundlage: Warum Jungenarbeit?

Ich ziehe noch einmal das Konstrukt des ›Lernens am Modell‹ aus dem Ansatz des Sozialen Lernen für die Orientierung im Jugendalter heran, um den Stellenwert von Jungenarbeit im Entwicklungsprozess zu begründen. Öffne ich diese Perspektive, dann wird schnell erkennbar, wie wenig Bindung Jungen oftmals zu Männern haben, an denen sie Handlungsmöglichkeiten ›ablesen‹ können (s. dazu Kasten 2008). Für das Kindesalter sind vorrangig Frauen zuständig: die Mutter, als primäre Bezugsperson, später in der öffentlichen Erziehung und Bildung die Erzieherin und die Lehrerin. Sie versorgen, geben Nahrung und in der Regel auch Zuwendungen, kümmern sich um das Wohlergehen in sozialen Zusammenhängen. In dieses Kümmern sind die Erziehungsfunktionen verwoben. Frauen legen mit dem Sorgen auch die alltäglichen Grenzen fest: das darfst du, das darfst du nicht, du sollst, du musst jetzt usw. Damit werden soziale Handlungsmuster vorgegeben und (Macht-)Positionen installiert. Für Jungen heißt dies, in der Pubertät bei der Suche nach dem (eigenen) Selbst einen Bruch vorzunehmen: Lösung von der Mutter, die ja kein (Vor-)Bild für die eigenen Männlichkeitsmuster sein kann. ›Großsein‹ heißt: sich Durchsetzen, und dafür sind Männer bzw. ist traditionell der Vater zuständig. Er legt – zumindest von der gesellschaftlichen Rollenaufteilung her – die großen Grenzziehungen fest (was wird gemacht, angeschafft, geplant). Der Vater ist meistens nur in Ausschnitten für die Jungen wahrnehmbar. Als Modell (zeigt Zuhause keine Schwäche, redet nicht über seine Gefühle) ist er nur schemenhaft für lebensrelevante Muster und Gefühle erkennbar. Wird der Vater zudem als labil und schwach erlebt, kommt es zur Abkehr von einem wenig unterstützenden Vaterbild. Jungen schaffen sich ihre eigenen idealisierten (Vor-)Bilder in den Sport-, Comic- oder Filmhelden, die aber unüberprüfbar sind, weil sie nicht in ihren alltäglichen Schwächen und deren gelungener oder misslungener Bewältigung erlebt werden. Es sind Plastikhelden ohne Fehl und Tadel wie James Bond, der sich auf keine Gefühlsäußerungen einlässt, weil diese ihm Verletzungen einbringen könnten. Er zeigt sich als unabhängig von Frauen, ist gewalttätig für die ›Gerechtigkeit‹, zweifelt nicht und ist auch nicht hilfsbedürftig.

Jungen bewegen sich mit ihren Lebensentwürfen, den an sie gerichteten Erwartungen und den tatsächlichen Lebensbedingungen zwischen den Polen: ›Held‹ oder ›Schwächling‹. Männlichkeit bzw. das Bild davon als ›gespürte‹ Erwartung bewegt sich, wie es in der Überschrift formuliert wird, zwischen Rambo und Versager. Die zu bewältigende emotionale Spanne liegt zwischen Gewalt als Selbstbehauptung und der Angst vor dem Untergehen. Um diesem gefühlten Ungleichgewicht zu entgehen, bauen viele Jungen ein Idealbild von sich selbst auf, dem sie in der Realität häufig nicht entsprechen können. Geht die Schere zwischen Ideal- und Realselbst zu weit auseinander, kann diese Spannung durch Gewaltformen überbrückt werden, um den Druck von Selbstbild und der (negativen) Spiegelungen an der Realität zu bewältigen. Jungengewalt ist der Versuch, ›groß‹, stark und unangreifbar zu sein, das zu bekommen, was ich will (ohne das soziale Aushandeln und ohne Benutzen der Sprache als Verhandlungselement, das Andere einbezieht), dem Idealselbst zu folgen und von eigenen Schwächen abzulenken, indem eine Schein-Männlichkeit demonstriert wird.

Hinter den praktizierten Gewaltformen können sich vermisste Anerkennungen verbergen, aber auch nicht verarbeitete psychische Verletzungen und Hilflosigkeiten, die Jugendliche an anderen ausagieren. Männliche Gewalt sei Ausdruck dafür, »daß dem Mann (mehr als der Frau) gesellschaftlich verwehrt ist, zu seiner Hilflosigkeit zu stehen, daß er den daraus resultierenden Haß auf sich selbst externalisieren und auf andere projizieren muß«, sagen Böhnisch und Winter (1994, 195). Hilflosigkeit ist nach dieser Analyse für Männer nicht zugelassen, folglich werden negative Gefühle wie Angst und Selbsthass auf ein Gegenüber abgeleitet.

Mit dem Gefühl der Hilflosigkeit als möglicher Auslöser für Gewalt ist das männliche Dilemma angesprochen, Schwäche als Teil des Selbst nicht zulassen zu können und zu dürfen. Solche Erwartungen lauten plakativ: Jungen dürfen nicht weinen, kennen keinen Schmerz usw. und müssen damit einen dynamischen Teil ihres Selbst verleugnen. Ein Selbst zu entwickeln heißt aber auch, Gefühle und Bedürfnisse nicht abspalten und diese den ›offiziellen‹ Erwartungen opfern zu müssen. Weil es aber zum Bild von Männlichkeit gehört, Gefühle zu negieren, können Jungen mit Empathiedefiziten diese auch nicht bei anderen im Blick haben: Das Gefühl für Andere, der Blick für deren Schrecken und Leiden, die durch Gewalt ausgelöst werden, ist verstellt. Gewaltformen sind folglich auch aus den gesellschaftlichen Ansprüchen an Männer heraus erklärbar, eine Rolle zu übernehmen, die sie nicht in Einklang mit ihren realen Möglichkeiten bringen können[67]. Dies wird, wenn erforderlich, auch durch Ausgrenzung, Verdrängung und Abwertung anderer, auch durch Gewaltformen, wie Draufschlagen oder Mobbing, zu erreichen versucht. In Anlehnung an Hans-Joachim Lenz (2008) lässt sich davon sprechen, dass die männliche Verletzbarkeit in sozialen Zusammenhängen negiert und verleugnet wird. Wird der Blick für diesen Tatbestand geöffnet, dann wird die Ambivalenz von Täterschaft und Erleiden erkennbar. »Die Gewalt gegen Männer zu thematisieren bedeutet, den allgegenwärtigen Mythos der Unverletzlichkeit von Jungen und Männern zu dekonstruieren, indem ihre Verletzlichkeit aufgezeigt wird« (Lenz 2007, 45).

An diesen Mustern tradierter Männlichkeit lassen sich jene Bilder ablesen, die für rechtsextremistische Anschauungen stehen und die diese für Teile männlicher Jugendlicher so attraktiv machen (dazu Möller 2011): Die ›ungebrochene‹ Vorstellung vom Mannsein als Stärkedemonstration (dazu gehört auch das martialische Auftreten mit Springerstiefeln und Khakihosen), der andere ver- und

67 In der Entgrenzungsdebatte wird darauf verwiesen, dass sich in den Entwicklungsprozessen des Kapitalismus in der Moderne dieses Bild des Ernährers und Versorgers der Familie für den Mann ändert: Mit all den damit verbundenen Zeichen der Dominanz teilt er dies zunehmend mit Frauen, die entscheidende gesellschaftliche Stellungen einnehmen bzw. einnehmen werden. Damit verändert sich seine Rolle und die jetzige Phase wird als Zeit des Übergangs gedeutet, in der sich Männer aus tradierten Erwartungen lösen und an veränderte Rollenbilder der Männlichkeit annähern müssen. Diese Spannung aufzuarbeiten ist auch eine Aufgabe der Jungenarbeit. Diese Überlegungen werden im letzten Kapitel des Buches weitergeführt.

bedrängt, der gegen das Fremde vorgeht und der Herr im Hause sein will, der Andere rassistisch ausgrenzt und dies auch mit allen Mitteln – sprich Gewalt – durchsetzt oder zumindest durch zu setzen bereit ist.[68]

Junge Männer, die ihren Ort in dieser Gesellschaft suchen, können oftmals nicht den in der männlichen Rolle angelegten Hegemonialanspruch[69] verwirklichen und verfallen deshalb auf Gewalt als Alltagsbewältigung. Auf der Straße, in der Schule und der Jugendarbeit, also in den sozialen Bezügen, in denen sie meinen, sich behaupten zu müssen, findet sich für sie ein ›Übungsfeld‹ für solche als männlich geltenden Handlungsmuster, die sie in ihrem sozialen Umfeld als erfolgreicher Strategie der Durchsetzung erfahren haben. Sich als ›ganzer Kerl‹ zeigen zu müssen und möglicherweise in anderen Bereichen (z.B. Schule, Sport, Beruf) nicht den erwünschten Erfolg und die Anerkennung zu erhalten, verführt dazu, Gewalt als ›Ersatzmittel‹ zu benutzen, um auf diese Weise zu der gewünschten Anerkennung der Anderen (der Gruppe) zu kommen.

Neben der Täterseite ist auch die Opferseite von Jungen zu sehen (s. Möller 2009, 361). Die Faustformel lautet: die Täter waren fast alle auch Opfer von Gewalt (oft familiärer Gewalt). Auseinandersetzungen zwischen Männern werden nicht selten mit Gewalt ausgetragen, so dass dieses Verhältnis von Opfer sein und zum Täter werden als Form männlicher Alltagsbewältigung in den Blick genommen werden muss. Mit der erfahrenen Gewalt wächst die Bereitschaft, selbst Gewalt auszuüben, um nicht in dem Opferstatus verharren zu müssen. Aus diesem Zusammenhang entwickelt Möller (2009, 363) die Überlegung: »Je mehr geschlechtsspezifische Identität unreflektiert an konventionellen Mustern ausgerichtet wird und je unreflexibler speziell Jungen bzw. Männer für sich und andere Maskulinität unhinterfragt entlang entsprechender geschlechtsspezifischer Traditionen festmachen, desto wahrscheinlicher werden Gewaltnähe und Gewalthandeln.«

Gerade dieser Zusammenhang macht deutlich, dass es mit moralisierenden Argumenten nicht getan ist, um männliche Jugendliche von ihrer Gewaltbereit-

---

68 Der Zulauf zu rechtsextremen Gruppierungen, die diese Männlichkeitsbilder bedienen, belegt, wie stark sich männliche Jugendliche von diesen Orientierungen angezogen fühlen. In seinem Film »Blut muss fließen« hat der verdeckt arbeitende Journalist Thomas Kuban (Pseudonym) zeigen können, wie Körperlichkeit beim halbnackten Pogo-Tanzen, nach aufheizender und rassistischer Musik und Texten, die zu Gewalt aufrufen, Rituale hervorbringen, die männliche Jugendliche stark prägen und in denen sie Orientierung für sich finden. Vgl. dazu das Buch von Thomas Kuban: Blut muss fließen, Frankfurt 2012.

69 Dieser Gedanke der männlichen Hegemonie ist von Robert W. Connell (1999) in Anlehnung an den Ansatz von Antonio Gramsci entwickelt worden und beschäftigt sich mit dem Sachverhalt »doppelter Herrschaft«: Männlichkeit steht einerseits in subordinierendem Verhältnis zu Weiblichkeit, andererseits besteht auch ein Dominanzanspruch gegenüber anderen Männern, die in eine marginalisierte Rolle gedrängt werden (sollen). Als Kritik gegenüber diesen Überlegungen wird angeführt, dass »das Ausgesetztsein von Männern im Zusammenhang industriekapitalistischer Verhältnisse zu wenig in den Blick« kommt, »insbesondere mangelt es hier noch an einer Schärfung des Blicks auf die Bedürftigkeit und Verfügbarkeit von Männern« (Lenz 2008, 36).

schaft abzubringen, vielmehr braucht es ein differenzierendes und sozialpädagogisch geprägtes Aufgreifen dieser Lebensbedingungen, das zu anderen Handlungsmöglichkeiten führt. Jungen brauchen bei der Auseinandersetzung mit Ambivalenzen soziale und emotionale Unterstützung: das bedeutet, Ambiguitätstoleranz als positive Form der Lebensbewältigung zu erfahren.

Für die Entwicklung von Perspektiven ist einerseits den enttäuschten Erwartungen, den unerfüllten Bedürfnissen (z.B. Anerkennung in der Familie) und andererseits deren Ausdruck in Gewaltformen nachzugehen. Erfahrene Beziehungsstörungen und Gewalterfahrungen können nicht durch sozialpädagogische Zugänge ›gelöscht‹ werden. Deren Aufarbeitung verlangt, diesen belastenden Erlebnissen aus der Biografie, die noch durch einschränkende und enttäuschende gesellschaftliche Bedingungen in Schule (Zurückweisung) und Berufsfindung (Schwierigkeiten, eine angemessene Lehrstelle zu finden) potenziert werden, mit Zuwendung und Unterstützung, Förderung von Fähigkeiten und Anerkennung für gezeigte Anstrengungen und Leistungen zu begegnen.

Unter diesen Gesichtspunkten ist die Suche nach Formen geschlechter-differenzierender Arbeit als Angebote an männliche Jugendliche zu sehen. »Mit dem Begriff des Geschlechtsbezuges wird deutlich gemacht, dass männliche Fachkräfte Jungen (neben den anderen Differenzkategorien) im Blick auf ihre Männlichkeitspraxis und Männlichkeitskonstruktionen wahrnehmen sollen« (Sturzenhecker 2008, 191)[70].

Jungenarbeit orientiert sich an den Potenzialen des Jungen- und des Mannseins: Es werden die sozialen Erwartungen aufgegriffen, die an Heranwachsende in ihrer zukünftigen Rolle als Männer gestellt werden. Das Ziel ist, den »geschlechterbezogenen Engführungen und beengenden Geschlechterbildern auch in der Jugendhilfe entgegenzuwirken« (Bentheim u.a. 2004, 7). Fasse ich diese Bestimmungen von Jungenarbeit zusammen, so wird daraus eine Querschnittsaufgabe von Jugendhilfe (dazu Sturzenhecker 2011). Sozialpädagogisch orientierte Jungenarbeit ist die Auseinandersetzung mit den Erwartungen an Männlichkeit:

- Welche Bilder bestehen vom Mannsein?
- Und inwieweit sollen und müssen Heranwachsende denen folgen?
- Wo öffnen sich Wege für die Entwicklung des Selbst?

Dies ist die sozialpädagogische Herausforderung und Handlungsebene: Jungen bei dieser Suche zu unterstützen und im Sinne des Erfahrungenmachens, sie bei dem Experimentieren auf diesem Feld aktiv zu begleiten und ihnen aus den gröbsten Irrwegen und Einbahnstraßen heraus zu helfen. Hinzukommt die professionelle Aufgabe, ›Modell zu sein‹ als Möglichkeit für die Jungen, Facetten für ihr Bild vom Mannsein zu finden und entwickeln zu können.

70 Die fachlichen Diskussionen zur Jungenarbeit in der Sozialpädagogik haben einen hohen Standard erreicht. Vgl. dazu beispielsweise M. Matzner, W. Tischner (Hrsg.): Handbuch Jungen-Pädagogik, 2008

6.2 Der praktische Zugang

Zu den methodischen Arbeitsprinzipien der Jungenarbeit gehört als erste Voraussetzung – was zunächst wie eine Banalität klingen mag –, zu Jungen Kontakte herzustellen und Bindungen zu entwickeln, die sozialpädagogisch geprägt sind: Durch diese Arbeit wird ein Schutzraum hergestellt, der Ängste mindert, Druck und Abwehr abbaut und ihnen auf diese Weise Raum gibt, sich mit ihren Fähigkeiten und auch Unsicherheiten einzubringen. Die geschlechtshomogene Arbeit gibt Jungen die Chance, sich unter sich und mit ihresgleichen für neue Erfahrungen zu öffnen, darüber in einem übersichtlichen sozialen Rahmen nachzudenken und sich dazu auch äußern zu können: Das beinhaltet die Möglichkeit, in Spielen und Aktionen aktiv und kreativ zu sein, zu experimentieren und das eigene Handlungsrepertoire zu erweitern[71], neue Handlungsmöglichkeiten für sich zu entwickeln.

Diese Erfahrungen können durch Spielformen (z. B. in Rollenspielen, deren Geschichten aus dem Alltag der Jugendlichen stammen) in Gang gebracht werden, die die Handlungspielräume erweitern. Dies gibt den Jungen die Chance, ihre Befindlichkeit nicht nur verbal auszudrücken. Aber es können auch andere Fenster zu Erfahrungen geöffnet werden: Das können Aktivitäten am Lagerfeuer ebenso sein wie sportliche Aktionen, angefangen von dem obligaten Fußballturnier bis hin Ferienfreizeiten mit Klettern und Kanufahren. Dieses Erfahrungenmachen kann durch Beratungsangebote unterstützt werden: z. B. durch Einladen von pro-familia, um über sich selbst, die eigenen erotischen Wünsche und sexuellen Ängste sprechen zu können. Dies gibt Jungen auch die Möglichkeit, sich mit ihrem Körper auseinanderzusetzen. Diese Vorschläge und Anregungen gehen davon aus, Anlässe zu geben, um über Erfahrenes sprechen zu können. Der pädagogische Grundsatz lautet: wir brauchen eine gemeinsame Erfahrung, über die sich reden lässt, damit für Jungen Gefühle ausdrückbar werden. Es geht um das Hervorrufen von Fähigkeiten, statt auf Defizite der Jugendlichen zu verweisen. Und es wird den zu oft gehörten Argumenten entgegen gewirkt: ›Das kannst du nicht‹ oder ›Das musst du noch lernen‹. Sich an Lösungen und nicht an Problemen zu orientieren heißt: Mit der Suche nach Lösungen wird das Problem mit der Perspektive gesehen, dass es überwindbar wird.

Ein weiterer Aspekt einer an sozialpädagogischen Ansätzen orientierten Arbeit ist ein an der Entwicklung der Biografie der Jungen orientiertes Vorgehen. Dieses knüpft an den biografischen Daten der Jungen (Lebenslaufanalyse, dazu Sack-

71 Ähnliche Formen werden auch in der Erlebnispädagogik angeboten. Durch die Möglichkeit, Kräfte zu verausgaben, werden die Grenzen der physischen und psychischen Belastbarkeit neu erfahren. Dieser Ansatz soll Jungen ermöglichen, für die widersprüchlichen Erwartungen, die an sie gesellschaftlich herangetragen werden, einen Ausgleich und eine Balance zu finden.

mann 2007) an und fragt danach, wie die betroffenen Jugendlichen das eigene Leben und die Spannungen zwischen den unterschiedlichen Erwartungen bewältigen. Damit wird Hilfestellung bei der Suche nach Perspektiven gegeben, der Ablösungsprozess aus dem Elternhaus unterstützt, das Finden von Orientierungen gefördert. Mit diesem Vorgehen wird eine Auseinandersetzung mit belastenden Erlebnissen und Erfahrungen Jugendlicher eingeleitet. Der Blick auf die ›eigene Geschichte‹ ist eng verbunden mit der Sorge für sich selbst, sich selbst wahrnehmen zu lernen. Für Jungen heißt das, nicht mit dem Körper Raubau (Drogen und riskante Freizeitaktiviäten) zu treiben. Diese Fähigkeiten zu wecken heißt auch, Jungen die Möglichkeit zu geben, sich über sich zu äußern, ihr Sprechen über sich selbst zu fördern. Dies sind einige Ansätze, die Auseinandersetzung mit sich Selbst zu erweitern, auf das Selbst einzugehen und nach den Bildern und Fähigkeiten fragen, wie sich Jungen entwickelt haben und noch entwickeln können.

Der sozialpädagogische Erfahrungsraum folgt der Analyse, die methodisch zu gestalten ist: Was wird in den jeweiligen Kontexten von Jungen gelernt, welche Muster von Männlichkeit bilden sich heraus. Wie kann in diesen sozialen Räumen auf Lern- und Erfahrungsprozesse positiv eingewirkt und bspw. Konflikte und Gewaltformen so beeinflusst werden, dass daran Muster gelernt werden, die nicht zu Beeinträchtigung eigener Lebensmöglichkeiten und der Anderer führen[72]. Für Sozialpädagogen ist es in diesem Kontext wichtig, ihre Rolle mit den emotionalen Anteilen ihres eigenen Männerbildes zu konfrontieren und aufzuarbeiten, also zu reflektieren, was sie Jungen zugestehen können und an welchen Stellen Grenzen zu setzen sind.

Übung ›Auseinandersetzung mit Normen und Regeln‹

Diese kann auch mit Jungen in den jeweiligen Gruppen bearbeitet werden. Als Ziel sollen sie herausfinden:

- Welche Regeln wollen sie für ihren sozialen Zusammenhalt einhalten;
- an welchen Stellen wollen sie ›experimentelle‹ Freiheiten.

Als Hinweis kann das folgende Schema dienen:

72 Um Jungen eine Auseinandersetzung mit ihren Handlungsmöglichkeiten zu geben, hat der Verein für Jungen- und Männerarbeit ›Mannigfaltig‹ bspw. ein Selbstbehauptungstraining entwickelt (dazu Jantz, 2007, 30 ff), das u. a. Biografiearbeit, Entwicklung sozialer Kompetenzen und Formen der Konfliktbewältigung umfasst. Aus dem Methodenarsenal der sozialpädagogischen Arbeit mit Jungen stammt das Spiel: »Komm mir nicht zu nah«, bei dem zwei Jungen aufeinanderzugehen und ausloten sollen, wie nah sie sich kommen können und welche Nähe sie (noch) ertragen können (63 ff). Das Ziel ist, die eigenen Grenzen, aber auch die des Gegenübers zu erfahren und achten zu lernen.

Tab. 3: Auseinandersetzung mit Normen und Regeln

akzeptierbar	nicht akzeptierbar
Spaßkloppe, Schupsen	Waffen im Spiel
ausgelassen und albern sein	persönliche Provokation (Musik, Sexismus, rechte Parolen und Verunglimpfungen)
Rangkämpfe	›kaputtmachende‹ Schimpfworte
Sport (Boxen)	Gewaltandrohung
Schimpfworte	Sachbeschädigung
Ungehorsamkeit	Gewalt gegen Pädagogen

Reflexion: Welche Regeln können Jungen für ihren sozialen Zusammenhalt einhalten? Wie setzen sie sich mit diesen Regeln auseinander, wenn sie ihre eigenen Ambivalenzen dazu drängen, diese Regeln zu missachten, um sich in der Gruppe einbringen zu können? An welchen Stellen wollen sie experimentelle Freiheiten?

6.3 Beispiele aus der sozialpädagogischen Arbeit mit Jungen: Täter und Opfer

Drei Beispiele geben eine Vorstellung von der Bandbreite sozialpädagogischer Handlungsmöglichkeiten der Jungenarbeit. Die jeweiligen Zugänge vermitteln einen Eindruck möglicher Arbeitsformen: Beratung und Unterstützung, Fallanalyse, schließlich Erfahrungen im Rahmen der Erlebnispädagogik.

Das *erste Beispiel* behandelt die Opferperspektive. Die vermittelten Erwartungen an Jungen/Männer können auch bedeuten: Jungen/Männer sind keine Opfer! Und wenn sie Opfer[73] werden, haben sie mit diesem Stigma zu kämpfen:

> »Für männliche Opfer von Gewalt sind diese gesellschaftlichen Mythen über Mann-Sein besonders problematisch und ein wichtiger Grund dafür, warum die meisten Jungen entweder nur sehr zögerlich, erst lange nach dem Ereignis oder auch gar nicht über das Erlebte berichten. Aber nicht nur die Betroffenen selbst, sondern auch Angehörige und Fachkräfte nehmen das Gewalterlebnis oft nicht angemessen wahr« (Altun u.a. 2009, 249).

---

73 Hans-Joachim Lenz (2008) empfiehlt, auf den Opferbegriff zu verzichten, einmal wegen seiner Unschärfe (jeder ist/kann Opfer sein/werden), aber auch weil er von den Betroffenen nicht akzeptiert wird und negativ besetzt ist. Mit dem Begriff verbinden sich Bilder von Abwertung, Hilflosigkeit, Schwäche und Verliererdasein. Stattdessen, so der Vorschlag, um den Sachverhalt zu fassen, soll von Verletzung oder Verletzbarkeit gesprochen werden. Mit diesen Worten seien auch das Angegriffensein und die Formen der Gewalt angesprochen. Zudem kommt der Begriff Gewaltwiderfahrnis zur Anwendung, um Gewalterfahrung zu vermeiden, weil Erfahrung positive Verarbeitung von biografisch erlebten Tatbeständen für sich reklamiert, nicht aber das Traumatische erlebter Gewalt zum Ausdruck bringt.

Das Beispiel aus der Jungenarbeit des Modellprojektes ›JungenBeratung‹ des Bremer Jungenbüros soll zeigen, welche Potentiale (je nach gelagertem Fall) durch Aktivitäten und Beratung geöffnet werden können. Altun, Mörchen, Tscholl und Tiemann (2009) gehen in ihrer Untersuchung »Ich habe hier ein Opfer für Sie, jedenfalls benimmt es sich so« den sozialpädagogischen Ansätzen in einer Beratungsstelle für Jungen nach. In jedem der beschriebenen Fälle zeigen sie, dass diese Jungen nicht in das Muster tradierter Männlichkeit passen, als weiche und zurückhaltende Jungen eingeschätzt und von ihren Klassenkameraden deshalb ausgegrenzt und gemobbt werden oder ihnen physische Gewalt angetan wird. Charakteristisch für die geschilderten Fälle ist die Fähigkeit der Ausgegrenzten, ihre Lage gut analysieren und sprachlich fassen zu können:

> »Er teilt wenig Ansichten, Vorlieben und Freizeitbeschäftigungen mit seinen Mitschülerinnen und Mitschülern. Seine männliche Selbstinszenierung ist kaum ausgeprägt von Dominanzgesten, Kraft-Zurschaustellung, coolen oder machistischem Gebaren. In seinem Anderssein wird P. nicht akzeptiert, sondern zur Schau gestellt, ausgelacht, ausgegrenzt, aber auch attackiert, z. B. in dem er in den Mülleimer gesetzt wird oder einen nassen Schwamm in die Hose gesteckt bekommt. (...) Sein Klassenlehrer findet ihn überheblich und arrogant und bietet ihm wenig Schutz, unterschwellig sympathisiert er sogar mit den Jungen, die P. ausgrenzen und demütigen« (Altun u. a. 2009, 253). Und weiter: »Die ausschließlich negative Aufmerksamkeit, die er erfährt, deutet er durch Rationalisierung um, wenn er sagt: ›Alle (Jungen) hauen mich‹, mit der Betonung auf alle. Er kann sich offenbar keine andere Position im Klassensystem vorstellen.«

Die Darstellung der Haltung des Klassenlehrers deutet daraufhin, dass das Problem (in Anlehnung an Olweus 1995) nicht auf den Jugendlichen oder auch seine Widersacher begrenzt werden kann, sondern ebenfalls mit dem Lehrer gearbeitet werden muss, dessen Vorurteil diesem Jungen gegenüber eine Reproduktion klassischer Männlichkeitsideale ist. Aber auch das Schulklima (und damit das soziale Gefüge in der Schule) steht im Verdacht, Mobbing und Gewalt Vorschub zu leisten und muss einer Analyse und Veränderung unterzogen werden. Die Arbeit der Beratungsstelle liegt dabei im Sinne des Schwerpunktes der ›Gewaltwiderfahrnis‹ darin, »stabilisierend einzuwirken und der traumatischen Vergangenheit eine sichere Gegenwart entgegenzustellen. (...) Allein dadurch, dass der Berater diese Symptome wie Konzentrationsstörungen, erhöhte Reizbarkeit, erhöhte Schreckhaftigkeit, Alpträume, das Vermeiden von Orten, (die mit der Gewalt in Verbindung stehen, Anm. des Verf.) als Begleiterscheinung eines inneren Verarbeitungsprozesses benennt, nimmt er manchen Jungen die Angst, ›verrückt‹ zu werden« (Altun u. a. 2009, 255). Zudem wird »das Selbst- und Körperbild thematisiert« (ebenda, 253). Der Schwerpunkt der Arbeit mit diesem Jungen besteht darin, ihm einen Zugang zu seinen Gefühlen zu ermöglichen und zu verhindern, dass er diese Abspalten und verdrängen muss, um mit der Gewalttat oder den Gewalttaten fertig zu werden. Damit verbunden ist die Gefahr, dass bei der fortlaufenden Erfahrung, sich nicht wehren zu können, die Opfer in ihrem gesamten psycho-sozialen Entwicklungsprozess gestört werden. Entscheidende Erfahrungen unterbleiben, weil Beziehungen zum sozialen Umfeld gehemmt und nicht erfolgreich aufgenommen werden können.

Der Beratungsansatz besteht auch darin, dass nicht die Täter allein Aufmerksamkeit erfahren (und sei es in Form von Sanktionen), sondern dass die Verfolgten mit ihren negativen Gefühlen nicht allein gelassen werden. Die Ansätze, die in der Beratungsstelle dazu entwickelt werden, basieren auf dem Schwerpunkt, eigene Fähigkeiten erfahrbar zu machen, Ressourcen zu aktivieren. Das Können der Jugendlichen wird in den Mittelpunkt gestellt, als Anker für ihr Handeln. Dies wiederum baut als Schwerpunkt der Jungenarbeit darauf auf, Bedürfnisse zu entwickeln, diese zu kennen und zu wissen, wie sie befriedigt werden können.

Das *zweite Beispiel*, eine Fallanalyse, kann als Rollenspiel organisiert werden und lehnt sich an die Methode des ›Sozialen Atoms‹[74] an. Dabei geht es um das bessere Verstehen des sozialen Umfeldes von gewaltorientierten Jungen. Wer ist in dem sozialen Umfeld des Jugendlichen prägend bzw. ›bestimmt‹ die alltäglichen Strukturen, damit auch die Muster für Gewalt und ›Sich Durchsetzen‹? Welche Bilder vom ›Mannsein‹ werden in diesem sozialen Umfeld vermittelt und wie ›tragfähig‹ für die Lebensperspektive sind diese? Daraus lassen sich Schlüsse für das sozialpädagogische Intervenieren ableiten. Es wird ein Fall dargestellt und zwar mit allen seinen Bezugspersonen (auch Sozialarbeiter/innen), die auf den ›Fall‹ (also den Jugendlichen) einwirken bzw. einzuwirken versuchen. Dies ist wichtig für die ›Diagnostik‹ im Konfliktfall:

- Wer hat mit dem Problem zu tun?
- Wie empfindet der Jugendliche seine Situation als Opfer und als Täter?
- Wie ist ein Zugang für die eigene Biografie zu öffnen?
- Und an welchen sozialen Schnittpunkten, auch von wem können Schritte zur Veränderung eingeleitet werden?

Werden die einzelnen Schritte durchgespielt, fördert das die Möglichkeit der Distanz von dem Konfliktfall, also einen Blick von außen auf die Prozesse. Dies ist im Besonderen dann wichtig, wenn der/die Jugendarbeiter/in in den Fall verstrickt ist.

Übung: Soziales Atom – zur Erfassung des sozialen Umfelds

Die Gruppe einigt sich auf einen Fall eines gewaltorientierten Jungen aus dem Arbeitsfeld. Zunächst wird der Fall des Jungen von dem/derjenigen umrissen, der/die ihn eingebracht hat: Einschätzung der Persönlichkeit, biografische/familiäre Hintergründe, Lebens- und Gruppenzusammenhänge. Danach werden zentrale Bezugspersonen herausgearbeitet. Die Rollen werden auf die Gruppenmitglieder verteilt, die restlichen haben Beobachterstatus. Der/die Gruppenteilnehmer/in, der/die den Fall eingebracht hat, positioniert diejenigen, die an dem Fall beteiligt sind: Der jeweilige räumliche Abstand symbolisiert die Nähe oder Distanz des/der Beteiligten zu dem Jugendlichen. Die Beteiligten nehmen eine typische Haltung ein und sprechen nacheinander einen charakteristischen Satz zu den Jugendlichen. Der Jugendliche stellt an jeden der Beteiligten eine Frage.

---

74 Das Sozialen Atoms ist aus dem Psychodrama entwickelt und folgt Ansätzen von J.L. Moreno

Das Geschehen wird gemeinsam reflektiert und eine Antwort auf die Frage des Jugendlichen gesucht.

Ein Beispiel für diese methodische Arbeit kann der Fall ›Martin‹ sein, der entsprechend ergänzt werden kann:

Martin, 16 Jahre, gelenkig und sportlich, immer cool drauf, Basecap mit Schild nach hinten, besorgt sich die neusten Klamotten (wie?), obwohl die alleinerziehende Mutter wenig Geld zur Verfügung hat. Er war schon öfter in Schlägereien verwickelt und hat wegen Verletzung eines anderen Jugendlichen demnächst einen Termin vor dem Jugendgericht. Sein Motto: Obenauf bleiben, egal wie. Er findet es völlig in Ordnung, wenn andere Angst vor ihm haben: Provoziert andere männliche Jugendliche, hat Antenne für deren Schwächen. Martin ist beim Vater aufgewachsen, als die Mutter wegen Rauschgiftdelikten im Gefängnis saß. Da der Vater Alkoholiker ist und Martin schlug, war Martin oft Gewalt ausgesetzt. Als Martin 9 Jahre alt war, ist er zur Mutter gezogen. Er hat noch zwei Geschwister (6 und 4 Jahre alt) von anderen Vätern, für die Martin so etwas wie ein Beschützer ist. Die Mutter ist mit dem spät pubertierenden Martin völlig überfordert, ist ihm gegenüber hilflos, kann keine Grenzen setzen und erfüllt ihm seine Wünsche, um ihr Gewissen zu beruhigen und für sich Freiräume zu erhalten. Der neue Freund der Mutter kann keine Beziehung zu dem Jungen entwickeln. Gegenüber Martin reagiert er eher feindselig und mit einer gewissen Eifersucht.

Die ›Rollen‹ des Spieles, die mit Martin engen Kontakt haben, stellen sich um Martin herum auf. Sie versuchen, Martin gegenüber eine für sie typische Körperhaltung einzunehmen:

Die Mutter weiß nicht weiter und ist überfordert bzw. mit sich selbst beschäftigt, hebt abwehrend die Hände mit Sätzen, die ihre Beziehung zu Martin charakterisieren: »Ich komm nicht an ihn ran. Was soll ich nur mit ihm machen? Ich weiß nicht...«.

Der jetzige Partner der Mutter, der die Arme hilflos baumeln lässt, weil er sich seiner Position unsicher ist und mit den an ihn gestellten Erwartungen nicht umgehen kann. Diese Ungeklärtheit für sich selbst überträgt er auf das Verhältnis zu Martin: »Der soll mir nur kommen....«

Der leibliche Vater, in sich zusammengesunken, in seiner Abhängigkeit verfangen, hilflos, auch weil er sich nicht um Martin kümmert, möglicherweise daraus auch Schuldgefühle beziehend: »Mir ist alles egal...«

Der Ausbilder, der etwas entfernt steht und mit erhobenem Zeigefinger droht: »Noch ein Mal und du kannst...!«

Sozialpädagoge/in steht auffordernd vor ihm: »Im großen und ganzen ist der Martin o.k., wenn er sich nur mehr in die Gruppe integrieren könnte...«

Jugendlicher verängstigt: »Mir droht Martin mit Schlägen, wenn ich ihm kein Geld gebe...«

Martin liegt auf dem Boden, schaut zu anderen auf: »Was wollen die alle von mir? Sollen mich doch in Ruhe lassen.«

Diese charakteristischen Sätze werden von jeder Rolle der Reihe nach zu Martin gesagt. Danach stellt Martin jeder Person aus dem Impuls heraus

eine Frage und die jeweilige Person antwortet spontan aus in ihrer Rolle heraus.
Reflexion und Auswertung: Reaktionen der Bezugsgruppe auf Martins Fragen: Wie kann meine Zukunft aussehen?

- Wie stark sind die Beteiligten in ihren Rollen verhaftet? Beispielsweise die Mutter in ihrer Vergangenheit und dem schlechten Gewissen, sich nicht mehr um Martin gekümmert zu haben.
- Wie stark ist die Ablehnung der Pädagogen, wegen des gewalttätigen Handelns von Martin und dem Gefühl, ›ihn nicht im Griff‹ zu haben?
- Wie können die Beteiligten auf Martin zugehen, um ihn in seinen Wünschen nach Anerkennung, aber auch dem Bedürfnis nach Zuwendung zu stützen? Auch seinen Drang aufzunehmen, sich ›männlich‹ einzubringen, zumindest so, wie er sich das vorstellt.
- Welche Zugänge können für Martin zu seinem Lebenslauf geöffnet werden, um ihm seine Lage als Opfer und Täter deutlich zu machen und darüber möglicherweise auch Zugänge zu den Jugendlichen zu schaffen, die er bedroht oder schlägt?
- Welche Angebote können Martin gemacht werden, seine Fähigkeiten einzubringen?
- Welche Möglichkeiten gibt es, aus der Lage herauszukommen?

In dem Rollenspiel zur Fallanalyse geht es um das Einnehmen der Perspektive des/der Anderen (Perspektivwechsel), um aus dieser Sichtweise nach Möglichkeiten zu suchen, aus der Lage der Ohnmacht heraus zu kommen: Also nicht mit Ablehung zu agieren, weil die eigenen Erwartungen nicht erfüllt werden, sondern auf die Anderen in dem Beziehungsumfeld einzugehen. Das aktive Grenzensetzen bzw. das Konfrontieren kann die Teilnehmer/innen, die sich selbst und ihrer Rolle nicht sicher sind, zu Unklarheiten bzw. Nachgiebigkeit ›verführen‹. Deshalb ist es auch in diesem Zusammenhang wichtig: deutliche Positionen einbringen, die jeweiligen Konsequenzen aufzeigen, und auch im Sinne von Grenzensetzen diese aktiv vertreten, aber mit dem sozialpädagogischen Ziel, Entwicklungen für Martin zu öffnen.

Ein *drittes Beispiel* aus der Praxis geht der Täterperspektive nach. Es ist einem Artikel aus ›Die Zeit‹ (Nr. 22 vom 20. Mai 2009) entnommen, der auf die motorischen Bedürfnisse von Jungen und jungen Männern eingeht. Bewegungslust ausleben z. B. durch Spiele im Wald, Raufen[75], sich erproben, das heißt auch, Räume, Lebensräume gestalten zu lernen. Es wird von dem Streetworker und Sozialpädagogen Ibrahim Ismael berichtet, dessen Ansatz es ist, aus

75 Der emotionalen Bedeutung des Raufens für männliche Jugendliche geht Wolters (2011) nach.

»dem ›reaktiven Aktionismus‹ der traditionellen Sozialarbeit in den vergangenen Jahren herauszukommen, der es immer weniger gelungen war, schwierige, verhaltensauffällige Jugendliche zu erreichen«. Er wolle »die Bequemlichkeit bekämpfen, die jungen Migranten hinter ihren Kickertischen hervorholen und ›Impfstoff verteilen‹. Impfstoffe, die den Jugendlichen Mut machen und ihren Glauben an sich selbst stärken sollen. Auch deshalb trifft er sich am liebsten mit ihnen im Wald, weil sie hier Leistung zeigen können, die ihnen nicht leicht fällt. Er baut Tarnunterschlupfe mit ihnen, Baumhäuser, oder sie rennen zwei Stunden lang den Hügel rauf und runter. Wie glücklich es machen kann, beim Räuber- und-Gendarmspiel eine Fahne zu verteidigen, an der nicht mehr als ein verbliche nes Frotteehandtuch hängt, haben die jungen Migranten von ihm gelernt. Er hat sie von ihren Playstations und Computern vertrieben« (in ›Die Zeit‹, ebenda).

Die Jungen lernen mit dem Sozialpädagogen ein für sie attraktives männliches Vorbild kennen, das Gewalt ablehnt und dies auch von ihnen fordert. Er übt Kraft und körperliche Stärke ein, ohne zu verletzen. Die spielerischen Formen des ›Selbsterlebens‹ öffnen einen Zugang zur Körperlichkeit. Damit wird zugleich das ›klassische Bild‹ von Männlichkeit gestützt: Raufen, ›Sich Durchsetzen‹. Solche zupackenden Ansätze, die ihre sozialpädagogischen Grundlagen in der Erlebnispädagogik[76] finden, kommen auch in den Medien[77] gut an, auch, weil damit eine implizite Kritik an der angeblich zu ›weichen‹, stark auf sprachlicher Vermittlung beruhenden (Sozial-)Pädagogik und der Jugendarbeit verbunden ist. Die aufgelisteten Erfolge geben dem geschilderten Ansatz recht, selbst wenn er keiner Evaluation unterliegt. Dieser hier geschilderte Ansatz öffnet neue Erfahrungen, macht Entwicklungen möglich. Inwieweit es den Jugendlichen gelingt, diese Erfahrungen auch in sonstige Lebensbereiche zu integrieren, ob und wie der Sozialarbeiter auch selbst Schritte mit den Jugendlichen geht, sie bei Lernprozessen unterstützt, sie bei ihren Gerichtsterminen begleitet oder sie in Kontakte zu Beratungsstellen bringt, wird in diesem Artikel nicht erwähnt.

Noch einmal aus dem Bericht in der Zeit (Die Zeit, 2009, Nr. 22):

»Man kann es in den inzwischen schlammverschmierten Gesichtern der jungen Migranten im Wald nicht lesen. Aber in den meisten steckt wesentlich mehr kriminelle Energie, als sie an diesem Nachmittag preisgeben. Kaum einer von ihnen hat keine Akte bei der Polizei. Im Kampf um die Fahne ihrer Mannschaft ringen jetzt ganze Knäuel von Jugendlichen auf dem Waldboden miteinander.« Wenn Ibrahim Ismail ruft: »Jetzt Mann gegen Mann, ohne Regeln!«, und sich die Mannschaften aufeinander werfen, erinnert sich der Streetworker daran, dass eine solche »Schlachtszene« keineswegs selbstverständlich ist. »Vor ein paar Jahren hätte es bei diesem Spiel noch Verletzte gegeben.«

Mit diesem paradoxen Vorgehen schlägt der Sozialpädagoge eine Brücke zu den Orientierungen an sozialen Regeln für den Gruppenzusammenhalt, gibt den jungen Männern auf diese Weise Raum, ihre eigene Position in der Unordnung zu finden. Ein solcher Ansatz *kann* ein wesentlicher Teil der Arbeit mit männlichen

76 Der Zusammenhang von Jungenarbeit und Erlebnispädagogik findet sich bei Garmscheid (2008).

77 Ich habe bewusst ein Beispiel aus den Medien einbezogen, um zu zeigen, wie dort Beispiele aus erlebnispädagogischen Angeboten rezipiert, auch als gelungene Möglichkeit der Arbeit mit Migrantenjugendlichen offeriert werden.

Jugendlichen und jungen Erwachsenen sein. Es werden auch Jugendliche und junge Männer erreicht, zu denen es sonst schwer ist, einen sozialpädagogischen Zugang zu finden.

Um diese Erfahrung auch an anderen Orten möglich zu machen[78], auch um biografische Anteile einzubeziehen, schlage ich folgendes Spiel vor, das zum Ziel hat, Wut zu beherrschen, körperliche Kraft, Geschicklichkeit ohne Gewalt einzusetzen.

Übung: Elefantenjagd

Ziel: diesers Spieles ist es, Jungen erfahrbar zu machen, welche Möglichkeiten in der Zusammenarbeit liegen, ihr Zusammengehörigkeitsgefühl zu stärken, Regeln für ein gewaltfreies Spielen zu entwickeln und die Gewaltursachen im gemeinsames Spielen zu ergründen.
Durchführung: Alle Teilnehmer werden zunächst gebeten, gefährdende Gegenstände abzulegen (Uhren, Brillen, größere Ohrringe, etc.). Dann bilden sich eine größere und eine kleinere Gruppe. Die größere Gruppe (ca. 8 – 20 Teilnehmer) spielt den Elefanten. Die Mitglieder der kleineren Gruppe (ca. 4 – 6 Teilnehmer) spielen die Jäger. Die Elefantengruppe klammert sich so an einander fest, dass eine in sich geschlossene, einem Elefanten ähnliche Einheit entsteht. Die Jäger versuchen nun, einzelne Teilnehmer aus der Elefanteneinheit herauszuziehen. Als Regel wird festgelegt, dass niemand wehgetan werden darf. Dies sollte den Jägern kurz vor Beginn noch einmal deutlich vermittelt werden. Sollte sich die Elefantengruppe über das Vorgehen der Jäger beschweren, wird das Spiel unterbrochen. Gemeinsam werden weitere Regeln festgelegt, die einen gewaltfreien Umgang garantieren. Dann kann die Jagd von neuem beginnen. Das Spiel ist beendet, wenn der Elefant völlig auseinander genommen und nur noch eine Person übrig ist.
Reflexion: Hier werden die Gefühle hervorgehoben und besprochen: Welche Gefühle entstehen, wenn jemand aus der Gruppe herausgeholt wird. Was entsteht bei mir, wenn ich einen anderen ›zwinge‹, sich gegen seinen Willen von der Gruppe zu entfernen. In der Nacharbeit werden besonders jene Anteile im Spiel herausgehoben, in denen es zu ›Gewaltübergriffen‹ während des Spieles kam, z.B. übertriebener Ehrgeiz oder ›Rauschzustand‹, bei dem die abgesprochenen Regeln außer Kraft gesetzt worden sind.

Leitlinie in der sozialpädagogischer Arbeit mit gewaltorientierten (männlichen) Jugendlichen ist es, Jungen Muster zu vermitteln, die es ihnen möglich macht, Konflikte auszuhalten und auf Gewalt verzichten zu können: Lösungen für Alltagsprobleme, für Kränkungen in anderer Weise suchen, also Schwierigkeiten anders lösen lernen als durch Gewaltformen, auch wenn dies

78 Dazu auch Jörg-Michael Wolters (2008).

gesellschaftlich-medial vermittelten Bildern von einer (Schein-)Männlichkeit entgegensteht. Diesen Bildern sind auch oft genug sozialpädagogisch Tätige verhaftet.

- Jungen werden oft wütend, um nicht noch mehr Angst und Unsicherheit aushalten zu müssen. Eine wichtige sozialpädagogische Aufgabe ist es, mit ihrer Angst und der eingebrachten Unsicherheit umgehen zu lernen.
- Jungengewalt ist der Versuch, ›groß‹ zu sein und Männlichkeit zu demonstrieren, die als Erwartung an sie herangetragen wird.
- Da Jungen oft verbindliche männliche Bezugspersonen fehlen, haben sie wenig attraktive, d. h. nachahmenswerte Modelle für das ›Mannsein‹. Daher schaffen Jungen sich ihre Vorbilder (z. B. Comic-Helden) selbst, die jedoch unüberprüft und unreflektiert sind und sich nicht für das alltägliche Problem- und Lebensbewältigen eignen.
- Wichtig ist daher, Jungen ein Männerbild mit Stärken und Schwächen zu vermitteln und ihnen zu helfen, zu einem realistischen Selbstbild zu kommen. Der Ansatz, Modell für die Jugendlichen zu sein, bedeutet auch, schwierigen Situationen nicht auszuweichen und eigene Fehler zuzugeben und einzugestehen.
- Versprechungen müssen eingehalten werden und es gilt, keine Erwartungen zu wecken, die im Rahmen der sozialpädagogischen Arbeit nicht erfüllt werden können. Diese Erfahrungen machen Jugendliche zu oft, dass Erwachsene sie mit Versprechungen ködern und hinhalten wollen.
- Aktives Grenzensetzen unterbricht den Teufelskreis der Gewalt. Und zwar durch Konfrontieren ohne zu demütigen mit Hilfe von Aktivitäten. Klare Zielformulierung vorleben, statt ständig zu belehren und zu berichtigen: Entschlossenheit, Blickkontakt, Anerkennung, Unterstützung und Ermutigung.
- Regeln und Rituale schaffen Sicherheit, helfen dem unsicheren (männlichen) Selbstbild, einen Ruhepol zu verschaffen, und dienen der Orientierung. Diese Regeln und Rituale werden mit den Jugendlichen entwickelt und vereinbart. Sie sind nicht von außen vorgegeben, andernfalls werden sie als fremd (als etwas, gegen das Jugendliche sich wehren müssen) empfunden und wirken aufgesetzt. Sie sind zudem ein Bezugspunkt für die Gruppe.

7 Sozialpädagogische Handlungsmöglichkeiten aus der Rekonstruktion von Konflikt- und Gewaltformen

Mit den Falldarstellungen des folgenden Kapitels werden Beispiele aus der praktischen Arbeit wiedergegeben: sie spiegeln die sozialpädagogische Auseinandersetzung mit gewaltorientierten Jugendlichen, auch Gruppenkonflikte. Der Schwerpunkt der Fallarbeit liegt in der Analyse der einwirkenden Kräfte auf das Entstehen von Konflikten und Krisen. Dieser Brennglaseffekt lässt es zu, die Beweggründe der handelnden Subjekte zu sehen, Strukturen zu erkennen und erfolgreiche Ansätze auf die eigene Praxis zu übertragen bzw. die Elemente heraus zu filtern, die für das eigene Arbeitsfeld adaptierbar sind.

Der Fall ist ein Destillat aus den Deutungen des Alltags der Beteiligten, die daraufhin untersucht werden, welche allgemeinen (nicht objektiven) Bestandteile in dem Fall enthalten sind. Durch die Fallorientierung verlagert sich der Schwerpunkt der Verallgemeinerung von den ›objektiven‹, den sozialstatistisch begründeten Kriterien, auf das Problem praktischer Übertragbarkeit von Handlungsmustern. Aus der Analyse des Handelns und dessen regelhaften Anteilen wird ein systematischer Kontext entwickelt: Die jeweiligen Bedingungen des Handelns und die subjektive Deutung durch die Handelnden werden in Beziehung gesetzt. Es wird danach gefragt, welche Bedeutungen (Gründe, Motive) haben die Akteure ihren Handlungen mitgegeben. Das in den Berichten als Erfahrung skizzierte und analysierte jugendspezifische und sozialpädagogische Handeln ist in soziale Regeln und Strukturen eingebettet. Was erlaubt es mir nun, diesen konstruierten Sinn als jenen auszugeben, den Handelnde in Situationen ihrem Handeln unterlegen?

Ich greife auf Überlegungen von Karl Mannheim (1964) zurück, die von Fritz Schütze (2000) in seinem Aufsatz zur Fallanalyse aufgegriffen werden: Mannheim unterscheidet zwischen typisierten kulturellen Gebilden (z.B. alltäglichen Interaktionssituationen und Handlungsschemata), die jedem zugänglich sind, den subjektiven Handlungsintentionen und Ausdrucksgebärden, den verdeckten kulturellen Mustern und psychosozialen Konstellationen, die das Handeln der Beteiligten mitbestimmen.

Was erlaubt es mir nun, diesen konstruierten Sinn als jenen auszugeben, den Handelnde in Situationen ihrem Handeln unterlegen? Welche Schritte sind erforderlich, um aus dem Besonderen der Fälle, die von den Mitarbeitern/innen aus der Jugendarbeit geschildert werden, das Allgemeine, das für die eigene Praxis Übertragbare, herauszuarbeiten? Zunächst gibt es eine Schwelle, die heißt: der Einzelfall. Die jeweilige Beobachtung, die geschilderte Arbeitsform, das Agieren und Reagieren der Jugendlichen ist einzigartig, mit Unregelmäßigkeiten und Besonderheiten der jeweiligen Situation verknüpft. Lässt sich also aus diesen konkreten Besonderheiten das gesuchte Verallgemeinerbare als Ansatz für das Handeln in der eigenen Praxis herausarbeiten? Ist unter dem Eindruck dieser Einwände eine systematische Erkenntnis möglich? Das Verallgemeinerbare liegt in dem Vermittlungsprozess: Wie ist die Ausgangslage des Falles einzuschätzen, welche Handlungsmuster zur Lösung des Konfliktes oder der Gewaltkonstellation lassen sich übernehmen bzw. wie lassen sich die in dem Fall enthaltenen Lösungsschritte auf das eigene Arbeitsfeld übertragen? Wie lassen sich Handlungsschritte von dem einen Feld, in dem das Wissen ›erfahren‹ und entwickelt worden ist, hin zu dem Feld, in dem nach Lösungen gesucht wird, transportieren.

Die Bearbeitung des Falles wird zu einem Verbindungsglied: »Das Wissen, das in den höher symbolischen Sinnbezirken der Profession gespeichert ist, ist ein Wissen von allgemeinen Erscheinungen (Typen, Kategorien), Prozessen, Mechanismen, die der Erfahrung nach mit den problematischen Projekten und Fällen im Handlungsbereich der Profession verbunden sind« (Schütze 2000, 147). Und: »Der Sozialarbeiter versucht, sich die Problemlagen zu vereinfachen, indem er den Einzelfall grob typisiert und etikettiert« (ebenda, 148). Übertragung von Strukturen und Typisierungen werden durch die Analyse von Fällen möglich. Dieser Transfer ist allerdings kritisch zu überprüfen. Ich erweitere diese Überlegungen noch: Fälle stellen eine Beziehung zwischen den beschriebenen und dem zukünftig möglichen Handeln her. Kurzum, diese in die jeweiligen Handlungsbedingungen eingelassenen Fälle repräsentieren Teile übertragbaren und wiederholbaren Handelns. Wir haben es mit sozialpädagogischen Handlungsmustern in jeweiligen Situationen zu tun. Die Bedingungen des Handelns werden zwar von Subjekten hergestellt, aber nicht immer wieder von diesen neu erfunden, sondern in Form von Normen, Orientierungen, Werten, institutionalisierten Formen und Handlungsmustern übernommen. So können wir uns folglich aus dem Fall heraus jenem Allgemeinen nähern. Dieser Schritt bringt den Vorteil, dass so das Besondere, das je Subjektive, das Teil des Handlungsfeldes ist, nicht eliminiert werden muss. Damit wird ein genuin sozialpädagogischer Zugang zu dem Untersuchten eröffnet, der die jeweilige ›eigenartige‹ Interaktion der Beteiligten samt der darin enthaltenen Dynamik erhält. Die Suche nach den jeweiligen Regeln des Feldes, den gebilligten und nicht gebilligten, bildet eine Folie, auf der Erwartetes und Unerwartetes abgebildet wird. Das vorgefundene Handeln wird als Systematisierbares herausgearbeitet, ist auf diese Weise beschreibbar und rezipierbar. Aus alledem resultieren Erwartungen an die handelnden Subjekte. Die Aufgabe, in der die oder der Einzelne steht, die institutionalisierten Erwartungen als Bedingungen an sein bzw. ihr Handeln, wie er oder sie dieses Gefüge erlebt und verarbeitet, macht das Gerüst der Beiträge aus. Auf diese Weise werden sie nachvollziehbar, verallgemeinerbar. Somit haben die aufgezeichneten Erfahrungen ›Gebrauchswert‹.

7.1 Methodischer Zugang

Rollenspiel: Das Rollenspiel (Broich 1980) ist sicherlich die wichtigste Methode, um Fälle anschaulich, durchschaubar und bearbeitbar zu machen. Rollenspiele ermöglichen, auf Erfahrungen, damit auf reale Situationen aus der Praxis zurückzugreifen, diese im Zusammenspiel mit anderen zu wiederholen und in dieser Wiederholung nach Lösungen zu suchen, die in der realen Situation verstellt waren[79]. Durch Rollenspiele werden Fälle sinnlich erfahrbar und stellen einen Zusammenhang zu der eigenen Praxis her. Sie eröffnen zudem die Chance, an den Erfahrungen der anderen Kollegen/innen zu partizipieren und damit Ansätze zur Lösung der Praxisprobleme zu entwickeln.

Hierbei können die darstellenden Personen im Rollenspiel mit den realen Personen identisch sein, die den Fall eingebracht haben. Oder die realen Personen fungieren als Zuschauer, während die eigene Rolle mit anderen Personen aus der Gruppe besetzt wird. Die häufigste Variante in der Bearbeitung ist:

- Zunächst wird die reale Situation durchgespielt. Dabei ist es wichtig, Beobachtungsaufgaben an die ›Zuschauer‹ (die Teilnehmer/innen der Gruppenarbeit z. B. nach der Körpersprache, Einbringen von Argumenten, deeskalierende Strategien) zu stellen.
- Anschließend wird der Fall in der Gruppe reflektiert. Dabei ist zunächst ein Rollenfeedback (Beteiligte, Betroffene, Zuschauer) wichtig, bevor die Struktur des Konfliktes analysiert wird (Settings, Ziel der Konfliktpartner, Vorgeschichte, Handlungsmuster). Hier kann eine Videoanalyse (ohne Ton, mit Ton) sehr hilfreich sein, vor allem hinsichtlich der Körpersprache der Beteiligten.
- An dieser Stelle setzt die kollegiale Beratung ein (dazu weitere Hinweise im Kapitel 9). Es werden eigene Erfahrungen, Wissensbestände und Hinweise eingebracht, gemeinsam entwickelt die Gruppe Veränderungsvorschläge und neue Lösungsmuster.
- Anschließend können noch eine oder mehrere veränderte Varianten durchgespielt werden, die dann reflektiert werden.

Ziel des Rollenspiels: In den Rollenspielen, die ich als Material für die Analyse heranziehe, werden Situationen nachgestellt. Sie enthalten zwar durch Zeitabstand und Nachdenken gefilterte Informationen und Eindrücke der ursprünglichen Situation, doch sie enthalten Handlungsstrukturen. Sie sind zudem mit jenen Emotionen ›angereichert‹, die in der Ursprungssituation das Handeln beeinflusst haben. So können die gefühlsmäßigen Bestandteile der erlebten Situation hervorgehoben und freigelegt werden. Sie sind indessen nicht mehr geprägt von dem Handlungszwang, also der Notwendigkeit, eine Entscheidung zu treffen.

---

79 Hinsch und Pfingst (2002, 185 ff) vertreten die Ansicht, dass es wichtig sei, dass der Trainer an dem Rollenspiel teilnimmt, weil sie die Gefahr sehen, dass Teilnehmer im Spiel die Schwierigkeiten der Situation überziehen könnten. Diese Erfahrung kann ich so nicht bestätigen, weil die Teilnehmer/innen in dem Spiel eine Auseinandersetzung mit den emotionalen Anteilen der Konfliktsituation sehen, zum anderen ermöglicht ein Beobachten des Rollenspiels von außen auch die detaillierte Rückmeldung und die Möglichkeit, durch Unterbrechen, Entwicklungen zu verändern, zu wiederholen, Situationen zu klären oder in Form der kollegialen Beratung durch die Gruppe Varianten der Lösungsansätze durchzuspielen

Rollenspiele bieten die Möglichkeit, vielschichtige Konflikt- und Gewaltsituationen durchsichtig zu machen, sie zu reflektieren und zu analysieren. Zum einen ermöglicht das Durchspielen einer solchen Situation nicht-verbal eine Genese des Prozesses, d.h. in der Spielsituation kann auf die Details nicht verzichtet werden, weil sonst das Spiel zusammenbricht, also müssen auch Fehler, Unzulänglichkeiten, Dinge, die nicht ins Blickfeld geraten sind, in die Darstellung einbezogen werden, um den Fluss der Ereignisse plausibel darstellen zu können. Auf solche für die Handelnden möglicherweise nachteiligen Details kann in der verbalen Darstellung schon mal verzichtet werden, um sich nicht in ganz schlechtem Licht erscheinen zu lassen. Dies mag dazu beitragen, dass es Hemmungen gibt, sich an Rollenspielen zu beteiligen, Ausflüchte gesucht werden, um den ›Zwängen‹ nachteiliger Details zu entgehen.

Vorbereitung: Der erste Schritt ist eine detaillierte *Falldarstellung*. Wie ist die Situation beschaffen: Räume, in denen sich der Fall ereignet, z. B. zufälliges Treffen auf der Straße oder in der Kneipe, wer sind die Beteiligten, wer ist evtl. im Vorfeld als Außenstehende, z. B. Eltern, Freunde, an dem Entstehen beteiligt. Wie ist das Ereignis, das gespielt werden soll, entstanden, d. h. welche Vorgeschichte gibt es. Wie werden die Gefühle der Beteiligten wahrgenommen z. B. Angst, Wut bis hin zu Hass, Feindschaft, Machtgefühle. Aus dieser Auflistung wird deutlich, dass mit der Falldarstellung die Aufarbeitung des Konfliktes oder der Gewalt und die sozialpädagogischen Schritte Anamnese, Diagnose und Intervention Hand in Hand gehen.

Rückmeldungen: Zentraler Bestandteil des Rollenspiels ist die Rückmeldung durch die Teilnehmer/innen – in der ersten Phase, um die Beobachtung zu aktivieren, zu schulen, nach einem vorgegebenen Raster. Die Rückmeldungen sollen zunächst die Gefühle der Spielenden wie auch der Beobachter thematisieren, dann die positiven Seiten (auch um Verletzungen entgegenzuwirken) ansprechen, dann auch kritische Aspekte (zur Unterstützung der Lösbarkeit des Problems) umfassen. Schließlich soll als kollegiale Beratung an Lösungsmöglichkeiten gearbeitet werden, die auch wiederum probeweise gespielt werden können. Mit diesen Lösungsansätzen im Hintergrund kann der Problemzusammenhang noch einmal als Rollenspiel aufgerollt werden und damit überprüft werden, ob die aus der Gruppe heraus formulierten Möglichkeiten im (Probe)handeln auch Bestand haben. Schließlich sollte auch der/die Gruppenleiter/in (Trainer/in, Supervisor/in) auf kritische Punkte hinweisen und Hinweise für mögliches alternatives Handeln geben (dazu die Beispiele in den dargestellten Rollenspielen).

Mit der hier eingeführten Analyse soll der Fall untersucht werden. Es werden Ebenen der Auseinandersetzungen aufgezeigt und auf Aspekte verwiesen, die in der unmittelbaren Situation des Handelns so nicht sichtbar geworden sind oder die auch in der Reflexionssituation der Bearbeitung in der Gruppe nicht offen gelegt werden, weil sich die Gruppe zunächst auf einen Lösungsweg konzentriert (z. B. die Methode der »deeskalierenden Beharrlichkeit«). Gemäß unseren Überlegungen zur Übertragbarkeit liegt in diesem ›Öffnen‹ von abgelaufenen Fällen die Möglichkeit von Erfahrungserweiterungen und des Aufzeigens von Strukturen, in die die jeweiligen Fälle eingebettet sind. Dieses Offenlegen schärft das Wahrnehmen von Konflikthintergründen in zukünftigen Situationen und damit die Sensibilisierung für Lösungen.

Mit diesen Schritten werden nicht nur für professionell Handelnde, sondern auch für Jugendliche sozialpädagogische Zugänge zu ihrem Handeln in emotional hoch belasteten Situationen hergestellt. Die Agierenden bekommen die Gelegenheit, Auseinandersetzung mit sich selbst zu führen und an ihren Kompetenzen zu arbeiten:

- Wissen, warum ich etwas tue
- Wissen, wie ich einen Konflikt lösen kann
- Wissen, wie ich mit meinen Gefühlen umgehen kann
- Wissen, dass ich trotz Fehlern akzeptiert werde
- Wissen, dass andere auf mich eingehen (Bindungen, Sicherheit, Selbstvertrauen).

7.2 Dargestellte Konfliktfälle

Die Gruppenmitglieder können diese angeführten Kompetenzen durch einen methodischen Zugang entwickeln, sich mit einer Person der ›Gegenseite‹ des Geschehens zu identifizieren (Perspektivenwechsel): Ich, als Jugendlicher/Sozialarbeiter/in hätte … Beziehungsweise: Mir geht es dabei … (Einbringen der Gefühle), um die jew eilige Sichtweise der Beteiligten auf der ›anderen Seite des Geschehens‹ herauszuarbeiten.

Dieser *Positionswechsel* macht einen Zugang zu den Motiven und Gründen des/der Handelnden möglich, rekonstruiert mögliche Beweggründe.

Durch Rollenspiele lassen sich die Positionen der Beteiligten, die Erwartungen, die an sie gerichtet sind, entwickeln und die emotionalen und sozialen Hintergründe des jeweiligen Handelns klären.

Aus diesem analytischen Vorgehen lassen sich Ansätze für Lösungen entfalten, die aus den Erfahrungen der Gruppenmitglieder und den methodischen Lösungsmöglichkeiten (z. B. deeskalierende Beharrlichkeit) heraus entwickelt werden können. Der Ansatz beruht auf dem Konzept der ›Kollegialen Beratung‹, der auf Kompetenzen des teilnehmenden Zuhörens, der Empathie für Kollegen/innen, dem Spiegeln von Dargestelltem, der ›Nicht-verletzenden Konfrontation‹ mit übersehenen Sachverhalten, dem Wahrnehmen von nonverbalen Botschaften und Reflektionsfähigkeit besteht. Der/diejenige, die den Fall dargestellt und eingebracht hat, erklärt, wie sie die eingebrachten Lösungsmöglichkeit in ihrer Arbeitssituation umsetzen kann und welche Erkenntnisse sie aus der Bearbeitung gewonnen hat.

Ich stelle fünf relevante Konfliktfälle vor. Die Fälle wurden von Teilnehmern/innen aus ihrer Arbeit eingebracht und in Praxisberatungen und Fortbildungen in der Gruppe bearbeitet. Für mich stellen sie typische, alltägliche Konfliktsituationen in der Kinder- und Jugendarbeit dar[80]. Die Ausgangspunkte für die Analyse der vorliegende Falldokumentationen sind sehr unterschiedlich – einige wurden auf Video aufgezeichnet und anschließend transkribiert, andere konnten anhand von Protokollen rekonstruiert werden. Dementsprechend stütze ich mich auf unterschiedliche Materialien bei den nachfolgenden Analysen.

Konfliktfall ›Rauchen‹
Kurzbeschreibung: Ein Jugendhaus am Abend. Im Haus besteht Rauchverbot, auf das im gesamten Haus über Schilder hingewiesen wird. Es ist Winter, die Jugendlichen versuchen, jetzt öfters im Haus zu rauchen. Immer wieder müssen die Jugendlichen von den Sozialpädagogen/innen auf das Rauchverbot hingewiesen und nach draußen geschickt werden. Ein Jugendlicher raucht trotzdem im Haus weiter. Der Sozialarbeiter kommt hinzu und möchte den Jugendlichen dazu bewegen, draußen weiter zu rauchen. Dessen Ziel besteht darin, seine Zigarette im Haus weiter zu rauchen und er versucht, mit dem Sozialarbeiter zu diskutieren.

Es handelt sich um einen dyadischen Konflikt (vgl. hier und im Folgenden die Konfliktkategorien bei Freund/Grebe-Bruns 1993, 15), d.h. der Konflikt wird zwischen zwei Konfliktpartnern/innen ausgetragen. Der Fall wird im Rollenspiel in mehreren Varianten durchgespielt. Dabei wird vom Sozialpädagogen die Methode der ›deeskalierenden Beharrlichkeit‹ angewandt.

Rollenspiel und Gruppenreflexion

Sozialpädagoge (SP): Du weißt, dass wir hier im Haus nicht rauchen.
Jugendlicher (J): Seit wann rauchen wir denn hier nicht mehr.
SP: Also mach, nimm bitte deine Zigarette und geh nach draußen.
J: Steht das irgendwo?
SP: Es gibt bei uns die Regel, hier wird nicht geraucht im Haus.
J: Aha.
SP: Nimm deine Zigarette bitte ... und geh nach draußen.
J: Ich hab davon noch nichts gehört. Steht das irgendwo?
SP: Das steht und darüber haben wir auch schon mal gesprochen. Vorm Haus draußen, da steht die Regel dran. Nimm jetzt bitte deine Zigarette und geh nach draußen.
J: Weißt du wie's da draußen schifft, soll ich mich erkälten oder was?

80 Die Darstellung der Konfliktfälle ist dem Forschungsbericht: Stickelmann, B., Putz, T.: »Ich hab' doch nichts gemacht« – Kreatives Konfliktlösen in der Jugendarbeit – Ansätze aus Fortbildung und Praxisberatung (Oldenburg 2005) entnommen. Ich danke dem Paulo Freire Verlag Oldenburg.

SP: Du weißt, dass wir hier drin nicht rauchen, bitte nimm deine Zigarette und ... verlass den Raum. Danach kannst du gerne wieder reinkommen.
J: Also ich hab dich gestern auch rauchen gesehen. Und? Hier drin, warst auch nicht draußen.
SP: Da muss ich wohl einen Doppelgänger haben. Ich rauche nicht, ich bin strikter Nichtraucher.
J: Oh ja, jetzt geht's noch gegen die Raucher, klar.
SP: Also bitte nimm deine Zigarette ...
J: Ja, Raucher sind Scheiße, freilich.
SP: Sie setzen ihrem Leben ein Ende ...
J: Wer?
SP: ... ein jähes Ende, wer raucht.
J: So ein Schrott hab ich schon lange nicht gehört. Außerdem ist das doch meine Entscheidung, ob ich rauche oder nicht oder?
SP: Ich will's dir nun mal sagen, weil ich finde, du tust dir damit nichts Gutes. Und hier drin ist eh Rauchverbot. Also nimm bitte deine Zigarette ...
J: Eh, das ist mein Problem, denkst du weil du hier drei Köpfe größer bist als ich, muss ich jetzt hier aufhören mit Rauchen?
SP: Nimm bitte deine Zigarette und verlass den Raum.
J: Immer die gleiche Leier, das muss ich mir hier antun oder was?
SP: Ja, wenn du dich nicht an die Regel hältst. Also nimm bitte deine Zigarette und verlass das Haus, kannst ja auch danach wieder reinkommen.
J: Warst du mal draußen, hast du geguckt, wie es da regnet? Lass mich doch hier die Zigarette ausrauchen.
SP: Geh bitte raus, die anderen stehen auch draußen und rauchen auch draußen. Du bist doch der einzige, die anderen rauchen auch nicht. Guck mal rum.
J: Ich bin doch gleich fertig mit Rauchen.
SP: Nicht fertig rauchen, sondern Zigarette nehmen und bitte nach draußen.
J: Ich geh jetzt.
J: Ja, hier mit dem Rauchen, »es gibt dem Raucher ein Ende«, das steht ja hier gar nicht zur Debatte, das ist ja ein Angriff meiner Person. Also, ich meine, ob wer raucht oder nicht, darum geht's ja gar nicht.

Gruppenreflexion

Trainer (T): Das ist ne wichtige Rückmeldung, wenn du sagst, »das Rauchen macht deinem Leben ein Ende«, dann ist das eine Fremdherabsetzung. Also was du gut gemacht hast, ist, du bist gut im Blickkontakt geblieben. Du bist da geblieben, du hattest dann auch ne offene Körperhaltung. Am Anfang ist das schwierig, wenn du dich so hinstellst (Hände in die Hüfte gestützt). Weil du dann deinen Körper verleitest in eine Bestrafung reinzugehen. Wenn du so stehst, ja, dann verleitest du dich dazu, Strafen auszusprechen, dein Körper fordert das.
SP: Um zu demonstrieren irgendeine ...
T: Genau. Wenn du dich so hinstellst, ist das ne Überlegenheitsgeste.

SP: Ja.

J: Na hab ich ja dann auch gemacht. Ich hab mich ja dann auch so hin gestellt.

T: Ja, genau, er reagiert darauf. Distanz einhalten, fester Stand und dann freundlich und bestimmt, offen bleiben. »Das ist ein Nichtraucherbereich, bitte geh nach draußen und rauch draußen weiter.« Punkt. Und dann: »Hier wird nicht geraucht!« Das ist ein Verbot. Gar nicht, sag nicht, was hier nicht gemacht wird, sondern sag, was gemacht wird. »Bitte geh nach draußen und rauche draußen weiter. Die anderen auch.« Du verlierst damit Autorität, wenn du sagst, »die anderen stehen auch draußen«.

SP: Ich mach ihm aber ein Angebot, rauszugehen.

J: Das hab ich ja dann nachher auch gesagt, was interessieren mich die anderen?

SP: ... dass er das so macht, dass er rausgeht.

T: Jugendliche werden Widerstand leisten, wenn du ihnen sagst, »die anderen machen das auch«, weil du damit deine Autorität weg nimmst, du nimmst damit deine Kraft weg. Weil: du lenkst es auf die anderen, du sagst, »die anderen tun es auch, deshalb musst du auch tun«.

J: Na ja, er hat das anders gemeint.

T: Weiche dem Gruppendruck. Du ziehst dich selbst raus.

SP: Ich wollte ihm ein Angebot machen, dass er auch nicht alleine draußen raucht und ...

J: Aber es ist nicht als solches angekommen.

T: Mach ihm kein Angebot, sondern gib eine Bitte, ein klares Interesse, klare Ansage, das braucht er. Ein Angebot ist in der Phase nicht angemessen, klares Interesse: »Du weißt, dass wir hier drin nicht rauchen.« Sag, was du möchtest: »Bitte geh nach draußen und rauch draußen.« Doppelgänger, diese Doppelgängergeschichte. Als sie sagte, »na du hast doch gestern selbst geraucht«, und dann sagst du, »da muss ich einen Doppelgänger haben«. Das ist ne Fremdherabsetzung, gar nicht drauf eingehen.

J: Na ja, es war ja eigentlich auch nur ne Geschichte.

T: Eben.

J: Das stimmt ja sowieso nicht.

T: Stimmt ja sowieso nicht. Gar nicht drauf eingehen. Du kannst ihr zuhören und sagen: »O.k., es ist also unangenehm für dich jetzt hier nach draußen zu gehen, weil es draußen kalt ist, aber bitte geh nach draußen und rauch draußen weiter.«

Fallanalyse: Die Bearbeitung der Konfliktsituation wird von dem Sozialpädagogen mit der Feststellung eingeleitet: »Du weißt, dass hier nicht geraucht wird.« Der Sozialpädagoge setzt auf ein Wissen um die Hausordnung (und spricht damit den Jugendlichen auf sein Handeln an) mit der Erwartung und unter der Voraussetzung, dass sich Jugendliche in der Einrichtung an diese Regel halten (und sie auch umsetzen), »dass wir hier im Hause nicht rauchen«.

Das stellt der Jugendliche in seiner Replik deutlich in Frage: »Seit wann rauchen wir denn hier nicht mehr.« Zum einen kann das bedeuten, dass die Regel immer wieder unterlaufen worden ist, also trotzdem geraucht wurde. Das »wir« kann auch darauf hin deuten, dass die Jugendarbeiter/innen das Rauchen toleriert haben. Mit dieser Argumentation hat der Jugendliche auf Allgemeines verwiesen und von dem Tatbestand, dass er raucht, abgelenkt: Wenn alle Rauchen dürfen, warum er dann nicht. Der Jugendliche macht also den Versuch, das Argument, dass er es wissen muss und deshalb nicht rauchen soll, mit dem Hinweis auf die allgemeinen Gegebenheiten außer Kraft zu setzen. Gemäß den Regeln der »deeskalierenden Beharrlichkeit« setzt sich der Sozialpädagoge aber nicht mit dem Argument des Jugendlichen auseinander, sondern beharrt auf seiner Forderung: »Nimm deine Zigarette und gehe nach draußen.« Der Jugendliche bleibt bei seiner Linie, die Legitimation anzuzweifeln (»Steht das irgendwo?«).

Im weiteren Verlauf des Gesprächs versucht der Jugendliche, dieses Argument zu variieren (»Habe davon nichts gehört«), mit dem Tenor, ich weiß von nichts, also brauche ich mich daran auch nicht zu halten. An dieser Stelle wird deutlich: Würde der Sozialpädagoge sich auf die Argumentationsvarianten einlassen, käme er in große Schwierigkeiten. Er müsste immer wieder neu versuchen, die Argumente des Jugendlichen auszuhebeln und käme seinem Ziel, der Regel zur Geltung zu verhelfen, keinen Schritt näher.

Als nächstes Argument versucht der Jugendliche, das Mitleid des Sozialpädagogen zu erregen (»Weißt du, wie es da draußen schifft?« – und wenn du das nicht berücksichtigst, werde ich krank und du bist schuld). Damit hat er den Sachverhalt (entweder nicht rauchen oder rausgehen) wieder ein Stück von sich entfernt: Er kann gar nicht anders als im Jugendhaus rauchen. Als Replik wiederholt der Sozialpädagoge seine Aufforderung mit der Folge, dass der Jugendliche ihn nun persönlich angreift (»Hast gestern auch geraucht ...«). Dies veranlasst den Sozialpädagogen, das Argument zu entkräften und von seiner Linie abzuweichen (auch mit dem nächsten Argument: »Sie [die Raucher] setzen ihrem Leben ein Ende«), ein Hinweis darauf, dass der Jugendliche zumindest kurzfristig sein Ziel erreichen konnte, von seinem Handeln abzulenken. In der anschließenden Besprechung wird diese Szene von dem Trainer so kommentiert: »Das ist eine Fremdherabsetzung.« An dieser Stelle soll auch auf eine andere Bemerkung eingegangen werden: Der Hinweis auf andere, die das auch machen (nämlich draußen rauchen), muss bei dem Jugendlichen Widerstand hervorrufen, weil es ihn auf einen Konsens zu verpflichten sucht, den er gerade unterlaufen will.

In der Tat ermöglicht der Sozialpädagoge dem Jugendlichen jetzt, sich gegen dieses Argument zur Wehr zu setzen: »Solch einen Schrott habe ich schon lange nicht gehört ... es ist doch meine Entscheidung, ob ich rauche oder nicht?« Eine rhetorische Frage, die, bliebe der Sozialpädagoge auf dieser Linie, nur dazu führen würde, dass er dem Jugendlichen recht geben muss und sich endgültig verlaufen und damit von seinem ursprünglichen Ziel entfernt hat.

Der Sozialpädagoge versucht den Bezug wieder zu dem Jugendlichen herzustellen: »Ich finde, du tust dir damit nichts Gutes.« Damit wird der Bogen zu dem Rauchverbot wieder hergestellt. Er erntet damit den Hinweis, dass er seine Macht gebraucht (»Denkst du, weil du drei Köpfe größer bist als ich, muss ich jetzt aufhören mit dem Rauchen...«). Wieder macht der Jugendliche den Versuch, ein neues Feld zu eröffnen. Schließlich: »Immer die gleiche Leier, muss ich mir das antun?« (Selbstmitleid) und damit die implizite Drohung, ich kann ja auch gehen und den Kontakt zu dir abbrechen. Schließlich endet der Dialog in einem Rückzugsgefecht durch den Jugendlichen: »Ich bin doch gleich fertig mit Rauchen.« Aber der Sozialpädagoge bleibt in dem gespielten Falle bei seiner Linie: nicht fertig rauchen, »sondern die Zigarette nehmen und bitte nach draußen«. Schlusspunkt: »Ich gehe jetzt.« Auch hier wird die Tendenz des Jugendlichen deutlich: Lass mich (in Ruhe), und irgendwann werde ich auch tun, was du verlangst. Hier wird deutlich, dass der Jugendliche von einer Entscheidung hier und jetzt abzulenken und die Einhaltung der Regel auf später zu verschieben versucht, eine Möglichkeit für ihn, dem Konflikt zu entkommen. Was sind die Kennzeichen dieser geschilderten, sicherlich sehr typischen Konfliktsituation im Jugendhaus?

Es handelt sich um einen dyadischen Konflikt: der Sozialpädagoge als Vertreter von Erwartungen, die in dem Jugendhaus ein konfliktreduziertes Miteinander fördern sollen, und der Jugendliche, der seine Lust am Rauchen hier und jetzt befriedigen will. Beide agieren vor dem Hintergrund sozialer Erwartungen: der Sozialpädagoge vor den Erwartungen seines Teams (die Kollegen/innen, die möglicherweise sagen: ›Haben wir erst kürzlich wieder beschlossen‹) und vielleicht auch des Trägers des Jugendhauses, der die Durchsetzung von Regeln als stabilisierenden Faktor in der Jugendarbeit erwartet. Hinzu kommen sicherlich auch seine eigenen Motive (nicht rauchen ist für Jugendliche besser). Der Jugendliche agiert ›vor‹ seiner Gruppe, die möglicherweise erwartet, dass er die Regeln unterläuft, und er will sich damit eine bessere Stellung (oder deren Bestätigung) in der Gruppe verschaffen.

Elemente des Konfliktes und Lösungsstrategien

Der Konflikt wird von den Jugendarbeitern/innen ernst genommen, d.h. sie versuchen, der Regel Geltung zu verschaffen, dass im Hause nicht geraucht wird. Damit tragen sie dazu bei, dass Jugendliche erfahren, sie bewegen sich in einem sozialen Kontext, der regelgeleitet ist, auch wenn diese Regel den eigenen Bedürfnissen widerspricht (Lust am Rauchen, auf der Couch oder sonst wo sitzen und mit den anderen rauchen und reden). In dieser Einrichtung wird die Regel praktiziert, dass nur vor dem Hause geraucht wird, und das bei Wind und Wetter.

Um es pointiert zu formulieren: Jugendliche haben das Recht, mit Regeln zu experimentieren. Das Jugendhaus, das Heim, so das Postulat, sind soziale Orte, an denen durch Regelverletzungen Lernprozesse in Gang gesetzt werden. Jugendliche können auf diese Weise sinnlich und handfest erfahren: Wie legitim sind soziale Regeln, kann und will ich mich als Jugendlicher daran halten. Die Vereinbarung lautet tendenziell: Hältst du dich an die vereinbarten Regeln in wesentlichen Zügen, darfst du an dem sozialen Ort Jugendhaus teilhaben, Freunde treffen, an den Veranstaltungen teilnehmen, hier wohnen (im Heim) und somit Sicherheit erfahren. Der jugendlichen Experimentierlust mit sozialen Regeln wird Rechnung getragen, weil es dort Erwachsene gibt, die sich professionell mit Regelübertretungen (auch den Gewaltformen) auseinandersetzen. Durch die Bearbeitung von Regelüberschreitungen wird es möglich, an dem sozialen Ort Heim, Jugendhaus zu partizipieren: Wie wird der Konflikt in der Situation gelöst? Im Sinne der »deeskalierenden Beharrlichkeit« bleibt der Sozialarbeiter bei seiner Forderung. Wichtig ist, dass er sich auf diese Regel bezieht, aber gegenüber dem Jugendlichen als Person vertritt (*Ich* will, dass du dieses oder jenes tust). Damit hat der Jugendliche die Möglichkeit, die Ernsthaftigkeit zu überprüfen, mit der die Regel durchgesetzt wird, und sie kann gegebenenfalls nach den Bedingungen der Situation und der Beteiligten modifiziert werden. Ein Gegenstück dazu wäre bspw. die Begründung: »Im Jugendschutzgesetz steht ...« Auch diese Begründung kann sinnvoll sein, aber nur dann, wenn der Sozialpädagoge deutlich macht, dass er diese Regel auch vertritt, weil der Jugendliche sich nicht mit Gesetzen auseinandersetzen will und kann, sondern konkret mit der Person des jeweiligen Sozialpädagogen.

Nehmen wir den Fall als Verallgemeinerbares, dann wird deutlich, dass sich der Jugendliche (und er spricht für viele andere in ähnlichen Situationen) der Erwartung, draußen zu rauchen, dadurch zu entziehen sucht, dass er immer neue Plätze der Auseinandersetzung (mit Argumenten) eröffnet (beispielsweise Mitleid: »Immer gegen die Raucher«, »Du gebrauchst nur deine Macht«). Die in dieser Situation angewandte Methode lautet: Argumentation ja, aber auf das angestrebte Ziel achten, also sich nicht in der Vielfältigkeit der angebotenen Konfliktebenen (z.B. immer gegen die Raucher) zu verlieren. Damit ist der Professionelle nur wenig angreifbar und kann sich in der Interaktion auf das angestrebte Ziel konzentrieren.

Nun kann bei der Analyse der Interaktion der Eindruck entstehen, als käme es generell darauf an, seine Ziele als Professionelle/r durchzusetzen und nicht auf die Argumente des Jugendlichen zu hören. Aushandeln, aber auch Grenzen setzen sind die zentralen Elemente der sozialpädagogischen Arbeit im Jugendhaus. Die Fallanalyse hier mit ihren Folgerungen ist eng an das Konstrukt des Falles gebunden und kann nur unter der Berücksichtigung der leitenden Bedingungen Relevanz (Übertragbarkeit) haben und die heißen in diesem Kontext: Wie kann einer Regel zu ihrer Durchsetzung verholfen werden und wie stichhaltig ist diese Regel?

Konfliktfall »Handy«

Kurzbeschreibung: Konfliktsituation im Jugendhaus. In den vergangenen Tagen wurden einige Handys im Jugendhaus gestohlen. Alexander[81] (23 Jahre, Spätaussiedler) kommt an die Theke, an der vier ›einheimische‹ Jugendliche stehen und sich unterhalten. Alexander beschuldigt eine von ihnen (Stefanie), sein Handy gestohlen zu haben, bedroht sie und verlangt es zurück. Daraufhin kommen zwei Sozialarbeiter/innen dazu und möchten schlichten, doch Alexander lässt sich nicht davon abbringen, beschimpft alle als Deutsche, die eh unter einer Decke mit der Polizei stecken würden und bei denen er sowieso keine Chance habe. Dann geht er ab.

Der Fall wird in mehreren Varianten im Rollenspiel gespielt. Bei jeder neuen Variante wird – nach Diskussion in der Gruppe – versucht, eine Handlungsänderung der Sozialarbeiter/innen einzuführen und auszuprobieren.

81 Alle Namen in den folgenden Fällen wurden geändert.

Rollenspiel und Gruppenreflexion

Alexander kommt zu einer Gruppe Jugendlicher, die am Stehtisch stehen, und beschuldigt eine Jugendliche (Stefanie), sein Handy gestohlen zu haben.
Alexander (A): (steht vor Stefanie und zeigt mit Finger auf sie) Du hast mein Handy gestohlen. Gib mir mein Handy zurück!
Stefanie (S): Ich hab dein Handy nicht.
A: Du hast mein Handy geklaut!
S: Ich hab dein Handy nicht.
A: Du hast mein Handy geklaut! Motorola G 978.
S: Ich hab dein Handy nicht.
A: Dann gib mir 150 Euro!
S: Ich hab dein Handy überhaupt nicht geklaut.
Zwei Sozialpädagogen kommen hinzu.
Sozialpädagoge 1 (SP1): Was ist denn hier los?
Jugendlicher 3 (J3): Sie hat angeblich sein Handy geklaut.
A: (zu SP1) Sie soll mir mein Handy zurückgeben oder 150 Euro.
SP1: Ich bitte dich, jetzt noch mal ganz kurz ruhig zu bleiben. (Alle reden durcheinander.)
A: Gib mir mein Handy zurück!
J3: Er hat dein Handy nicht!
Sozialpädagoge 2 (SP2): Wollen wir jetzt eine Zählung machen, wie viele jetzt hier das gleiche Handy haben? Gibt es vielleicht irgendeinen markanten Punkt, wie du erkennen kannst, dass es dein Handy ist?
A: Ja, okay, gib es raus! Motorola G 978.
SP2: Das haben bestimmt die Hälfte der Leute hier im Haus. Haste irgendeinen Punkt, deinen Namen gespeichert, irgendwas draufgraviert, nen Aufkleber oder so was?
S: (zu SP2) Hier! Hier ich hab auf meinem einen Aufkleber drauf, und zwar mit meinem Namen, weil ich das nämlich zum Geburtstag geschenkt bekommen hab, von meinem Vater!
J3: Das hat sie nämlich die ganze Zeit schon.
A: Typisch Deutsche! Immer zusammenhalten! Das ist mein Handy, gib es mir jetzt!
Trainer (T) unterbricht Rollenspiel: (zu SP) Sagen Sie doch, was Sie wollen? Wir können das nicht lösen in der Situation. So ist das nicht zu lösen. (zu A) Dein Handy ist weg. Das müssen wir besprechen.
SP1: Alexander, das müssen wir anderweitig klären, hier kriegen wir das nicht gelöst. Komm einfach mit uns mit.
SP2: Komm, wir gehen ins Büro.
A: Nee.
SP1: Ich will, dass wir jetzt ins Büro gehen.
A: (zu S) Sie müsst ihr mitnehmen ins Büro.
S: Ich habe dein Handy nicht!

SP1: Ich möchte, dass wir jetzt ins Büro gehen und herausfinden, wo dein Handy ist, das kannst du uns nur sagen.
A: (geht zur Tür, ohne auf das Angebot der Sozialpädagogen einzugehen).
A: (zu S) Wir sehen uns noch!

Fallanalyse: Nach unseren Erfahrungen im Projekt ist das Thema Bedrohung in vielen Jugendeinrichtungen sehr präsent. Und das, obwohl die meisten Fälle von den Mitarbeitern/innen unentdeckt bleiben. Denn sowohl die Opfer (aus Angst oder Scham) als auch die Täter/innen können resp. wollen nicht, dass die Sache an die Öffentlichkeit gelangt.

In unserem Fall geschieht die Bedrohung in aller Öffentlichkeit, im Jugendhaus. Was ist passiert? Ein Jugendlicher mit Migrationshintergrund (Spätaussiedler) behauptet, eine Besucherin (Einheimische) hätte sein Handy gestohlen, verlangt es zurück oder 150 Euro. Zwei weitere Besucher/innen (Einheimische) sowie die später hinzukommenden Sozialarbeiter sind Zeugen der Situation, die offenbar einen realen Hintergrund hat, denn im Jugendhaus wurden in den vergangenen Tagen mehrere Handys gestohlen. Über die Umstände der Diebstähle wird nichts weiter berichtet.

Dass die Bedrohung öffentlich passiert, könnte zunächst die Vermutung nahe legen, dass der Spätaussiedler sich sehr sicher in seiner Position im Jugendhaus fühlt. Er muss die Jugendliche nicht allein vor dem Jugendhaus in einer stillen Ecke abfangen, sondern er tut es vor den Augen aller. Eine Demonstration der Macht: Hier kann ich mir das erlauben; hier können wir (Spätaussiedler) uns das erlauben. Um diese Situation zu verstehen, ist ein kurzer Blick auf das Umfeld des Jugendhauses und auf die Situation der Spätaussiedler/innen sinnvoll.

Exkurs: Zur sozialen Lage jugendlicher Spätaussiedler/innen[82]

Am Beispiel eines Jugendhauses in den Neuen Bundesländern analysiere ich die Lebensbedingungen jugendlicher Spätaussiedler – im Hinblick darauf, was dies für die spezifischen sozialpädagogischen Zugänge bedeutet: Das Jugendhaus liegt in einer Plattenbausiedlung mit einem hohen Spätaussiedler/innen Anteil. Die jugendlichen Besucher/innen des Jugendhauses ›spalten‹ sich in Einheimische (Deutsche) und Spätaussiedler/innen. Zwischen beiden Gruppen kommt es immer wieder zu Konflikten. Es werden Drogen gedealt und häufig kommt es zu gewalttätigen Auseinandersetzungen (auch mit Waffen) und Dro-

82 Ich habe diesen Exkurs einbezogen, um an der sozialen Lage von sog. Aussiedler/innen zu analysieren, welche Bewältigungspotentiale Jugendliche entwickeln müssen, die einen Migrationshintergrund haben. Die Überlegungen sind exemplarisch für die sozialpädagogische Arbeit mit Jugendlichen mit Migrationshintergrund.

hungen. Die Sozialarbeiter/innen finden dabei keinen Weg, die Verhärtungen zwischen beiden Lagern aufzubrechen und beide miteinander ins Gespräch zu bringen.

Um die soziale Lage (jugendlicher) Spätaussiedler/innen in der Bundesrepublik zu verstehen und daraus Konsequenzen für die sozialpädagogische Arbeit zu ziehen, sind meines Erachtens folgende Fakten zu berücksichtigen: Es existieren Orientierungsschwierigkeiten. In den Herkunftsländern wurden sie als Deutsche (schlimmstes Schimpfwort: »Faschist«) bezeichnet, fühlten sich aber als Russen; in Deutschland werden sie als Russen bezeichnet, sollen sich aber als Deutsche fühlen. In den Herkunftsländern ist es ›normal‹, illegale/kriminelle Dinge zu tun, um zu überleben. Da die Schulausbildung seit dem Zusammenbruch der Sowjetunion immer schlechter geworden und die Arbeitslosigkeit gestiegen ist, mussten viele in Bereichen der Schattenwirtschaft (z. B. Drogendealen) ihr Überleben sichern. Die Arbeitslosigkeit erreicht sie auch in der Bundesrepublik: Jeder Vierte findet in den ersten fünf Jahren nach der Übersiedlung keine Arbeit, was illegale Beschäftigung fördert. Durch die Erfahrungen in der Schattenwirtschaft sind Spätaussiedler/innen aber auch sehr flexibel und verfügen über gute handwerkliche Fähigkeiten (an die sozialpädagogisch angeknüpft werden kann).

Gewalt ist in den Herkunftsländern ein ›normales‹ akzeptiertes Mittel, um Konflikte zu lösen. Gewalt wirkt identitätsstiftend (peer-group) und erhöht den eigenen Status in einer Lebenslage, in der materielle Statussymbole schwer oder gar nicht erreichbar sind. Doch es ist festzuhalten, dass nur ein geringer Teil der Spätaussiedler durch Gewalt auffällt. Die Einstellung zu Gewalt ist jedoch im Vergleich zu deutschen Jugendlichen verschieden. Für 37 Prozent der männlichen Migrantenjugendlichen aus der ehemaligen UdSSR ist Gewalt ein probates Mittel zu Konfliktregelung, bei den deutschen Jugendlichen sind es 20 Prozent (vgl. Dietz 2000, 60 ff.).

Das Trinken von Alkohol gehört in einigen Herkunftsländern zum Alltag. Es wird aber meist nur in Gesellschaft getrunken, dafür dann exzessiv. Die peer-group ist der einzige Ort, an dem die sozialen (und beispielsweise sprachlichen) Defizite keine Rolle spielen. Man trifft sich wie in den Herkunftsländern auf der Straße, was für Einheimische bedrohlich wirkt.

Jemanden bei der Polizei anzeigen oder die Polizei zu holen bedeutet einen groben Verstoß gegen den Ehrenkodex: »Wir regeln das unter uns – ohne Polizei.« Das Misstrauen gegenüber der Polizei und anderen Behörden hat einen realen Hintergrund: In den Herkunftsländern gibt es drakonische Strafen für minimale Vergehen, es herrschen Willkür und Korruption in den Behörden. Von Autoritätspersonen wird auch ein autoritäres Auftreten erwartet. Aushandlungsprozesse und Diskussionen im pädagogischen Alltag müssen erst gelernt werden.

Persönliche Probleme bleiben in der Familie und werden nicht nach außen getragen. Daher ist es für Pädagogen/innen und Sozialarbeiter/innen so schwierig, an die Jugendlichen heranzukommen. Zudem sind die Spätaussiedler/innen oft nicht gewohnt, über eigene Probleme zu reden und Hilfe anzunehmen. Eine Vertrauensbasis zwischen Sozialarbeiter/in und Jugendlichem/r aufzubauen, ist ein langwieriger Prozess und wahrscheinlich ein mit den Mitteln der Jugendarbeit und der Sozialpädagogik nur schwer zu lösen.

Für Spätaussiedler/innen steht der an sie herangetragene Anspruch, sich zu integrieren, nicht im Vordergrund ihrer Bewältigungsmuster. Für die meisten ist es einfach nur wichtig, hier zurechtzukommen und in vertrauten und angestammten sozialen Bezügen zu leben: Die deutsche Sprache zu beherrschen und so zu sein wie die hier Aufgewachsenen, spielt für ihre Lebensperspektiven eine untergeordnete Rolle.

Fallanalyse: Diese Fakten auf den dargestellten Konfliktfall angewendet, ergeben ein differenzierendes Bild der Situation. Wie schon festgestellt wurde, zeigt Alexander durch die Gewaltausübung (Bedrohung) für seinen sozialen Kontext Stärke und Dominanz. Gleichzeitig befindet sich Alexander aber auch in einer Opferrolle, die von Verunsicherung und Rückzug geprägt ist. Die Dialektik zwischen Täter- und Opferrolle lässt sich an dem Beispiel sehr gut nachvollziehen. Was passiert hier also im Einzelnen?

Zunächst lässt sich Alexander von seinem Ziel, das Handy zu bekommen, in keiner Weise abbringen – weder durch die Jugendlichen, die immerhin numerisch in der Überzahl sind, noch durch die Sozialarbeiter, die die Autorität und Kontrollinstanz im Jugendhaus darstellen. Alexander will das Handy und verbalisiert das klar und unmissverständlich. Zunächst beschuldigt er Stefanie, sein Handy gestohlen zu haben, und fordert sie auf, es ihm zurückzugeben. Stefanie weist die Beschuldigungen energisch zurück. Daraufhin unterbreitet er ihr ein ›Angebot‹: Du kannst das Handy behalten, aber: »dann gib mir 150 Euro!« Sie geht auf dieses erpresserische Moment erneut nicht ein (»Ich hab dein Handy überhaupt nicht geklaut«).

In einer zweiten Stufe kommen die beiden Sozialarbeiter hinzu und fragen, was los sei. Einer der Jugendlichen erläutert es und schaltet sich somit in die Situation ein. Nach einem kurzen, gescheiterten Versuch, die inzwischen emotional aufgeheizte Situation zu beruhigen, versuchen die Sozialarbeiter, den Konflikt auf rationaler Ebene anzugehen: »Gibt es vielleicht irgendeinen markanten Punkt, wie du erkennen kannst, dass es dein Handy ist?« Alexander nennt Herstellermarke und Version, was dem Sozialpädagogen nicht ausreicht. Weitere einmalige Erkennungsmerkmale (gespeicherte Nummern, Aufkleber, Gravuren) kann Alexander nicht nennen, was die Vermutung nahe legt, dass es sich tatsächlich nicht um sein Handy handelt. Dafür zeigt Stefanie den Sozialpädagogen einen Aufkleber mit ihrem Namen auf dem Handy. Der andere Jugendliche bestätigt, dass Stefanie das Handy von ihrem Vater zum Geburtstag bekommen hatte. Der Tatbestand des Diebstahls scheint entkräftet. Alexander widerspricht dem mit einer Trotzreaktion: »Typisch Deutsche! Immer zusammenhalten! Das ist mein Handy, gib es mir jetzt!«

An dieser Stelle wird die Wendung des Falles deutlich: Alexander kann den rationalen Argumenten (Aufkleber als Eigentumsbeweis) nichts entgegensetzen.

Und die Übermacht der Gegenseite (drei Jugendliche, zwei davon verbal aktiv, und zwei Sozialarbeiter mit Kontrollfunktion) bringen ihn dazu, eine ›Verschwörung‹ zu vermuten: Ihr Deutsche haltet doch immer zusammen! – was sicherlich auch eine Erfahrung vieler Spätaussiedler/innen abbildet. Gleichzeitig muss er versuchen, in dieser Situation sein Gesicht zu wahren und ohne Schaden aus ihr herauszukommen. Dies tut er, indem er das Angebot der Sozialarbeiter, in Ruhe im Büro zu klären, wer sein Handy gestohlen haben könnte, konsequent ablehnt und weiter auf der Herausgabe des Handys besteht. Sein Rückzug (»Wir sehen uns noch!«) ist eine weitere Drohung in Richtung Stefanie. Festzuhalten ist, dass an diesem Punkt eine Intervention zur Grenzsetzung erfolgen müsste. Die nicht bewiesene Beschuldigung wird durch eine weitere Bedrohung verstärkt, damit entgleitet eine Regelung dem sozialen Ort Jugendhaus.

Alexanders Abgang zeigt, dass die Konfliktsituation in diesem Fall nicht gelöst ist – im Gegenteil: Es ist wahrscheinlich, dass weitere Auseinandersetzungen folgen werden. Die Bedrohung schafft bei dem Opfer (Stefanie) Angst, die zur Lähmung und zum Nichtstun führen kann. Alexander wiederum kann sich bestätigt fühlen und die Gewalthandlung (Bedrohung) als erfolgreiche Strategie verbuchen, auch wenn er vorerst das Handy nicht bekommen hat. Sein Verhalten zieht keine Konsequenzen nach sich – außer, dass sich die Barrieren zwischen beiden Seiten weiter verhärten.

Die sozialpädagogische Intervention ist nicht erfolgreich verlaufen:

- eine konstruktive Kommunikation mit dem Täter ist nicht gelungen,
- eine moderierende Vermittlung zwischen den Konfliktparteien fand in Ansätzen statt, führte aber nicht zur gewünschten Streitschlichtung,
- der Handy-Diebstahl als Grund für die Bedrohung wurde nicht aufgeklärt,
- das Opfer wurde in der bedrohten und angeschuldigten Lage belassen.

Aus meiner Sicht wird sich der Konflikt auf das (soziale) Klima im Jugendhaus auswirken. Ein Ziel muss sein, sich den Hintergründen der Anschuldigungen zu nähern. Möglicherweise ist der Jugendliche in einer anderen Situation von derjenigen, die er als Täterin beschuldigt, zurückgewiesen worden und er versucht, sich durch Diebstahlsvorwurf zu rächen. Deshalb scheint es nach meiner Auffassung sinnvoll, die Aufarbeitung mit Unterstützung der Polizei zu lösen. Das heißt in diesem Fall, den falschen Anschuldigungen oder dem Diebstahl Konsequenzen folgen zu lassen. Der Fall sollte zur Lösung an eine andere Instanz abgegeben werden, auch wenn damit der Handlungsspielraum der Jugendarbeiter eingeschränkt wird.

In der nachfolgenden Gruppendiskussion wurden Handlungsmöglichkeiten für die Sozialpädagogen entwickelt. Für das direkte Eingreifen sind zunächst drei Möglichkeiten zentral:

- in Kontakt mit Alexander treten, Beziehung aufbauen, reden, Vorschläge machen;
- das Opfer aus Situation herausholen und damit die Konstellation verändern, denn ohne Opfer gibt es zunächst keine Angriffsfläche für Alexanders Drohungen,

- die Auseinandersetzung über das Handy aus der Angriffslinie nehmen, das bedeutet, die Hintergründe (z. B. ein Beziehungskonflikt) für die Anschuldigungen suchen und aufdecken.

Für den handelnden Sozialpädagogen ist sicheres Auftreten wichtig, so wie es im Teil über Deeskalsation und die notwendige Körpersprache entwickelt worden ist: Aktiv werden, laut, klar, deutlich, entschlossen sein und auf diese Weise Grenzen setzen. Dazu aus der Lähmung heraus und in Bewegung kommen. Darüber hinaus ist es für die Sozialpädagogen entscheidend, die Situation zu verstehen: Was sind die Ziele und Mittel der Konfliktpartner? Was ist der Hintergrund des Konfliktes? Um was geht es da eigentlich? Wie könnte ich alternativ handeln?

Weitere Lösungsschritte, die sich aus dem Fall ergeben: Mittelfristig sollte auf jeden Fall die Lage der Migranten/innen im Stadtteil thematisiert und der Versuch gemacht werden, die Polaritäten und Differenzen zu bearbeiten und konstruktive Kommunikationsstrukturen (Gesprächskreise, Runder Tisch, Angebote zum Lösen von Alltagsfragen) aufzubauen. Eine durchaus erfolgversprechende Möglichkeit könnte hier die ›Installation‹ einer ›dritten‹, vermittelnden Person sein, die einen Zugang zu beiden Parteien hat (etwa ein/e ältere/r, von allen anerkannter Migrant/in).

Konfliktfall »Hausverbot«

Kurzbeschreibung: Ort: Jugendhaus. Ein jugendlicher Spätaussiedler schlägt einen anderen. Die Sozialpädagogin beobachtet die Situation. Sozialpädagoge und Sozialpädagogin gehen zu dem Jugendlichen und teilen ihm ihre Beobachtungen mit und sprechen ihm Hausverbot wegen Schlagens aus. Der Jugendliche entkräftet die Vorwürfe: Er habe gar nicht geschlagen, es sei nur Spaß gewesen und die Sozialpädagogin würde lügen. Der Sozialpädagoge lässt sich nicht darauf ein und spricht ein erneutes Hausverbot aus und wird dabei etwas lauter. Daraufhin greift der Jugendliche den Sozialpädagogen an und beißt ihn ins Gesicht. Dieser wehrt sich und schupst den Jugendlichen zurück. Die Situation droht vollends zu eskalieren. Der Bruder des Jugendlichen, der in der Nähe steht, kann diesen gerade noch vor einem weiteren Angriff zurückhalten.

Die Szene wird im Rollenspiel in zwei Varianten (real und ideal) gespielt. Die Sozialpädagogen, die den Konflikt erlebt und in die Gruppe eingebracht haben, spielen sich selbst. In der idealen Variante sprechen sich beide über die Vorgehensweise ab, die Sozialpädagogin hält sich danach zurück. Beide gehen zu dem Jugendlichen und versuchen, im ›natürlichen Hochstatus‹ zu agieren. Der Sozialpädagoge erläutert seine Beobachtung und die Konsequenzen (Hausverbot). Er bleibt dabei ruhig, sachlich, aber bestimmt. Er wiederholt seine Aufforderung mehrmals. Sollte der Jugendliche nicht darauf eingehen, schlägt er ihm eine Auszeit vor (ca. 20 Min.).

Rollenspiel und Gruppenreflexion

Die Szene setzt ein, als beide auf den jugendlichen Täter (J1) zugehen und ihn ansprechen.
Sozialpädagoge 1 (SP1): Michael, ich bitte dich jetzt mal mit mir zusammen hier ein Stück rüberzugehen, ich muss mal mit dir reden.
Jugendlicher 2 (J2): (Bruder von J1, übersetzt ins Russische) (Beide stehen auf und gehen mit den Sozialarbeitern zur Seite.)
Sozialpädagoge 2 (SP2): Michael, ich habe gesehen, wie du Kevin geschlagen hast.
J2: (übersetzt ins Russische)
J1: Ich habe nichts gemacht.
SP2: Ich habe gesehen, wie du Kevin richtig doll geschlagen hast.
J1: War nur Spaß!
SP1: Michael, ich habe die Aussage jetzt von Kathrin [SP2] gehört, du hast jemand im Haus geschlagen. Du brauchst es nicht zu leugnen, und es gibt bei Körperverletzungen im Haus, und das ist eine Körperverletzung, ne eindeutige Regel in unserer Hausordnung, dass du nämlich Hausverbot bekommst, Haus- und Platzverbot.
J2: (übersetzt ins Russische)
J1: Ich habe nichts gemacht!
SP1: Michael, die Kathrin hat es gesehen, du hast den anderen geschlagen. Und darauf gibt's nur eine Möglichkeit, auf die weise ich dich jetzt hin: Du hast Hausverbot!
J2: (übersetzt ins Russische)
J1: Ich hab nichts gemacht!
SP1: Michael, hör mich bitte an. Du hast Hausverbot.
J1 springt SP1 an und beißt ihm in die Nase.
SP1: (laut) Du bist jetzt zu weit gegangen. Schluss! Raus!
J2 kann J1 vor einem weiteren Angriff auf den Sozialarbeiter gerade noch zurückhalten.

Gruppenreflexion:
Trainer (T): Okay, die Protagonisten, wie habt ihr euch gefühlt in der Szene?
SP1: Sie war echt. Also wie gesagt, dieses direkt in die Nasebeißen konnten wir ja nicht darstellen, aber dieses spontane unverhoffte ›Mich-Anspringen‹ aus so ner Situation heraus war real. Das einzige, was nicht ganz gestimmt hat, war am Anfang, das hab ich vorhin schon ein bisschen angedeutet: Er stand also mehr seitlich zu mir. Er war, nachdem er von Kathrin [SP2] angesprochen worden ist, mehr auf seinen Bruder fixiert, der ihm übersetzt hat. Ob er nun wirklich übersetzt hat, wissen wir nicht, deswegen haben wir uns auf »Larifari, larifari, larifari« geeinigt.
T: Wie fühlst du dich. Jetzt in diesem Moment.
SP1: Aufgeregt.
T: Wie hast du dich in der Situation gefühlt?

SP1: Genau so. Also ich war erstens perplex und ich war ... na ja ... ja einfach aufgeregt und völlig überrascht über diesen massiven körperlichen Angriff.
SP2: Mein erstes Gefühl ist immer, das ist jetzt auch nicht so richtig rausgekommen, ich habe ihm auch vorhin gesagt: »Ihr müsst mich noch schlimmer behandeln.« Ich bin als Frau nicht existent. Das geht mir ganz oft so mit den Spätaussiedlern, dass man als Frau da ... nichts wert ist.
T: Mhm. Also er hat dich noch weniger angeguckt in der realen Situation.
SP2: Ja. Ob ich da rumgestanden hätte oder nicht.
T: Links liegen gelassen. ... Das war real für dich in der Situation. Wie hast du dich gefühlt?
SP2: Nicht real genug. Also von der Herablassung, das kann man nicht nachspielen ohne die Kultur. Also wirklich nicht existent.
SP1: Also es war einfach so, so n richtig kälteres, nicht mal richtig angeguckt. Einfach so ...
T: Ein Abstreifen.
SP1: ... ein Abstreifen. Was willst du von mir?
T: Wie fühlst du dich dann jetzt, in dieser Situation, in dieser Sekunde?
SP2: Nicht ganz so schlimm, wie in der realen Situation.
T: Das heißt, also was war dann da? Frust oder eher Wut?
SP2: Wut.
T: Was habt ihr für einen Eindruck gehabt, fragen wir mal die beiden ›Jugendlichen‹.
J1: Ich bin jetzt auch noch aufgebracht. Ich hab mir Mühe gegeben mit dem Abwerten, das hab ich schon probiert und ich wusste, da kommt irgendwas. Also, das ist ja wirklich nicht so meine Art, Leute anzuspringen und so. Und deswegen war ich vorher schon ein bisschen nervös und dann dieses Auf-ihn-los-Wollen, da merkt man schon, dass in einem einiges läuft. Und also ich bin aufgeregt und hab mich schon ein bisschen blöd angemacht gefühlt, weil es war ja im Endeffekt nichts, und warum Hausverbot, spinnt der? Und ... also ich persönlich hätte natürlich anders wütend reagiert, aber dass ich wütend reagiert hätte, hätte schon sein können.
T: Hätte schon sein können. Was war für dich der Auslöser, dass du so reagiert hast?
J1: Ja, dass ich jetzt hier rausgeschmissen werde, Hausverbot und Polizei, was soll denn das? Kann ich gar nicht gebrauchen. Für nix und wieder nix, war ja nur Spaß.
J2: Spannend für mich war der Moment, als ich in die Augen von Michael [J1] gesehen habe, wann er losspringt. Er hatte, ob das nun gespielt war oder nicht, er hatte den Ausdruck, als wenn er angreifen wollte in den Augen. Das war total krass. Ich hab die ganze Zeit wirklich aufs Gesicht geachtet, genau in dem Moment, also kurz bevor er angegriffen hat, hatte er so eine Sequenz in den Augen, was mir klar machte, er greift jetzt an. Also wie schon gesagt, ich war ja in dem Moment ziemlich außen vor, als Übersetzer, aber ich hab in seinen Augen mitbekommen, dass er gleich angreifen würde.

J1: Ich muss noch sagen, wenn er mich nicht gehalten hätte, wäre ich ihm noch mal an die Gurgel.
Beobachter (B): Das war Glück, dass der Bruder da war, ansonsten wäre es wirklich zum Handgemenge gekommen, so richtig massiv.
SP2: Ich wäre da nicht dazwischengegangen, um Gottes Willen, ich hätte nur die Polizei angerufen.
T: Okay, gucken wir mal nach Statusgesichtspunkten. Also, was ist dein (zu SP1) Ziel in der Situation, was willst du eigentlich? Was ist dir wichtig in dem Moment?
SP1: Ihm deutlich machen, dass er einen Fehler gemacht hat und dass das Konsequenzen hat für ihn.
T: Konsequenzen. Ist das dein Ziel?
SP1: Ja.
T: Oder ist dein Ziel, dass er das Haus verlässt.
SP1: Das hängt ja damit zusammen. Deswegen hab ich versucht, ihm das deutlich zu machen: Du hast hier ne Grenze überschritten und das bedeutet, dass du aus diesem Haus hier raus musst, und dass du das auch für ne Zeit nicht wieder betreten darfst.
T: Wie lange eigentlich?
SP1: Vier Wochen.
T: Also, was ich von außen gesehen hatte, ihr habt mit der Phase 1 der nichteskalierenden Beharrlichkeit begonnen. Das ist jetzt natürlich mit ner Konsequenz vermischt, also mit »Du hast was falsch gemacht.« Und was ihr machen müsst, wenn ihr zu zweit zu einer Person hingeht, besonders wenn das Jugendliche sind oder eben Aussiedler, ihr müsst euch vorher absprechen, wie ihr vorgeht. Also ihr könnt in der Situation selbst nicht umher springen, also dass du das Wort an sie übergibst und sie wieder an dich ... Das ist ein zu hohes Maß für ihn.
J1: Aber das ist ja sehr schwierig, wenn die Kathrin [SP2] das gesehen hat, und die zwei wissen ganz genau, die Kathrin ist eine Frau und die akzeptieren nicht, was sie sagt als Frau, ist es ja ein riesiges Problem, weil Peter [SP1] kann nicht sagen: »Ich hab es gesehen« – hat er nicht, und die wollen sich ja durchsetzen, und das ist ein riesiges Problem.
T: Einfach einmal sagen, dass sie es gesehen hat, und es dann auch so stehen lassen.
B: Und sie kommt nur so mit oder was?
T: Sie kommt mit. Also, sie könnte es auch alleine schaffen.
SP2: Nein.
T: Meinst du nicht?
J1: Bin ich nicht sicher.
T: Könnte sein, dass es auch alleine geht. Aber, wenn ihr zu zweit geht, müsst ihr ne klare Aufteilung haben. Dann muss es klar sein, du bist der Wortführer und du stehst dabei. Du kannst dich einmal auf sie beziehen und sagen, sie hat es gesehen und damit gilt das für mich auch und was da dran hängt ist ein Hausverbot, vier Wochen, und jetzt bitte ich dich zu gehen.

SP2: Haben wir nicht gemacht, war ganz spontan, wir sind einfach losgegangen.
T: Was passiert ist, in der ersten Phase hast du ungefähr nach einer halben Minute deinen Status erhöht. Wo du gesagt hast: »Sie hat das gesehen, das gilt. Ich will jetzt darüber nicht sprechen. Bitte geht raus, du hast hier Hausverbot jetzt.« Also da bist du einfach hoch gegangen und das war der Moment, wo er angefangen hat dich zu verletzen.
J1: Zwei, ich hab ja eigentlich zweimal reagiert. Einmal, weil ich mir von ihr nichts sagen lassen wollte, Punkt aus, geht nicht, sie ist ne Frau, für mich nichts wert. Da hab ich das erste Mal drauf reagiert und dann, als ich gemerkt hab, er meint es ernst und deutlich und sagt mir das auch sehr hart und deutlich. Nachdem ich dreimal »Ich hab nichts gemacht« gesagt hab, da hab ich gesagt, okay, aber als er dann auch lauter und bestimmter wurde, war es dann aus.
T: Ja eben, da bist lauter geworden, bestimmter und das bedeutet, du gehst in der Spirale mit hoch. Also, er hat dir ja sozusagen angeboten, das, was du sagst, ist nicht wahr. Das war sein Angebot, das war nur ein Spaß und das ist nicht wahr. Du reagierst und gehst hoch im Status. Und mein Vorschlag ist, probier an der Stelle auf einer Ebene zu bleiben. Geh da nicht auf seinen Film ein. Wenn er sagt, dass das nicht stimmt, und du darauf sagst, dass es aber doch stimmt, gehst du höher und machst mehr Druck. Aber dann reagierst du bereits auf ihn und bleibst nicht mehr bei dir.
B: Wie hätte er reagieren sollen?
T: »Wenn du meinst, das ist nicht wahr. Ich akzeptiere, dass du das anders siehst, aber wir haben hier dieses Hausverbot auf die Situation und jetzt geh bitte raus.« Aber du bleibst auf der Ebene, du gehst nicht auf seinen Film ein und wirst nicht lauter. Das ist sonst eine klare Eskalationsspirale.
SP1: Ja, ja. Mein Hintergrund war einfach der, die Sache war für mich so klar gewesen, dass ich gesagt hab, ich blocke an der Stelle gleich ab.
T: Das darfst du nicht machen. Wogegen du Widerstand leistest, das erhältst du, du ziehst das hoch damit. Natürlich, wenn du das nach Recht und Unrecht aufteilst, kannst du sagen, »Ich bin im Recht«, und dann ist er im Unrecht. Und dann hast du so eine Polarität, die in dieser Situation nur eskalierend sein kann. Günstiger ist es, am Ziel zu bleiben, was willst du eigentlich? Bleib bei diesem Ziel, du kannst ruhig sagen, dass das auch ein gesetzlicher Verstoß ist. Aber in erster Linie gibt's hier ein Hausverbot, wenn du jemanden schlägst. Bitte geh raus. Ende. Das ist dein Ziel.

Fallanalyse: Das hier diskutierte und analysierte Rollenspiel dokumentiert einen massiven Konflikt mit körperlichem Angriff (sowohl gegen einen Jugendlichen als auch gegen einen Sozialpädagogen) in einer Einrichtung. Über die Vorgeschichte wird nicht viel berichtet (bspw. ob es mit den beteiligten Jugendlichen schon mehrfach im Vorfeld Konflikte gegeben hat). Aber in der Einrichtung selbst sind Konflikte auch mit körperlichem Einsatz keine Seltenheit.

Die Beteiligten an dem Konflikt sind: die beiden Sozialpädagogen (männlich und weiblich) der Einrichtung, ein Jugendlicher mit Migrationshintergrund, der einen anderen Jugendlichen (ob Migrant oder nicht bleibt unausgesprochen) geschlagen hat, und sein Bruder (der in der gespielten Szene als Dolmetscher auftritt). Ob noch weitere Jugendliche (außer dem Opfer) in den Konflikt involviert sind, wird aus der Darstellung nicht ersichtlich. Die Genese des Konflikts bleibt im Dunkeln, weil in dem Beispiel ungeklärt bleibt, welchen Hintergrund der Angriff des Jugendlichen auf den anderen hat.

Sachverhalt: Die Sozialarbeiterin hat beobachtet, wie der Jugendliche einen anderen geschlagen hat und holt den männlichen Kollegen, der die Auseinandersetzung klären soll. In der Darstellung bleibt unklar, ob die beiden sich auf ein Handeln einigen, also vor ihrer Aktion den Fall reflektieren und die Entscheidung des Hausverbotes gemeinsam treffen oder ob die beiden ohne Absprache in die Interaktion mit den beiden Jugendlichen einsteigen.

Die gespielte Szene setzt ein, als die beiden Sozialpädagogen auf den Jugendlichen (der geschlagen hat) zugehen (»Ich bitte dich, jetzt mal mit mir zusammen hier ein Stück rüber zu gehen, ich muss mal mit dir reden«). Zielsetzung dieser Intervention, eine Situation des Gespräches herzustellen, die von den anderen Jugendlichen getrennt ist. Das wird von dem Bruder des betroffenen Jugendlichen übersetzt. Einschätzung der Ausgangslage: Überraschend ist, dass die Jugendlichen sich auf das Gespräch einlassen, sie verhalten sich also durchaus kooperativ. Die Sozialpädagogin, die das Schlagen beobachtet hat, teilt ihre Beobachtung mit: »Michael, ich habe gesehen, wie du Kevin geschlagen hast.« »Die Reaktion des Jugendlichen: »Ich habe nichts gemacht.« Im Sinne der deeskalierenden Beharrlichkeit wiederholt die Sozialarbeiterin: »Ich habe gesehen, wie du Kevin richtig doll geschlagen hast.« Und der Jugendliche äußert seine Deutung des Schlagens: »War ja nur Spaß!« (und revidiert damit seine vorherige Aussage »Ich habe nichts gemacht«).

Die dargestellte Situation wird von Seiten der Sozialpädagogen als Verkündigung eines Urteils und damit eines scharfen Grenzensetzens definiert (Hausverbot): »... das ist eine Körperverletzung, und es gibt in unserer Hausordnung die eindeutige Regel, dass du nämlich Hausverbot bekommst.« Dieses normative Vorgehen ist aus der Entwicklung heraus zu sehen, denn in der Einrichtung hat es schon mehrfach Konflikte mit Gewaltanwendung gegeben. Damit wird nicht unter dem Gesichtspunkt verfahren: eine Auseinandersetzung über die Tat in Gang zu bringen (Hausordnung und Fall als zu Verhandelndes miteinander zu verbinden) und dies vor dem Hintergrund (dem möglichen pädagogischem Ziel), einen Lernprozess zu eröffnen. Aus dem Dialog wird also nicht deutlich, dass der Grund des Schlagens aufgearbeitet werden soll und damit der Grund des Hausverbotes aufgegriffen wird.

In der Analyse des Vorgehens ist besonders der Aspekt des Übersetzens herausgearbeitet worden. Die Heimatsprache (hier Russisch) bedeutet für Migrantenjugendliche ein hohes Maß an Identifikation. Sie ist für den Jugendlichen des Falles gleichsam auch eine Rückzugsmöglichkeit. Die Deutung kann lauten: Ich verstehe nicht, was ihr redet, also kann ich von alledem auch nicht (oder nur indirekt) betroffen sein. Auch: Ich brauche Hilfe, um mich zurechtzufinden (hier in der Person des Bruders, der die Dolmetscher-Rolle übernimmt). Zudem wird der Fremdheitsaspekt betont: Ich bin hier fremd (oder anders: Alles hier ist mir fremd). In der Analyse wurde auf zwei Punkte verwiesen: Was wird von dem Bruder übersetzt (übersetzt er möglicherweise seine eigene Einschätzung und Ratschläge mit)? Und was versteht der Jugendliche auch ohne Übersetzung?

Betont wurde in diesem Zusammenhang auch der Stellenwert des öffentlichen Ortes Jugendhaus. Es ist einer der wenigen öffentlichen Orte (oder der einzige), an dem die Migrantenjugendlichen Freizeitangebote wahrnehmen können, deshalb auch ihr intensives Bemühen, sich diesen Ort zu erhalten.

Aus der Fallbeschreibung werden Schwierigkeiten in der Bearbeitung deutlich:

Nicht diejenige, die den Fall beobachtet hat, wird zum Verhandlungsführer, sondern der männliche Kollege. Die Begründung ist, dass die Jugendlichen sich nicht an einer Frau als Autoritätsperson orientieren können oder wollen.

Von Anfang an wird eine Sanktion verhängt (Hausverbot). Der Konflikt wird also nicht entwickelt und hinterfragt (Was steckt dahinter?). Das Hausverbot steht als abstrakte Regel. Es wurde kein Angebot (Gespräch o. ä.) gemacht. Aus dieser Lage heraus, in die Enge gedrängt zu sein und als Verlierer dazustehen, macht der Jugendliche Versuche, mit Ausflüchten Raum zu gewinnen: »Ich habe nichts gemacht«, »War nur Spaß«, schließlich das In-die-Nase-Beißen. In der Besprechung reagiert der Trainer auf die Deutung der Konfliktsituation so:

> »Ja eben, da bist lauter geworden, bestimmter und das bedeutet, du gehst in der Spirale mit hoch. Also, er hat dir ja sozusagen angeboten, das, was du sagst, ist nicht wahr. Das war sein Angebot, das war nur ein Spaß und das ist nicht wahr. Du reagierst und gehst hoch im Status. Und mein Vorschlag ist, probier an der Stelle auf einer Ebene zu bleiben. Geh da nicht auf seinen Film ein. Wenn er sagt, dass das nicht stimmt, und du darauf sagst, dass es aber doch stimmt, gehst du höher und machst mehr Druck. Aber dann reagierst du bereits auf ihn und bleibst nicht mehr bei dir.«

Dieser Druck, der auf allen Beteiligten liegt, deutet auf eine Zuspitzung in dem Konflikt hin, d.h. beide Parteien standen unter starken Pressionen, weil sich vorher bereits Konflikte angehäuft hatten und die beiden Gruppierungen (Sozialpädagogen auf der einen Seite und Jugendliche auf der anderen Seite) in der Bedrängnis standen, als Verlierer (vor dem Anderen, vor der Bezugsgruppe) aus der Situation zu gehen.

Alternativen: Diese Lage hätte möglicherweise durch eine vorherige Intervention entschärft werden können. Als Möglichkeiten wurden genannt: runder Tisch, Einbeziehen von älteren und ›anerkannten‹ Migranten/innen (dies ein Vorschlag aus der später stattgefundenen Fortbildung zur Lage der Spätaussiedler/innen) und der Versuch, die Lebensbedingungen der Migrantenjugendlichen und ihre isolierte Stellung in den Blick zu bekommen. Dies läuft darauf hinaus, dass eine stärkere Unterstützung der Professionellen, z. B. durch Supervision, Fortbildung, notwendig ist.

Deutungen: Es wird sich unter den Spätaussiedlern/innen herumsprechen. Das Jugendhaus ist ein wichtiger Ort für Spätaussiedler/innen (sonst hätte er sich nicht so gegen das Hausverbot gewehrt). Spätfolgen: Das Hausverbot muss auch über 4 Wochen durchgesetzt bzw. aufrechterhalten werden (evtl. neue Konflikte).

Das bringt uns zu der Frage, in welcher Rolle sich der Sozialarbeiter sieht?

- Was ist an professionellem Wissen vorhanden?
- Wenn Konflikte als Lerngegenstand dienen, was müsste dann geschehen, dass das Hausverbot verhindert werden kann, d.h., dass die Jugendliche nicht in eine solche Lage geraten?
- Sozialarbeiter bleiben auf der gleichen Ebene: Konflikt wird nicht gelöst, er wird beiseite geschoben!
- Eine Vermittlung von Regeln hat nicht stattgefunden. Man gibt dem Jugendlichen keine ›Bewährung‹ (rechtsstaatlich), sondern fällt ein Urteil (›Körperverletzung‹), damit wird ein Prozess des Aushandelns beendet.
- Es finden Zuschreibungen statt, die polarisieren. Es werden keine Angebote gemacht. Das steht im Gegensatz zu dem Ansatz, dass Sozialpädagogik neben Grenzensetzen auch Prozesse als Lernerfahrungen anschieben muss.

In der Besprechung des Rollenspiels werden die große Anspannung und die Emotionalität auf beiden Seiten deutlich. Jeder der Beteiligten hat seinen Teil an Verletzung davon getragen: der geschlagene Jugendliche, der in der Bearbeitung gar nicht auftaucht, der Jugendliche, der Hausverbot bekommt, und der Bruder, der das Gespräch übersetzen muss und dabei in eine schwierige Rolle gerät (als Angehöriger des Täters wird er Partei nehmen und soll trotzdem die Anschuldigungen übersetzen – es wird auch in Frage gestellt, ob er das ›regulär‹ getan hat). In der Aufarbeitung der Rollenspielsituation sagt derjenige, der den Jugendlichen gespielt hat:

> »Ich bin jetzt auch noch aufgebracht. Ich hab mir Mühe gegeben mit dem Abwerten, das hab ich schon probiert und ich wusste, da kommt irgendwas. Also, das ist ja wirklich nicht so meine Art, Leute anzuspringen und so. Und deswegen war ich vorher schon ein bisschen nervös und dann dieses Auf ihn-los-Wollen, da merkt man schon, dass in einem einiges läuft. Und also ich bin aufgeregt und hab mich schon ein bisschen blöd angemacht gefühlt, weil es war ja im Endeffekt nichts, und warum Hausverbot, spinnt der? Und ... also ich persönlich hätte natürlich anders wütend reagiert, aber dass ich wütend reagiert hätte, hätte schon sein können.«

Der Fall zeigt ein Dilemma auf: Ein Hausverbot über einen längeren Zeitraum, z. B. über einen Monat (auch aus der Notwendigkeit heraus, Grenzen zu setzen), macht es schwierig, eine Aushandlungsbasis zu entwickeln und einen Lernprozess in Gang zu bringen. In diesem Falle sind die Urteile (sicherlich auf beiden Seiten) längst gesprochen, bevor es dann zur Konfrontation kommt, d.h. im Sinne eines sozialpädagogischen Handelns können keine Prozesse beginnen, sondern nur noch Urteile verkündet und damit Gegenreaktionen hervorgerufen werden. Ein von außen gesetztes Ziel (wie das Berufen auf die Hausordnung) kann für sozialpädagogisches Handeln kontraproduktiv sein.

Konfliktfall »Mädchengruppe«
Kurzbeschreibung: Ort: Jugendhaus. Eine Gruppe Mädchen übt seit einiger Zeit eine Tanzabfolge im Tanzkurs ein. Ein Mädchen (14 Jahre), das von den meisten Besuchern/innen gemieden wird, kommt zur Sozialarbeiterin und sagt ihr, dass sie gerne beim Tanzkurs mitmachen will, die Tanzgruppe sie aber nicht mitmachen lässt. Die Sozialarbeiterin geht zur ›Gruppensprecherin‹ und führt ein Gespräch mit ihr im Beisein des Mädchens. Sie sagt, dass es gut wäre, wenn das Mädchen in die Gruppe aufgenommen werden könnte. Die Gruppensprecherin sagt, dass die Gruppe das nicht will, weil das Mädchen »blöd« sei, »stinke« und der Tanz so gut wie fertig sei. Alle Integrationsversuche sind vergebens.

Der Konfliktfall wurde im Rollenspiel in verschiedenen Varianten (real und ideal) gespielt. Die Reflexion des Falles wird in Auszügen wiedergegeben. Die Sozialarbeiterin, die den Fall eingebracht hat, spielt sich selbst.

Fallanalyse: Warum ist dies ein Fall zur Bearbeitung in der Jugendarbeit? Die Mitarbeiterin, die mit dem Fall konfrontiert ist, drückt dies in dem Rollenspiel so aus:

> Also es ist momentan so, das Mädchen kommt wirklich schon lange. Am Anfang ist sie wirklich gar nicht akzeptiert worden, da gab's ständig Knatsch, sie ist jetzt ein Stückchen drin, unabhängig von der Weihnachtsfeier, sie ist nur nicht bei der Weihnachtsfeier dabei, aber dass wir ständig noch versuchen, mit beiden Teilen zu sprechen und zu arbeiten. Aber gegenüber den ersten Monaten, in denen sie da war, ist eine Besserung erreicht. Sie wird aber halt immer wieder gemobbt und geschubst und gemacht. Und die Tatsache ist aber auch, dass sie es wirklich nicht versucht, alleine zu machen, selbst wenn wir ihr das mal anraten. Sie kommt also beständig zu uns und bittet um Hilfe.

Die Begründungen, die die Mitarbeiterin für das Beiseiteschieben durch die Gruppe (»wird immer wieder gemobbt und geschubst und gemacht«) gibt, ist auch der Grund, warum ich diesen Fall ausgewählt habe – weil er für die sozialpädagogische Arbeit in Jugendzentren typisch und zentral ist: dass Jugendliche andere ausgrenzen – und zwar mit berechtigten oder unberechtigten Argumenten (und diese damit in eine Randposition drängen). An diesem Fall wird die Ambivalenz des sozialpädagogischen Handelns deutlich. Auf der einen Seite besteht das Ziel, Einzelne wie Gruppen zu einem eigenständigen (autonomen) Handeln und Entscheiden zu befähigen. Unter diesen Voraussetzungen hat die Gruppe also ›das Recht‹ zu sagen, wen sie in ihre Tanzvorführung einbeziehen will (es könnte ja sein, dass in diesem Falle die betreffende Jugendliche gar nicht die Fähigkeiten hat, mitzutanzen und dadurch das Ziel der Gruppe behindert würde).

Auf der anderen Seite werden von der Gruppe der Jugendlichen Gründe genannt, die beim ersten Anhören nach Mobbing klingen (»du stinkst, deine Klamotten«), die aber vielleicht doch eine Berechtigung haben (vielleicht geht tatsächlich von ihr ein unangenehmer Geruch aus). Dann wäre die Sozialpädagogin auf anderer Ebene mit ihrer Vermittlungsarbeit gefordert, d.h. sie müsste dem

Mädchen vermitteln, warum sie gemieden wird, und sie dabei unterstützen, mehr auf ihren Körper und ihr Aussehen zu achten.

Die Jugendlichen der Gruppe, die damit konfrontiert werden, das Mädchen aufzunehmen, versuchen sehr direkt, sich dieser Herausforderung zu entledigen, und zeigen dabei weder Empathie noch Formen der Zurückhaltung: »Weil du nicht mitmachen sollst. Wir machen hier schon immer alleine. Und außerdem, du stinkst, deine Klamotten, wir wollen nicht, dass du mitmachst. Geh, wir wollen nicht …«

Vor welchen Aufgaben stehen die Mitarbeiter/innen, die in den Fall involviert sind:

- Kann der Anspruch, dass alle an Aktivitäten beteiligt werden, überhaupt erfüllt werden?
- Welche weiteren Konflikte/Eskalationen sind mit dem Versuch, die Beteiligung durchzusetzen, vorprogrammiert?
- Wie lässt sich die Ambivalenz lösen: auf der einen Seite die Entscheidung der Gruppe zu respektieren (aus welchen Gründen auch immer diese zustande gekommen ist), auf der anderen Seite das Bedürfnis des einzelnen Mädchens zu unterstützen, an Aktivitäten teilzunehmen. Auch hier muss aus sozialpädagogischem Blickwinkel gefragt werden, welche Lern- und Erfahrungsprozesse durch die Auseinandersetzung in Gang gesetzt werden.

Die Sozialpädagogin postuliert als gemeinsames Ziel, das in der Einrichtung verfolgt wird (bzw. verfolgt werden soll): »Niemand darf ausgeschlossen werden.« Und sie setzt sich vehement für dieses Ziel ein, dem sie Priorität einräumt (die Ambivalenz der Entscheidung wird in der Aufarbeitung nicht thematisiert). »Ja, aber unsere Regel ist, dass hier jeder daran teilnehmen darf und sich beteiligt. Und die Petra ist auch eine Bereicherung und deswegen darf sie einfach hier bei dieser Tanzgruppe mitmachen und wird auch zur Weihnachtsfeier dort zusammen mit euch das Stück aufführen.« Damit setzt sie sich über die Entscheidung der Gruppe hinweg.

Eine weitere Schwierigkeit liegt in dem Sachverhalt, dass die Mitarbeiterin gleichsam für das betroffene Mädchen agiert, mit Folgen, die sehr plastisch von einer Mitarbeiterin, die das Mädchen Petra gespielt hat, eingeführt werden:

> Na, ich hab mich total schlecht gefühlt, weil ich die Erzieherin gebraucht hab, um diesen Konflikt zu lösen. Und hab eben versucht, das ein bisschen runter zu drücken und hab, eben die Weihnachtsfeier vorgeschoben. Eigentlich will ich ja immer mit denen zusammen sein und immer mit denen rumhängen. Und so hab ich eben gesagt, wegen der Weihnachtsfeier, ich will eben auch was dazu tun. Dass die dann sagen: Okay, wegen der Weihnachtsfeier. Das war so mein Angebot. Und ich hab mich wirklich schlecht gefühlt, dass ich das nicht alleine lösen kann und dafür jemanden brauche und die muss mich da eben mit reinschieben.
>
> Diese Lage führt zu einer Schwierigkeit, die eine Mitarbeiterin so ausdrückt:
>
> Das wäre meine Angst gewesen, wenn ich sie einfach so in die Tanzgruppe azu gesteckt hätte, dass sie eben total gemobbt wird. Aber nur um des lieben Friedens willen da mit rein genommen, aber dann wird sie wieder gemobbt. Das ist auch schon ein bisschen erpresserisch.

Eine (sozialpädagogische) Regel (das Team vertritt diese als Ziel ihrer Arbeit), die sich auf das soziale Gefüge der Einrichtung zusammenführend auswirken soll, erweist sich unter den Bedingungen des Falles als Schwierigkeit. Es wird eine ›abstrakte‹ Regel eingeführt.[83] D. h. die Jugendlichen werden mit einer ›bestehenden‹ Regel konfrontiert, über die keine oder kaum eine Auseinandersetzung stattfindet (Welche Sinnhaftigkeit enthält sie für alle Beteiligten, also Petra, die Gruppe, die tanzen will, und die Sozialpädagogen/innen bzw. das Team, das diese Regel als verbindendes Glied für ihre Arbeit formuliert hat?).

Der Trainer macht in der Diskussion des Falles noch auf zwei weitere Punkte aufmerksam:

Trainer (T): Gut, wenn du so eine Mobbing-Struktur hast, die über eine längere Zeit läuft, und du übernimmst Partei für die schwächere Seite, dann verstärkst du oft die Polarisierung. Das heißt, du schiebst die in eine Bösewicht-Funktion, in eine Täter-Polarität und schiebst sie in eine noch stärkere Opfer-Polarität. Was hier positiv sichtbar wird, ist, dass sie rauskommt, das heißt, sie probiert auch von sich selbst aus was. Würde sie das nicht tun, dann könntest du dich auch nicht für sie einsetzen. Ich hab das mal an einer Schule erlebt, dass ein Mädchen gemobbt wurde und die Lehrerin hat sich für sie eingesetzt. Am nächsten Tag ist sie nicht mehr in die Schule gekommen, weil sie Angst hatte. Weil, du gehst dann in ne Retterfunktion, dadurch machst du die anderen noch stärker zu Verfolgern und sie noch stärker zum Opfer. Das hat hier nur deshalb geklappt, weil auch Initiative von ihr ausgeht, sie hat es zuerst mal alleine probiert. So, was kann man jetzt machen? Wenn die Mobbing-Strukturen schon ein paar Monate sind und sie das Alphatier ist in dieser Mädchengruppe, dann ist der Vorschlag, das ist eine Verhandlungssituation, du musst dein eigenes Gefühl in den Vordergrund bringen, dein Bedürfnis, nicht ihre Schwäche. Wenn ich sehe, dass sie mit euch tanzen will und ihr schiebt sie raus, dann merk ich, dass ich Frust habe. Ich ärgere mich darüber und ich möchte, dass ihr sie rein nehmt. Denn mein Bedürfnis ist, dass sie teilnimmt. Du darfst nicht sagen, dass sie schwach ist oder so, sondern du musst dein eigenes Bedürfnis mit reinbringen. Du musst im Grunde genommen in eine Führungsposition gehen. Ist das verständlich?

Sozialpädagogin (SP): Ich glaube, mich würde mal interessieren, was ich dem Mädchen an sich raten könnte, weil sie wirklich beständig kommt und um Hilfe bittet.

T: Was du machen kannst, du kannst sie beraten. Du kannst ihr sagen: »Das ist gut, was du machst, wenn du Kontakt suchst.« Du bist ja jetzt schon mal reingegangen in die Gruppe, das ist gut. Wie machst du das denn eigentlich?« Und dann sagt sie so und so, du spielst dann mit ihr Situationen durch und sagst: »Okay, ich spiel mal sie und du willst in die Gruppe reinkommen.« Und dann

83 Siehe dazu auch die Analyse des Konfliktfalles »Hausverbot«

spielst du das mit ihr und sagst: »Gut, aber du hast den Blick ständig unterbrochen und ich merk auch nicht, dass du das wirklich willst. Jetzt tu es mal so, als wenn du das wirklich willst. Zeig mir mal, dass du es wirklich willst.« Und du spielst es mit ihr durch und dann macht sie es noch mal, geht noch mal raus. Und wenn das nicht klappt, dann nimmst du sie aus der Klasse raus und machst ein Dreiergespräch, nicht vor den anderen. Du musst die Führung übernehmen. Wenn in der Klasse das Mobbing stark ist, je stärker das ist, desto schwächer ist meist die Führung. Es ist ganz merkwürdig, wenn eine Führungspersönlichkeit in der Klasse ist, die nicht ganz die Führung übernimmt, dann ist die Mobbing-Struktur in der Klasse noch stärker. Also, wer ist der Klassenlehrer? Der muss an der Führung arbeiten. Nicht an Strafe, sondern an Führung.

Und auf den Vorschlag einer Kollegin, die familiäre Situation der Jugendlichen mit der Gruppe anzusprechen:

T: Vorsicht, bitte Vorsicht! Ich würde das Bild nicht bringen. Damit stärkst du die Polarität wieder. Ich bitte Euch, nicht auf diese Bilder zu gehen und zu sagen: »Ja, es ist doch okay, wenn sie hier n bisschen am Rand …« Dann machst du sie wieder schwach. Es ist wirklich günstiger, wenn du das, was ihr Bedürfnis ist, ernst nimmst. Und das auch wiederholst und sagst: »Okay, ihr habt die Gruppe zu, ihr möchtet eigentlich alleine tanzen und ihr möchtet keine Störung mehr, weil ihr mit dem Tanz schon fast fertig seid. Ist das so?« Dann sagt sie: »Ja, genauso ist es.« – »Okay, kann ich verstehen, aber ich krieg so'n Hals, wenn ich das sehe. Und mir ist es total wichtig, dass ihr sie in die Gruppe aufnehmt. Auch wenn es Schwierigkeiten macht – bitte nehmt die rein!« Nicht weil sie schwach ist, sondern weil ich möchte, dass hier alle gleich behandelt werden …

B1: Also Ich-Botschaften?

T: Ja, eine Ich-Botschaft, bleib bei deinem Bedürfnis, bei deinem Ziel, lass dich nicht in diese Bilder reinrutschen, die die Polaritäten noch verstärken.

Konfliktfall »Nachbar«

Kurzbeschreibung: Angrenzend an ein Jugendhaus steht ein Einfamilienhaus. Es gibt schon seit längerem immer wieder Streit zwischen den Jugendlichen resp. Sozialpädagogen/innen des Jugendhauses und einem Bewohner des Einfamilienhauses. Die Jugendlichen halten sich im Sommer abends oft vor dem Jugendhaus auf, skaten, spielen oder hören Musik. Dabei wird es oft etwas lauter. Der Nachbar beschwert sich regelmäßig – entweder bei den Jugendlichen oder bei den Jugendarbeitern/innen im Jugendhaus.

In unserem Fall fühlt sich der Nachbar während seiner Geburtstagsfeier wieder von den Jugendlichen belästigt und kommt am nächsten Tag ins Jugendhaus und beschwert sich erneut impulsiv und lautstark bei der Sozialpädagogin. Sie versucht, zwischen den beiden Parteien zu vermitteln und unterbreitet dem Nachbarn den Vorschlag zu einem Runden Tisch mit allen Konfliktbeteiligten sowie einer Vertreterin des Jugendamtes. Der Nachbar geht jedoch nicht auf den Vorschlag ein.

Der Fall dokumentiert einen Konflikt, der typisch ist für die Auseinandersetzung in dicht bebauten Gebieten, der aber zugleich das Verhältnis der Generationen widerspiegelt: auf der einen Seite das regelübertretende und regelverletzende Handeln einer jungen Generation, die ihre Möglichkeiten ausprobiert und damit wenig Rücksicht auf ihr soziales Umfeld nimmt. Dieses Handeln Jugendlicher weist auf ein Defizit an Empathie hin. Damit wird ein sozialpädagogischer Ansatz angesprochen, darauf hinzuwirken, auch andere haben Rechte. Das Beispiel verweist auch auf nicht vorhandene Stärke von Jugendlichen, die sie auf anderem Wege zu erlangen versuchen: durch Lärmen und Stören, durch Biertrinken und Rauchen, d.h. Imitation des Handelns von Erwachsenen. In diese Imitation bauen sie auch gleichzeitig ihre eigenen Regeln ein, die der Provokation, um dadurch auf sich aufmerksam zu machen.

Auf der anderen Seite finden wir das Ruhe- und Ordnungsbedürfnis einer älteren Generation, aber auch deren ›Kontrolllust‹ und ein Machtbedürfnis. In deren Handeln finden sich die Zwänge ihrer eigenen Kindheit und Jugend wieder, die diese auf die gegenwärtige Generation angewendet wissen wollen. Im wahrsten Sinne des Wortes stehen die Jugendarbeiter/innen dazwischen, die einerseits Verantwortung für ›ihr‹ Haus haben, andererseits Jugendlichen einen Freiraum geben wollen und müssen, weil dies Teil des pädagogischen Konzeptes ist. Deutlich wird, dass eine nicht-moderierende Handlungsweise den Konflikt nicht deeskalieren kann, weil die jeweiligen Zuschreibungen der Konfliktparteien gleichsam ›übermächtig‹ sind (dazu Glasl 2002).

Im Anschluss dokumentiere ich einen zunächst misslungenen Versuch, Regelungen herzustellen, bei der beide Teile den Konflikt dadurch verschärfen, dass sie nicht aufeinander zugehen können, weil sie Angst haben, ihr Gesicht zu verlieren.

Rollenspiel und Gruppenreflexion

Szene: Vor dem Jugendhaus. Sozialpädagogin hat mit den Jugendlichen über die Beschwerde des Nachbarn geredet und ist auf dem Rückweg ins Jugendhaus. Der Nachbar kommt.

Nachbar (N): (sehr laut und schnell bricht es aus ihm heraus) Das stinkt mir so dermaßen! Hier in der Straße, hier oben wohn, ich! Alles dreckig nach der Party! Ich hab Geburtstag gefeiert, das hab ich Ihnen schon mal gesagt, meine Gäste haben gesagt: Man kann hier nicht mal in Ruhe feiern bei der Lautstärke! Sie können sich überhaupt nicht durchsetzen, sie machen hier doch wirklich gar nichts! Meine Gäste sagen: Wo wohnst du denn hier, das Haus hast du gekauft? Die Gegend ist total ruiniert! Was ist denn das für eine Wohnqualität? Und was machen Sie? Sie sitzen hier im Klub, trinken Kaffee den ganzen Tag …!
Sozialpädagogin (SP): (zögerlich) Herr Schmidt …
N: … die Jugendlichen tanzen uns auf der Nase rum und Sie kümmern sich nicht darum!

SP: Herr Schmidt ... Herr Schmidt, ich war an diesem Tag eine ganze Stunde draußen.
N: Ach ...! (winkt ab, dreht sich weg und geht ein paar Schritte weiter, die Sozialarbeiterin folgt ihm) Draußen, draußen, was ist denn Ihr Job?! Hier sah es aus, n bisschen vor dem Klub gekehrt ...!
SP: Herr Schmidt ...
N: ... die ganze Straße war noch dreckig, bis zum Bürgersteig...!
SP: ... ich hab mit dem Jugendamt ein Gespräch ausgemacht...
N: ... was nutzt denn das bisschen kehren, frag ich Sie!
SP: ... möchten sie mit den Jugendlichen daran teilnehmen?
N: Ach ..., ich möchte nur hier in Ruhe wohnen, ich möchte nicht, dass die Jugendlichen mit Ihrer Genehmigung vor meinem Wohnzimmerfenster Krach machen! Sogar an meinem Geburtstag, wo ich Gäste hab. Wo wohn‹ ich denn hier? Ich hab mein Haus gekauft! Wissen Sie, was das für ein Skandal ist?!
SP: Ich war ne ganze Stunde draußen ...
N: Das interessiert Sie doch überhaupt nicht! Es interessiert Sie doch überhaupt nicht, wie es mir da in der Wohnung geht! Die Jugendlichen, die Jugendlichen, die Jugendlichen! Wo ist denn mein Interesse? Wer kümmert sich denn um mich? Wer hört mir denn zu, möchte ich mal wissen. Wissen se! (dreht ab)
SP: (versuchte die ganze Zeit zu Wort zu kommen) Ich lass mich hier nicht anschreien! (dreht ab).

Die folgende Reflexion zeigt das Handlungsdilemma der Sozialarbeiterin und zeigt durch die Intervention der Trainerin Möglichkeiten, den Konflikt zu bewältigen. Dabei sind in dem Rollenspiel auch die Jugendlichen an der Konfliktbearbeitung beteiligt.

Gruppenreflexion:
SP: Ich steh da als Puffer zwischen Nachbarn und Jugendlichen, sehe die Bedürfnisse und Rechte beider Seiten, möchte auf beide Seiten eingehen und fühle mich uberhaupt nicht mehr in der Lage zu vermitteln. Es wird jetzt erst mal ein Gespräch mit dem Nachbarn und der verantwortlichen Mitarbeiterin für die Jugendarbeit in der Stadtverwaltung stattfinden, zur Klärung des Sachverhaltes. Wie kann ein gegenseitiges Aufeinanderzukommen beider Parteien gelingen, zur beiderseitigen Zufriedenheit.
Trainerin (T): Darf ich was machen? Kommt alle mal her.
Jugendliche und Nachbar stellen sich im Kreis auf. Die Trainerin nimmt die Sozialpädagogin, die im Mittelpunkt des Kreises stand und von allen Seiten bedrängt wurde, aus dem Kreis heraus und fordert alle anderen auf, wieder auf sie einzureden.
T: Na los, redet!
N: Es geht nicht.
Daraufhin reden Nachbar und Jugendliche miteinander und nicht auf die Sozialarbeiterin ein.

T: (zur Gruppe) Ihr wisst ja, was bei euch abgelaufen ist, ihr habt mit dem Nachbarn gesprochen. Bei uns ist abgelaufen, dass die Sozialarbeiterin zu mir sagte: »Es geht mir besser, aber irgendwie hab ich noch das Bedürfnis reinzugehen.« Da hab ich zu ihr gesagt: »Geh doch!« Bis hierher ist sie gegangen und dann: »Na eigentlich Fakt.« Habt ihr das mitbekommen, was da will ich nicht in den Kreis ist. Das ist es. So, nun lasst uns setzen und darüber reden.
Beobachter 1 (B1): Also, ich hab auch schon mal kurz überlegt und bin vorhin auch nicht drauf gekommen, dass nicht sie das Gespräch führt, sondern eine unbeteiligte Person und als Moderator fungiert, so dass sie aus der Schusslinie raus ist.
T: (geht in die Mitte) Ein Moderator steht nicht in der Mitte und macht sich zum Mittelpunkt und dreht sich ständig, um die Äußerungen der Konfliktparteien aufzunehmen. Der steht hier (geht aus dem Zentrum heraus) und tritt auch mal zurück und spielt nicht Kreisel. Das Gespräch führen die Parteien. Und als Moderator kann ich eins machen, ich kann Regeln festlegen, erst mal Gesprächsregeln festlegen, die erste heißt: »Ich bin der Moderator.« Muss man natürlich verabreden, alle müssen einverstanden sein. »Würden Sie mich akzeptieren? Meine Funktion ist hier, dafür zu sorgen, dass jeder zu Wort kommt, dass keiner unterbrochen wird, dass keiner beschuldigt wird, sondern dass wir gemeinsam uns verständigen. Wenn Sie damit einverstanden sind, dass ich diese Funktion übernehmen soll, dann will ich das gerne tun.« – »Ja, ja, ja, das wäre nicht schlecht, wir kommen uns alleine sonst wieder in die Haare.« – »Wer möchte denn beginnen? Wir wollen erst einmal austauschen, was wir an uns schätzen.« – »Was, was wir an uns schätzen?!« – »Ich hab doch da gehört, Herr Nachbar, dass Ihnen die Jugendlichen schon mal ne Kiste hoch getragen haben.« – »Ja, ja, das hab ich alles ganz vergessen. Ja, aber...« – »Moment, wir kommen nachher dazu. Stimmt das Herr Nachbar?« – »Ja, das stimmt.« – »Was wünscht sich denn jeder von dem anderen?« Und so würde ich das Gespräch führen. Und ihr werdet merken, vieles ist missverstanden, vieles lässt sich klären.
Dann geht's um Huhn und Henne. Wer hat angefangen, da kann man dann sagen, dass es keinen Anfang und kein Ende gibt. Und das Ganze endet damit, dass man sagt: »Gut, jetzt wissen wir was schief gelaufen ist, was wünschen wir uns denn voneinander?« Und dann wird das ausgehandelt. Und dann wird festgelegt und ein Vertrag gemacht, auf dem beide Seiten unterschreiben. Und dann legt man fest, man trifft sich in dem und dem Abstand wieder, man legt fest, es gibt eine Beschwerdestelle. Und wenn in der Zwischenzeit was passiert, gibt es da so eine Stelle, das ist der Jugendliche XY und da kann jeder hingehen und sich beschweren. Und das guckt man sich dann beim nächsten Mal an. So in etwa, auch anders, könnte man das machen. Was mir immer wichtig ist, bei mir läuft eigentlich alles auf eins hinaus: miteinander reden – und so reden, dass man nicht miteinander streitet.
B1: Nur so, wie ich das Problem verstanden hab, gehen die Jugendlichen ja trotzdem auf den Nachbarn los, werfen Steine ans Haus und ans Auto und so. Also es ist schon haarig.

T: Deswegen muss man miteinander reden. Die haben keine andere Möglichkeit, sich zu artikulieren, und man muss ihnen andere Möglichkeiten eröffnen und muss es mit ihnen auch gegebenenfalls einüben. Dass es nicht das Gesetz des Stärkeren gibt, sondern auch die Möglichkeit des Ach-so-ist-das-bei-dir oder Ach-so-bist-du.
N: So eine große Runde hat auch den Vorteil, dass sich keiner die Blöße geben will. Ich meine, was da draußen sich so verbal schnell hochschaukelt und Worte unbedacht mal verletzen oder so, das macht man in der Runde dann nicht mehr. Und dann wird man natürlich an den Worten, die man verwendet hat, gemessen. Und da hat das ne wesentlich höhere Gewichtung.
T: Wichtig sind in diesem Zusammenhang Regeln aus der Gesprächsführung. Zum Beispiel diese: »Ja, aber ...« – »Ja, und ...«, klingt ganz anders. »Ja, und ich habe da noch einen Gedanken«, anstelle von »Ja, aber ich hab da noch n Gedanken«. So ganz einfache Sachen, die gehen so schnell zu lernen. Und schon eskaliert die Situation nicht mehr.
B1: Wobei ich auch denke, dass es schwierig sein wird, weil der Nachbar in jedem Fall im Nachteil ist. Dadurch, dass das ja keine geschlossene Gruppe ist, sondern eine offene, wo sich jeder von den Jugendlichen darauf berufen kann, dass er bei dem Gespräch eben gerade nicht dabei war. Der Nachbar ist in diesem Moment immer der Geschädigte.
B2: Wenn das Regelwerk gemeinsam mit den Jugendlichen vereinbart worden ist, dann funktioniert das.
B1: Ja, das funktioniert. Wir haben unsere Hausordnung auf der Basis aufstellen müssen und das funktioniert heute noch. In der Hausordnung steht nicht mehr und nicht weniger drin als vorher, aber die Jugendlichen sagen, dass es ihre Hausordnung ist.

Schlussfolgerungen dieses Kapitels: Die Dokumentation der Konfliktsituationen und die gedankliche Nacharbeit spiegeln Auseinandersetzungen mit erfahrenen Konfliktsituationen wider, geben Einblick in Unsicherheiten, wie in realen Situationen zu handeln ist. Zu erinnern ist an die im Teil ›Deeskalation‹ entwickelten Ansätze zu Wirkungen von Körpersprache und Status, so wird erkennbar, welche ›Faktoren‹ auf eine Konfliktsituation einwirken, welcher Einfluss damit auf das soziale Klima in der Einrichtung ausgeübt wird. Und nicht zu vergessen: Diese Ereignisse bleiben im Gedächtnis, prägen die Wahrnehmung der Beteiligten und nicht nur der Betroffenen, sondern all der- oder diejenigen, die an diesem sozialen Ort beteiligt sind, denn diese ›Geschichten‹ werden weiter erzählt und erzeugen ein ›Bild‹, das das Erfahrungenmachen prägt.

8 Selbstevaluation und Reflexion

8.1 Überlegungen zur Selbseinschätzung

Mit den methodisch angeleiteten Nachweisen der Wirksamkeit, Qualität und Akzeptanz von sozialpädagogischen Maßnahmen zur Auseinandersetzung mit jugendlicher Gewalt wird ein prüfender *und* auch kontrollierender Mechanismus in Gang gesetzt. »Die Erwartungen an Evaluation reichen von der Qualitätssicherung über Prozessdokumentation zur Wirkungsprüfung und -messung bis zur Projektplanung und -weiterentwicklung« (Holthusen/Hoops, 2011, 54). Die damit verbundene wachsende Kontrolle sozialpädagogischen Handelns in der fortgeschrittenen Moderne kann durchaus kritisch als Zunahme an Bürokratisierung gesehen werden. Geldgeber wie Jugendämter, Träger oder Stiftungen wollen nachvollziehen können, welche Wirkungen die initiierten Ansätze auf die angezielte Gruppe haben. Auch den sozialpädagogisch Handelnden selbst geben Evaluationsmethoden Einsichten in das Geleistete und erweitern auf diese Weise Handlungsmöglichkeit und professionelles Wissen. Dazu müssen die getätigten Interventionen mit den angestrebten Zielen in Verbindung gesetzt werden. Bezogen auf die Ausgangsfrage: Haben sich die Gewaltformen der Jugendlichen in der Einrichtung über den untersuchten Zeitraum hinweg durch die eingeleiteten Maßnahmen verändert, konnten sie eingedämmt werden?

Der Evaluationsansatz soll im Rahmen der sozialpädagogischen Arbeit in der Konflikt- und Gewaltbewältigung die Aufgabe erfüllen: Überprüfung von Wirksamkeit der entwickelten und eingesetzten Ansätze und Methoden, besonders des eigenen Handelns, auch der Kontrolle, ob das angestrebte sozialpädagogische Ziel erreicht worden ist.

Ziel bei dieser Operation ist, die Diskrepanz zwischen den vorfindlichen Bedingungen (Ansprüche des Trägers, Teamsituation, eigene Handlungsmöglichkeiten, Definition der Situation durch die Beteiligten, professionelle Wissensbestände) und möglichen Handlungsschritten herauszufinden. Bei Abweichen vom angestrebten Ziel sind Lösungsschritte zu entwickeln, eine Annäherung von Zielperspektive und tatsächlichem Handeln zu erreichen. Aus den unternommenen sozialpädagogisch Arbeitsschritten und deren Ge- oder Misslingen werden Konsequenzen für das weitere Vorgehen gezogen. So wird ein Zielfindungs- und Zielkonkretisierungsprozess für die praktische Arbeit angestrebt. Konnten beispielsweise mögliche blinde Flecken über praktizierten Gewaltformen (z. B. Mobbing) in der Einrichtung aufgegriffen und sozialpädagogisch bearbeitet werden? Neben der Fremdevaluation, bei der Außenstehende die sozialpädagogischen Prozesse untersuchen, leistet die Selbstevaluation (durch die professionell Handelnden selbst) systematische Einblicke in die eingeleiteten Abläufe, die Auswirkungen auf die Beteiligten.

Bestimmung der Selbstevaluation im Arbeitsprozess: Über die Selbstevaluation (dazu König 2007) können auch die Gründe analysiert werden, warum eine Diskrepanz zwischen dem angestrebten Ziel und Ist-Stand besteht. Der Ansatz, den ich hier vorschlage, ist also stark auf einen formativen, die Abläufe begleitenden Ansatz zentriert. Die methodischen Zugänge der Evaluation stützen sich auf eine kommunikative Rückmeldung. Damit werden Aushandlungen über Erkenntnis- und Erfahrungsprozesse eingeleitet. Die Deutungs- und Handlungsmuster in den Einrichtungen, aber auch die subjektiven Wahrnehmungen und Einschätzungen werden erkenn- und bearbeitbar. Mit einer so konzipierten Selbstevaluation werden die sozialpädagogischen Arbeitsabläufe *reflexiv* zugänglich gemacht. Damit werden die differenten Rollen und Positionen der an sozialen Situationen Beteiligten (Jugendliche wie Professionelle) durchsichtig(er).[84] Evaluation wird so gesehen zu einem Teil der rekonstruktiven Entdeckung und Gestaltung sozialer Wirklichkeit. Die Selbstevaluation bildet einen zentralen Aspekt der sozialpädagogischen Arbeit, da hier die eigenen Entwicklungen und Erfahrungen mit der Erprobung von entwickelten Ansätzen dokumentiert werden können.

Ziele der Selbstevaluation: Handlungsorientierte Evaluation beruht auf dem Prinzip, sozialpädagogische Alltagspraxis und die Reflexion darüber zu verbinden, die Ergebnisse an die Praxis rückzukoppeln (Rückkoppelungsmethoden: Protokolle, Einschätzungsbögen, Vergleich der Einschätzungen der Befragten). Sozialpädagogisches Handeln in Situationen hat seine eigene Dynamik, kann folglich nicht in jedem einzelnen Schritt vorausgeplant werden. Aber gerade deshalb müssen das oftmals ›chaotische‹ Alltagsgeschehen bspw. in Heim oder Jugendarbeit und die sozialpädagogischen Ziele in Beziehung gesetzt werden und überprüft werden, ob es gelingt, die sozialen Regeln stabil zu halten und die Muster der Gewalt zu verändern. Das setzt ein Klima in der Einrichtung voraus, das kritische Selbsteinschätzung fördert und die Handelnden über Stärken und Schwächen offen kommunizieren können: Voraussetzungen, um durch eingesetzte Untersuchungsinstrumente während der einzelnen Arbeitsschritte Rückmeldungen zu dem erreichten Stand der sozialpädagogischen Intervention zu bekommen. Damit haben die sozialpädagogisch Handelnden Entscheidungs- und Planungshilfe für die nächsten einzuleitenden Schritte. Die Instrumente der Selbstevaluation sind Teil des Arbeits- und Entwicklungsprozesses: »Evaluation trifft auf sich beständig verändernde Interpretationen der von Programmen und Maßnahmen und ihrer Evaluierung betroffenen Personen und kollektiven Akteure (z. B. Verbände); dabei wird sie oft mit kontroversen Reaktionen auf ihren Vollzug und ihre Ergebnisse konfrontiert« (Heiner 1996, 240).

84 Siehe dazu auch das Kapitel zu den Falldarstellungen

Die Instrumente müssen so konzipiert sein, dass sie eine rasche Rückmeldung ermöglichen (z. B. in Form von Ergebnisprotokollen, skalierten Einschätzungen), um eine systematisierende Darstellung für die Bewertung eingeleiteter Schritte möglich zu machen. Damit wird erreicht, dass die eigene Einschätzung mit denen der anderen Teammitglieder konfrontiert und in Beziehung gesetzt werden kann und auf diese Weise Schlüsse für die Weiterarbeit möglich werden.

8.2 Methodisches Vorgehen

Um die Ausgangslage in den jeweiligen Einrichtungen festzuhalten (bevor also die jeweiligen methodischen Ansätze der Veränderung von Gewaltsituationen in Gang gesetzt werden), kann eine Befragung der Mitarbeiter/innen der Einrichtungen den Ist-Zustand festhalten. Das kann auch durch die Mitglieder des Teams als Dokumentation der Ausgangslage selbst erfolgen.

Ziele und Herangehensweise: Eine Befragung durch Außenstehende oder eine eigene Dokumentation zum Umgang mit Konflikten und Gewalt in der sozialpädagogischen Arbeit bzw. in den Einrichtungen kann die Ausgangslage festhalten. Mit den Interviews/Protokollen werden drei Ziele verfolgt:

- einen Überblick über die gegenwärtige Situation bzgl. Konflikten und Gewalt in der Kinder- und Jugendarbeit zu bekommen,
- Erfahrungswissen und Entscheidungsspielräume der Mitarbeiter/innen festzuhalten und
- Erwartungen und Probleme abzufragen, um die zukünftige Kooperation zu sichern und zu planen.

Ein möglicher Leitfaden dafür lässt sich in sechs Fragenkomplexe unterteilten:

Interviews können einen Einstieg in die Zusammenarbeit in der Gruppenarbeit einleiten. Deshalb kann es sinnvoll sein, mit einem Leitfaden zu arbeiten, bei dem die Fragen strukturiert sind, aber auch Zwischenfragen und narrative Passagen sollen möglich sein:

- Fragen zu Konflikten und Gewalt im Allgemeinen und zur Situation in den Einrichtungen bzw. Arbeitsgebieten der Befragten (Gewaltbegriff, Häufigkeit und Arten von Gewalt/Konflikten, Ursachen, Auslöser)
- Vorkommen von Gewaltsituationen in der Einrichtung
- Fragen zu den Strategien und dem sozialpädagogischen Handeln der Mitarbeiter/innen in Gewalt- und Konfliktsituationen (Beispielkonflikt, Regeln, Absprache im Team, Sanktionen)
- Fragen zum Umgang der Adressaten/innen mit Gewaltsituationen (Reaktionsmuster, Gruppierungen, die das soziale Klima im jeweiligen Arbeitsfeld beeinflussen)

- Fragen nach den Erwartungen an die einzuleitenden Schritte, um die nächsten Arbeitsschritte zu planen und vorzubereiten?
- Fragen zu den Erwartungen und Wünschen für offene Themen (z. B., Methoden der Deeskalation) und Unterstützungsmaßnahmen (Fortbildungsthemen, Bearbeiten von Konfliktfeldern, Themen für Supervision).

Feedbackbögen – Einschätzung der Inputs: Über Feedbackbögen, Beobachtung und Protokolle können Verläufe und somit Entwicklungen dokumentiert werden. Auf diese Weise wird es möglich, in der Arbeit Probleme und Schieflagen zu orten und Korrekturen vorzunehmen. Die Bögen können aus geschlossenen Fragen oder mit skalierten Antwortmöglichkeiten (z. B. Zufriedenheit bis hin Unzufriedenheit) und offenen Frage bestehen. Auf der Rückseite des Bogens kann Platz für Kritik, Wünsche und Anmerkungen gelassen werden. Inhaltlich können die Fragen in drei Themengebiete unterteilt werden. Ein Beispiel zur Einschätzung eines Gruppenprozesses kann eine Skala sein, mit deren Hilfe die Arbeitsprozesse eingeschätzt werden können.

Die Fragestellungen können im Hinblick auf unterschiedliche Arbeitsprozesse verändert werden. Fragen bspw. nach:

- der Zufriedenheit mit der sozialpädagogischen Arbeitssituation im Projekt (Skala von sehr bis gar nicht),
- der Verwertbarkeit der eingesetzten Methoden und Arbeitsschritte (Skala erfolgreich bis bringt nicht weiter) und
- wie die Lage der Jugendlichen eingeschätzt wird, auf die die Maßnahmen abzielen, können die Einschätzungen ergänzen (Skala von kooperativ bis schwierig).

8.3 Drei Instrumente der Reflexion eigenen sozialpädagogischen Handelns

Drei Selbstevaluationsinstrumente – Beobachtungs- bzw. Erprobungsaufgabe, ›Arbeitstagebuch‹ und ›Kollegiale Beratung‹ – werden im Folgenden mit Blick auf ihre Wirksamkeit dargestellt.

Die *Erprobungs- bzw. Beobachtungsaufgaben* sind zentraler Teil der Selbstreflexion und -evaluation. Nach jeder Teamsitzung werden ein bis zwei Aufgaben für das Arbeitsfeld vereinbart, die bis zum nächsten Treffen bearbeitet werden sollen. Dabei kann es sich um folgende Aufgaben handeln: sich nach einer der nächsten Konfliktsituationen in die Perspektive der Konfliktpartner versetzen und die Situation jeweils aus der Sicht des Beteiligten (Perspektivenwechsel) deuten. Oder: Bereite dich mit einem aktuellen, dich stark berührenden Fall aus deinem Arbeitsalltag auf die nächste Teamsitzung vor (Fallbesprechung). Ziele dieser Aufgaben sind die Sensibilisierung für die eigene Arbeit, die Erleichterung der Anwendung der erarbeiteten Ansätze, die Überbrückung von Theorie und Praxis sowie die Stärkung der Selbstreflexionspotentiale des Teams. Bei der Erprobungsaufgabe kann es darum gehen, in einer Konfliktsituation einen bisher noch nicht erprobten Ansatz (bspw. die deeskalierende Beharrlichkeit) einzusetzen und über die Wirksamkeit zu reflektieren und anderen Kollegen/innen die Einschätzung zu berichten.

Arbeitstagebuch: Das Führen bspw. des Arbeitstagebuchs zielt auf eine Selbstevaluation hin. Das Ziel ist, eine Selbsteinschätzung der Wirksamkeit eingesetzter sozialpädagogischer Arbeitsschritte zu ermöglichen und zu vollziehen, um damit eine Selbstbeobachtung zu aktivieren. Das Arbeitstagebuch ist ein weiterer Ansatz, den Selbstreflexionsprozess zu stärken: es dient als Dokumentations- und Reflexionsmittel. Darin werden Beobachtungen, Probleme und Erfolge festgehalten. Einerseits dient das Aufschreiben der eigenen Reflexion, andererseits werden Erfahrungen und Ergebnisse aus der sozialpädagogischen Arbeit mit den Jugendlichen dokumentiert. Zudem werden abgelaufene Prozesse festgehalten, auch Einzelheiten, an die man sich später möglicherweise gar nicht mehr erinnert, die sich aber für die Krisenentwicklung im Nachhinein als wichtig erweisen können. Auf diese Weise können in einer späteren Phase Perspektiven aktiviert werden: was hat sich verändert, wie hat es sich verändert, wie ist meine heutige Wahrnehmung des Ereignisses oder auch die der beteiligten Konfliktparteien.

Dazu eine Auswahl möglicher Punkte, die als Anregung dafür stehen können, was im Rahmen des Arbeitstagebuches als Reflexion aufgearbeitet werden kann:

- Überlegungen zu den eigenen sozialpädagogischen Zielen, Begründungen.
- Welche methodischen Ansätze habe ich eingesetzt?
- Was konnte ich positiv umsetzen, was ist nicht gelungen, muss verbessert/verändert werden, bspw. Absprachen, Regeln?
- Welche Ansätze, Arbeitsformen will ich beim nächsten Mal umsetzen und erhoffe mir davon ...?
- Welche ›Begleiterscheinungen‹ (z. B. Auseinandersetzungen, Konflikte, die auf zukünftige Probleme verweisen) gab es im Gruppenprozess?
- Welche Störungen z. B. Gewaltformen gab es, ggfs. welche Gründe, welche Jugendlichen waren daran beteiligt, welche Hintergründe?
- Konnten diese Situationen aufgefangen werden oder bleiben unbearbeitete Reste (bei Mitarbeitern/innen, Jugendlichen z. B. durch physische oder psychische Verletzungen)?
- Welche Problemlage, Fälle, organisatorischen Schwierigkeiten möchte ich zur Sprache (z. B. im Team) bringen?

Kollegiale Beratung: Das Konzept der kollegialen Beratung durch die Gruppenteilnehmer/innen ist ein zentraler Bestandteil der Arbeit. Professioneller Kern ist, gegenseitige Unterstützungs- und Beratungsprozesse in Gang zu bringen. Schwerpunkte sind, Erfahrungen aus ähnlichen Situationen und Lösungsmöglichkeiten zu aktivieren und zu vermitteln. Es lassen sich kleinere Arbeitsgruppen bilden, die sich einem bestimmten Problem zuwenden: z. B. der Vorbereitung einer Diskoveranstaltung, bei der mit Gewaltformen gerechnet wird (auf der Grundlage bisherige Erfahrungen oder der ›Ankündigungen‹ durch die Jugendlichen), oder die Arbeit mit Jugendlichen, die in letzter Zeit sehr gewaltauffällig sind. Gegenstand sollten also aktuelle Probleme, die Erprobungen methodischer Zugänge zu schwierigen Arbeitsbedingungen oder die Reflexion kritischer Fälle sein. Deshalb ist es wichtig, von vornherein *eine Stunde pro Woche für die Selbstreflexion* einzuplanen. Die Selbstreflexion der eigenen alltäglichen Arbeit ist notwendig, um in den eigenen professionellen Handlungs- und Deutungsmustern längerfristig Veränderungen zu ermöglichen.

Schlussevaluation: Zum Abschluss der eingeleiteten Maßnahmen wird eine Einschätzung (Evaluation) von Verlauf, die Einsicht in Wirkung und Veränderung der Ausgangslage in den jeweiligen Einrichtungen durchgeführt. Der Prozess der Einschätzung und Bewertung kann mit den Schlussinterviews abgeschlossen werden. Durch einen Vergleich mit den Anfangsdaten und den in der Zwischenzeit erhobenen Prozessdaten lassen sich Schlüsse über die abgelaufenen Prozesse und deren Bedingungen ziehen. Hierbei können folgende Fragen im Mittelpunkt stehen:

- Wie wird der gesamte Erfahrungs- und Lernprozess eingeschätzt?
- Welche Ergebnisse und Strategien aus den bisherigen Prozessen sind für die Zukunft tragfähig, welche eher nicht?
- Wie hat sich die Konfliktwahrnehmung verändert?
- Welche Wirkungen haben die Prozesse in der Einrichtung und im Team hinsichtlich einer Professionalisierung erzielt?
- Welche Veränderungen haben sich im Handeln manifestiert?
- Haben sich die Erwartungen an die methodischen Ansätze erfüllt?
- Welche nicht-beabsichtigten Nebenwirkungen traten auf?

Diese Vorschläge zur Einschätzung der eigenen sozialpädagogischen Arbeit zielen darauf ab, sich selbst im Prozess der Auseinandersetzung mit den Jugendlichen deutlicher sehen zu können. Das alltägliche Handeln ist in seinen emotionalen und erzieherischen Prozessen so vielschichtig, dass es einer Folie bedarf, auf der die Entwicklungen sichtbar und daraus Konsequenzen für die nächsten Schritte gezogen werden können.

9 Die Lebensbedingungen Jugendlicher in der fortgeschrittenen Moderne: Aufgaben für die sozialpädagogische Praxis

9.1 Gesellschaftliche Bedingungen und Gewalthandeln Jugendlicher

Ausgangsüberlegungen: Die Überlegungen und Ansätze dieses Bandes gehen den Vergesellschaftungsprozessen des jugendlichen Subjektes nach. Sie behandeln das Problem, welche Bewältigungsspielräume für Jugendliche in ihren Alltagsproblemen bestehen. Als Folge ist zu klären: Welche Spannungen, die sich aus gesellschaftlichen Brüchen entwickeln, begünstigen Gewaltmuster in Konfliktsituationen. Im Vordergrund der Überlegungen steht, wie sich Lebensbedingungen in der fortgeschrittenen Moderne[85] und die Muster der Konfliktbearbeitung und Gewaltanwendungen (dazu auch Imbusch 2000) im Jugendalter miteinander verzahnen.

Ich habe zeigen können, dass sich die Gewaltformen Jugendlicher aus dem Zusammenspiel vielfältiger Erfahrungen (Familie, Schule, sozialem Milieu, peergroup) und deren Verarbeitung durch das Subjekt entwickeln. Gleichsam ›hinter‹ diesen institutionellen Bedingungen prägen gesellschaftlich-ökonomische Ver-

---

85 Die Begriffe Moderne bei Max Weber und Modernisierung (in den 1950-er Jahren in die wissenschaftliche Argumentation eingeführt) versuchen, in der Konstruktion des Gegenwärtigen dessen Besonderheiten gegenüber den früheren Entwicklungen herauszustellen. Dabei ist der Begriff der Modernisierung nicht mehr mit dem Gewicht der Vollendung belastet, er wird somit aus einem historischen Prozess herausgelöst, wird zu einem neutralen Begriff für Entwicklung. Habermas entwickelt diese Vorstellung in seiner Analyse des Projektes Moderne weiter: Der Begriff der Modernisierung bezieht sich auf ein Bündel kumulativer und sich wechselseitig verstärkender Prozesse: auf Kapitalbildung und Ressourcenmobilisierung; auf die Entwicklung der Produktivkräfte und die Steigerung der Arbeitsproduktivität; auf die Durchsetzung politischer Zentralgewalten und die Ausbildung nationaler Identitäten; auf die Ausbreitung von politischen Teilnahmerechten, urbanen Lebensformen, formale Schulbildung; auf die Säkularisierung von Werten und Normen usw. »E. Durkheim und G.H. Mead sahen vielmehr die rationalisierten Lebenswelten geprägt durch einen reflexiv gewordenen Umgang mit Traditionen, die ihre Naturwüchsigkeit eingebüßt haben; durch die Universalisierung von Handlungsnormen und eine Generalisierung von Werten, die kommunikatives Handeln in erweiterten Optionsspielräumen von eng umschriebenen Kontexten entbinden; schließlich durch Sozialisationsmuster, die auf eine Ausbildung abstrakter Ich-Identitäten angelegt sind und die Individualisierung der Heranwachsenden forcieren. Dies ist in groben Umrissen das Bild der Moderne, wie es die Klassiker der Gesellschaftstheorie gezeichnet haben« (Habermas, 1985, 10).

hältnisse der fortgeschrittenen Moderne[86] die Lebenslagen Jugendlicher und nehmen Einfluss auf die Erziehungs- und Sozialisationsprozesse und damit auf deren Handlungsmuster.

Auf den familialen Bereich bezogen beschreibt Ingeborg Böhme einige dieser Veränderungsprozesse (2003, 269 f):

> »Ein Ausdruck dieser Veränderungen ist die Wandlung der familialen Lebensformen durch die Prozesse der Pluralisierung und Individualisierung, durch die neuen Lebensentwürfe von Frauen und Mädchen, durch Migration und Mobilität sowie durch die veränderten Arbeitsbedingungen mit hohen Anforderungen an Flexibilität, Mobilität und Lernfähigkeit auf der einen und zunehmende Armut und damit Verschlechterung von Lebensbedingung auf der anderen Seite (...) Mit diesem strukturellen Wandel geht ein Verlust des Deutungsmonopols der Familie durch die Vervielfältigung von Wissen und der Erfahrung durch die moderne Lebensführung einher. Die Medien und die neuen Informations- und Kommunikationstechniken drängen durch das große Angebot an Informationen und deren vielfältigen Deutungen den familiären Einfluss zurück. (...) Mit diesen veränderten Entwicklungsanforderungen an die Heranwachsenden verändern und differenzieren sich die Aufgaben der Familie. Sie hat heterogene Lebensbereiche und Lebenspassagen zu koordinieren und zu integrieren. In diesem Zusammenhang nehmen vor allem die Bedeutung der Kommunikation sowie die emotionale Seite der Familienbeziehung zu. (...) Die familiären Kommunikationserfahrungen haben für die Entwicklung der Kinder eine grundlegende Bedeutung. Sie fließen ein in die Auswahl und Gestaltung der Peer-Beziehung und die (Selbst-) bildungsprozesse der Kinder.«

Aus diesen *Veränderungen sozialer Bedingungen* ergibt sich die Frage, ob und wie in familiären Prozessen die Vielschichtigkeiten moderner Lebenslagen vermittelt und Jugendlichen genügend Perspektiven und sozialer Halt gegeben werden kann. Und daraus die Folgerung: Welche Ansätze in der Sozialpädagogik können die Bewältigung von Lebenslagen mit tragen.

Aus abstrakterer Sicht werden die gesellschaftlichen Umbrüche der fortgeschrittenen Moderne von unterschiedlichen Autoren als Ansprüche und Erwartungen an Menschen wahrgenommen, ihre Lebensmöglichkeiten sehr *individuell* in die Hand zu nehmen. Sennett beschreibt in ›Der flexible Mensch‹ (1998) die Forderung an Menschen, sich von ihrem sozialem Umfeld zu lösen, um ›dem Markt‹ zur Verfügung zu stehen. Die weitreichenden Prozesse sozialer Mobi-

86 Ich verzichte hier auf die Differenzierungen des Begriffes der Moderne, die in eine vielschichtige theoretische Debatte eingebettet sind (dazu auch Böhnisch, Lenz, Schröer 2009). Die Paradigmen Moderne, Postmoderne, Späte Moderne, Modernisierung, daraus weiterentwickelt, die reflexive Modernisierung, schließlich das Konstrukt der Risikogesellschaft (dazu Beck 1986), beeinflussen die augenblicklichen theoretischen Erörterungen, versuchen, gesellschaftliche Entwicklungen in einen historischen Bezug zu setzen. »Zeitdiagnosen müssen dabei als Konstruktion interpretiert werden, in welchen Gesellschaften sich selbst thematisieren und insofern auch den Horizont pädagogischer Kommunikation, wenn nicht sogar die Hintergrundtopoi festlegen, welche dann das Nachdenken und Reden über Erziehung organisieren« (Winkler 1993, 43 f). Ich benutze den Begriff der fortgeschrittenen Moderne als Abkürzung und Zusammenfassung für die gesellschaftlichen Entwicklungen der Gegenwart und deren Auswirkungen auf soziale Zusammenhänge.

lisierung, damit eine tendenzielle Auflösung sozialer Bindungen wie Nachbarschaftsunterstützungen führen zu der Suche nach sozialen Orientierungen. Zygmunt Bauman (2005) betont den Schwerpunkt des Konsumismus in einer sich verflüssigenden (fluiden) Moderne. Beck (1986) hebt den Individualisierungsdruck durch die Pole Individualisierung und Pluralisierung in einer Risikogesellschaft hervor. Die Lebensführungen der Subjekte gehen nicht ohne Brüche in der Biografie vonstatten: Traditionelle Sicherheiten brechen weg (wie die Zugehörigkeit zu einem sozialen Milieu) und Zukünftiges ist mit einem hohen Maß an Ungewissheit behaftet (z. B. bei der Suche nach ökonomischer Sicherheit). Dornes (2012, 323) zieht den Schluss, dass es »ein Grundproblem moderner Gesellschaften« ist, »dass nämlich individuelle Selbstorganisation an die Stelle des festeren *sozialen Außenhaltes* treten muss, den traditionelle Gesellschaften noch bieten«.

Beziehe ich alle diese skizzierten sozialen Tatsachen und Bedingungen in die Überlegungen zur Gewaltentstehung bei Jugendlichen ein, summieren sich Ambivalenzen und erlebte Unsicherheiten zu einer zentralen Lebenserfahrung in der fortgeschrittenen Moderne. Sie ›verlängern‹ sich in die Subjekte hinein und werden zu Handlungsaufforderungen für Jugendliche[87]. Diese Tendenzen zur Desorientierung werden zudem durch die Gefahren der Ausgrenzung aus subjektiv bedeutungsvollen sozialen Zusammenhängen potenziert.

Ein erster Zugang zu dem Zusammenhang von fortgeschrittener Moderne und Gewaltformen Jugendlicher ist in der *Abnahme sozialer Verankerungen* zu sehen. Mit der ›Freisetzung‹ aus tradierten Zusammenhängen und sozialen Bindungen (wie bspw. dem sozialen Milieu oder der Orientierung an einer Berufsgruppe) werden Sicherheiten aufgelöst. Die Bindung an eine ›leitende‹ Gruppierung, die Solidarität an sozialen Orten vermittelt, schwindet bzw. geht verloren[88]. Das hat zur Folge, dass das Subjekt sich mehr und mehr um sich selbst kümmern, seine Lage und Position in den gesellschaftlichen Zusammenhängen als Einzelner bestimmen und erkämpfen muss. Aufgrund der zugemuteten Entscheidungsleistungen steht nun das Subjekt in einem ›riskanten Zusammenhang‹: die individuellen Herausforderungen nehmen zu. So gesehen stellt Gewalt einen Versuch der Bewältigung unsicherer Lebenslagen dar. Subjekte verlieren ihre soziale Stütze, suchen für sich Halt in Mustern, die ihnen in ihrem sozialen Umfeld (oder auch in Medien) als Lösungsmechanismen angeboten werden und das können auch Gewaltformen sein.

Worin ist folglich die Attraktivität möglicher Gewaltformen für Jugendliche in der fortgeschrittenen Moderne zu sehen? Gewalt schafft soziale Verbindlich-

---

87 Mit diesen Überlegungen greife ich auf Ansätze des ersten Teiles zur Entwicklung des Selbstbildes zurück.

88 Diese gesellschaftliche Entwicklung führt zu Gegenbewegungen: In der aktuellen belletristischen Literatur haben ›Familienromane‹ Konjunktur, in denen Geschichten familiärer Traditionen, gelungener und misslungener, als Stränge für literarisches Erzählen genommen werden: Beispiel dafür Peter Wawerzinek: Rabenliebe (Berlin 2010).

keiten: Über Gewaltformen werden unklare soziale Normen geklärt. Die Gewaltaktionen von Fußballfans machen auf das sozial Verbindende von Gewaltformen aufmerksam. Feuerwerk zünden, ggfs. gemeinsam das Spielfeld stürmen, nach dem Spiel den ›Kampf‹ mit der Polizei oder gegnerischen Hooligans suchen, auf der Heimfahrt Eisenbahnwagen demolieren schafft – so paradox dies erscheinen mag – soziale Zusammenhänge für isolierte und um Anerkennung ringenden Subjekte. Die *Auffächerung der Normen* in der fortgeschrittenen Moderne, die durch Vielfältigkeit an Orientierungen[89] und sozialen wie ethnischen Gruppen geprägt ist, haben die Frage nach einem Wertekonsens aufkommen lassen (dazu Schiffauer 2008). Diese Auffächerung auf gesellschaftlichen Ebenen macht es Professionellen schwer, gegenüber Jugendlichen ›die‹ gesellschaftlichen Normen als leitende Orientierung zu vermitteln.

Die gefühlte soziale *Lage der Ambivalenz,* die *als eine Folge der fortgeschrittenen Moderne* gesellschaftlich und ökonomisch hervorgerufen wird, trägt dazu bei, Orientierung und Sicherheit durch soziales Experimentieren, auch durch Gewaltformen für sich ›herzustellen‹. Werden Orientierungen unklar, sind die Handlungsregeln verschwommen, muss mit Regeln und deren Wirksamkeit experimentiert werden. Durch eigenes (auch gewaltorientiertes) Handeln werden Strukturen hergestellt.

Werden Gewaltformen in ihren sozialen Zusammenhängen gesehen, heißt das für die Analyse, die Subjekte nicht als Symptomträger von Gewalt zu fixieren. Sie werden dann in dem Kontext sozialer Lebensbedingungen, Lebensformen und sozialem Raum bzw. des sozialen Milieus betrachtet. Sozialpädagogische Lösungsmöglichkeiten sind in den jeweiligen Lebenszusammenhängen zugänglich, um daraus mit den Jugendlichen erweiterte Handlungsmuster zu entwickeln. Orientieren sich Jugendliche an Gewaltformen, versuchen sie, sich des sozialen Umfeldes zu versichern und wahrzunehmen, wie das soziale Umfeld (bspw. die Bezugsgruppe) auf das gewaltorientierte Handeln reagiert, z. B. ob die ›bystander‹ (die passiven Unterstützer/innen im Mobbingprozess) positiv auf die Gewaltformen reagieren und der/die Täter/in dadurch eine Bestätigung und Ansehenszuwachs erhält.

Aus Sicht der Subjekte muss es heißen: Ob Subjekte in sozialen Zusammenhängen, die zu konflikthaften Situationen führen, zu Gewaltformen greifen (müssen), um diese Spannungen für sich erfolgreich lösen und abschließen zu können, entscheidet sich durch die Muster, über die sie verfügen. Diese liefern auf dem Hintergrund des Erfahrungenmachens das Handlungsgerüst für das ›Oben-auf-Bleiben‹ in Alltagssituationen. Jugendliche, die ein gewaltaffines Lösungsmuster haben, werden tendenziell zu Gewaltformen greifen, um diese Situation für sich durch eine sinnliche Erfahrung zu lösen. Gewaltformen Jugendlicher sind in der fortgeschrittenen Moderne nicht nur ein Ausdruck für Unsicherheiten und fehlende soziale Anerkennung, sondern auch ein Mittel, sich eines sozialen Um-

89 Dieser gesellschaftliche Sachverhalt wird auch unter dem kritisch zu sehenden Begriff der Parallelgesellschaft diskutiert und zu fassen versucht.

feldes zu versichern und dort einen Platz zu erlangen (dazu Böhnisch 2002). Diese Überlegung lässt sich durch die *These* erweitern: Gewaltformen werden für Jugendliche, die sich ihrer bedienen, zu einem Schlüssel zur Erwachsenenwelt, weil damit Erfolgserfahrungen aus der Erwachsenenwelt übernommen werden. Die ambivalenten Sichten des Jugendalters gepaart mit unsicheren Lebenslagen, die unklaren Lebensperspektiven können dazu beitragen, Subjekte soweit zu enthemmen, dass sie zu Gewaltformen greifen (müssen), um sich Anerkennung zu verschaffen, damit zur Lösung ihrer Alltagsprobleme zu kommen und so zu einen Ausgleich von Innen und Außen zu finden.

Die These von der *ständigen Bedrohung* durch *soziale Ausgrenzung in der fortgeschrittenen Moderne* basiert auf dem Hintergrund, dass für Subjekte latente Gefahren bestehen, an den Rand gesellschaftlicher Prozesse gedrängt zu werden bzw. an diesen nicht (mehr) teilnehmen zu können: Die Teilhabe an gesellschaftlichen Zugängen und Prozessen wird u. a. ökonomisch kontrolliert, begrenzt und beschränkt. Zum einen sind dies die *Undurchschaubarkeit sozialer Prozesse und die Differenzierungs- und Ausgrenzungsprozesse* in der Moderne, die für Jugendliche schon in den Ausgrenzungen in der Schule[90] sichtbar werden (dazu auch Almendinger 2012).

Lenke ich den Blick auf die große Zahl der Schulabbrecher (je nach Bundesland liegt diese zwischen fünf und elf Prozent, für 2008 absolut bei 64400 Jugendlichen), auf die zwischen Aushilfs- und Billigjobs Herumpendelnden, dann sind es vor allem Gruppierungen junger Männer, die sich nur schwer mit diesen Zuweisungen zu labilen sozialen Positionen zurecht finden können und deshalb unter dem Zwang stehen, auf rigide und traditionelle Männlichkeitsmuster zurückzugreifen, um (Selbst-)Bilder für ihre Orientierung zu finden. Abstrakter formuliert lautet das Resumee so: »Die Subjekte können sich unter den Bedingungen reflexiver Modernisierung nicht mehr an vorgegebenen biografischen Standardverläufen, am Modell lebenslanger Normalarbeit oder dem Muster der stabilen Kleinfamilie orientieren« (Beck, Lau, 2005, 113).

Die Autoren sehen als Folgen eine Auflösung herkömmlicher Orientierungen durch Flexibilisierungs- und Entgrenzungsprozesse. Sie nennen dies eine »Verflüssigung und Individualisierung der Sozialstruktur« (113). Diese gesellschaftlichen Tendenzen zeigen sich an folgenden Elementen individueller Lebensgestaltung:

- der Erweiterung der individuellen Entscheidungsspielräume,
- der Erschütterung der Bedeutsamkeit klassenspezifischer Lebensmilieus,
- der Veränderungen in den Einkommensstrukturen und Bildungslandschaften sowie

90 Der Zugang zu den gesellschaftlichen Teilhaben wird u. a. durch das sog. dreigliedrige Schulsystem eingeschränkt, gesellschaftlich überwacht und eingegrenzt. Der hohe Anteil von Kindern aus Migrantenfamilien in der sog. Hauptschule ist ein eklatanter Beweis für diesen Sachverhalt (institutionelle Diskriminierung).

- der Verbesserung der Optionen für individuelle Selbstfindung- und Reflexionsprozesse, die aber an kognitive und soziale Voraussetzungen geknüpft sind.

Durch Separierung, Differenzierung und Ausgrenzung werden in der fortgeschrittenen Moderne soziale Kräfte in Schach gehalten. Eine der zur Verfügung stehenden Muster, um diesen Zugang zu anerkannten sozialen Zugängen zu sichern, läuft paradoxerweise über gewalttätige Akte. Durch die Auflösung gesellschaftlicher Muster in Unsicherheiten ›entlassene‹ Subjekte müssen herkömmliche und individuelle Muster in eigener Regie verknüpfen, um diesen latenten Ausgrenzungskräften zu begegnen. Integration[91] ist folglich nicht allein ein strukturelles Faktum, wie es am Begriff des Systems orientierte Postulate vorgeben, sondern in der Moderne wird diese Aufgabe auf Subjekte verlagert, für sich einen sozialen Ort zu finden, in dem sie Lebensformen entwickeln können und in dem sie Anerkennung finden (dazu auch Dornes 2012). Die Differenzierungen in der Gesellschaft, so die Annahme, werden an ihren separierenden Orten gelernt.[92] Die Gegenbewegungen dazu können Normenbrüche auslösen: Die Auseinandersetzung mit der Zuweisung führt zur Gegenwehr. Um den Zugang zu gesellschaftlich bedeutsamen Orten zu erlangen, damit dem eigenen Erwartungen und Ansprüchen gerecht zu werden, dienen die eingesetzten emotionalen Kräfte dazu, ein Abgleiten in eine isolierende Position zu verhindern. Das Hineinwachsen in gesellschaftliche Zusammenhänge, die Sozialisation, bedeutet, in das Lösen schwieriger Lebenssituationen eingeführt zu werden. Und das heißt auch, mit den Regeln und den Abweichungen vertraut zu werden. In der Gegenwart (der fortgeschrittenen Moderne) kann die Aufmerksamkeit der Subjekte nicht primär auf die Kontinuität des Lebenslaufes gerichtet sein. Aufgrund der lebensgeschichtlichen Bedingungen treten Unsicherheiten auf, die die ›biografische Handlungsfä-

---

91 Der Begriff der Integration verfehlt seinen Erklärungswert, wenn er nicht Zugriff nimmt auf die dynamischen Kräfte innerhalb einer Gesellschaft, nämlich als aktive gesellschaftliche Zuschreibung von sozialen Orten und Teilhaben oder aber deren Verweigerung. Ebenso wenig sind die Begriffe der Inklusion bzw. der Exklusion erfahrungsbezogen, weil sie ein statisches und von außen zuschreibendes Modell angeben, nicht aber zu einer Analyse der Kräfte und Machtverhältnisse führen, die diesen Zustand gleichsam jeden Tag bewirken. Stattdessen sind die Begriffe der Aus- und Abgrenzung von gesellschaftlicher Teilhabe sinnvoll, weil sie auf Gruppen- und Machtaktivitäten aufmerksam machen, die diese sozialen Prozesse bestimmen.

92 Im Prozess der Ausdifferenzierung eines Gesellschaftssystems entstehen zunehmend mehr Organisationsformen, wodurch sich eine konstitutive Spannung zwischen Organisation und Interaktion auftut. Problematisch wird es, wenn die pädagogische Orientierung und die pädagogischen Handlungsvollzüge hinter die formalen Organisationsmerkmale – also Zeit, Raum, Regeln und Strukturen – zurücktreten. Die Organisationsperspektive tritt in den Vordergrund und die genuin pädagogischen Handlungsorientierungen werden verdrängt. Differenzierungsprozesse stehen somit mit Individualisierungsprozessen in einem sich bedingenden Zusammenhang. Führt man nun beide Perspektiven zusammen, so lässt sich Modernisierung als Differenzierung des gesellschaftlichen Systems einerseits und als Enttraditionalisierung der Lebenswelt andererseits begrifflich fassen.

higkeit‹ (dazu Böhnisch, Lenz, Schröer, 2009) in den Mittelpunkt der Lebensbewältigung rücken. Dies meint: Im Prozess des Aufwachsens steht weniger das Ziel im Mittelpunkt, das eigene Leben in Einklang mit den gruppenspezifischen und gesellschaftlichen Normen zu bringen, sondern die Alltagsbewältigung mit ihren Brüchen und Ambivalenzen drängt sich in der Vordergrund. Für die Subjekte wird es zu einer zentralen Aufgabe, die auseinanderlaufenden Anforderungen des Alltags mit den vorhandenen eigenen Möglichkeiten und Fähigkeiten ›in den Griff‹ zu bekommen: Wie erreiche ich ein Minimum an sozialer Anerkennung, wie kann ich meinem Selbstbild gerecht werden und wie gelingt es mir, die auseinanderlaufenden sozialen Erwartungen so in Einklang zu bringen, dass mein Selbstbild nicht auseinandergerissen wird und ich dadurch handlungsunfähig werde.

Die dargestellten Sachverhalte verweisen auf eine Zunahme an Gleichgültigkeit gegenüber sozialen Prozessen, Problemen und sozialen Regeln bei gleichzeitiger Aushöhlung von Normen. Gewaltbilligung füllt diesen leeren Raum aus, indem Gewalt die Begründung für Handeln ersetzt: als Gegengewalt, als Herstellen von Aufmerksamkeit, um damit zu einem ernstzunehmenden Partner zu werden, als Möglichkeit, in seinem Sinne ›Ordnung‹ zu schaffen (auch als Motiv für rechtsorientiertes bzw. rechtsextremes Handeln). Schließlich kann die Anwendung von Gewalt unter dem Gesichtspunkt der Verteidigung des Territoriums interpretiert und im Zusammenhang mit chauvinistischen, rassistischen und männlich-gewaltorientierten Handlungsmustern gesehen werden.

Das Kennzeichen der fortgeschrittenen Moderne ist die Diskontinuität in den Lebensverläufen und der drohende Verlust sichernder sozialer Räume, auch die verbindender Traditionen[93]. Dies muss ein Alarmsignal für die Disziplin der Erziehung sein und, in der Verknüpfung zu ihr, für die Sozialpädagogik. Der ›Nesthocker‹ Mensch ist auf soziale und emotionale Kontinuität in seinem Entwicklungsprozess angewiesen. Diskontinuitäten bei brüchigen oder fehlenden Bindungen belasten geistige und körperliche Reifung. Die Ausprägung sozialer Orientierungen und die Entwicklung von Mustern zur Lebensbewältigung werden gestört.

Gewaltformen werden zu einer Möglichkeit für das Subjekt, sich in und mit der Bezugsgruppe (peer-group) Sicherheiten ›zu erkämpfen‹, durch Gewalt einen Kristallisationspunkt in einer unsicheren sozialen Umwelt zu finden. Diese Tendenzen können nicht folgenlos für eine Systematisierung und Ausrichtung sozialpädagogischen Handelns bleiben. »Im Zuge der kulturellen Freisetzungen aus den traditionellen Lebensformen und der Pluralisierung von Selbst- und Weltbildern werden wesentliche Rahmenbedingungen tradierter pädagogischer Beziehungen verändert« (Helsper 1995, 22).

93 Götz Eisenberg (2002) kann an verschiedenen Stellen seiner psychoanalytisch angelegten Auseinandersetzung über Amokläufe zeigen, wie ein durch Globalisierungsideologie angeheizter Wettbewerb, wie Konkurrenz und Marktorientierung, Spuren in der Psyche, nicht nur der von Jugendlichen hinterlässt.

9.2 Aufgaben der Sozialpädagogik in der fortgeschrittenen Moderne

Aus diesen gesellschaftlichen Verschiebungen modifizieren sich die Aufgaben für die Sozialpädagogik[94] besonders im Rahmen der Jugendarbeit: Schwerpunkt sozialpädagogischen Handelns ist und war der Versuch, Heranwachsenden Strukturen für ihr zukünftiges Handeln zu vermitteln. Die sozialpädagogische Arbeit mit gewaltorientierten und gewalttätigen Jugendlichen ist eingebettet in die Jugendhilfe, die die Förderung von Kindern und Jugendlichen durch Erziehung, Bildung und Betreuung sicherstellen soll. Die traditionellen Aufgaben der Sozialpädagogik liegen in der Gestaltung des Sozialen. Das umfasst sowohl eine Kontroll- als auch eine Erziehungsfunktion. Wenn wir den Klassikern (Pestalozzi, Makarenko, Bernfeld) folgen, kommt der Sozialpädagogik als Aufgabe zu, mit Jugendlichen Lebensmöglichkeiten auch unter schwierigen Lebensbedingungen zu entwickeln. Diese Aufgabe verschiebt sich unter gegenwärtigen gesellschaftlichen Einflüssen der Moderne zu einer Orientierungshilfe für Subjekte.

Gewalt, vor Jahren eher unter dem Aspekt sozialpädagogisch bearbeitet, dass moralische und ethische Regeln (auch die der Menschenwürde) verletzt werden, wird unter den Vorzeichen der fortgeschrittenen Moderne zu einem ›Tatbestand‹ der Alltagsbewältigung. Welche professionellen Perspektiven erwachsen aus diesem Wandel für die sozialpädagogische Arbeit? Es sind drei Ebenen, auf denen sozialpädagogisches Handeln als Unterstützung der Lebensbewältigung für Jugendliche wirksam werden kann:

- auf der ersten Ebene Orientierungen, auch Auseinandersetzung mit Normen zu ermöglichen, d.h. in prägenden und kritischen Lebenssituationen strukturierende Erfahrungen zu vermitteln,
- zweitens zu dem Herstellen eines sozialen Rahmens und Raumes beizutragen, der Jugendlichen soziale Beziehungen und damit Sicherheit vermittelt,
- schließlich den Ausgrenzungsprozessen von Jugendlichen entgegenzuwirken und diese dabei zu unterstützen, einen sozialen Ort für sich in der durch Brüche und Umbrüche geprägten sozialen Welt zu finden.

Dies zu leisten steht der/die Erzieher/in in der Interaktion mit Jugendlichen als ›Modell‹, als Lernbegleiter/in und ›Trainer/in für soziale Handlungsfähigkeit‹ im sozialpädagogischen ›Rampenlicht‹. Nicht mehr: Wenn du noch einmal den A. schlägst, bekommst du Hausverbot; sondern: Du hast den A. geschlagen, sieh zu, dass du das wieder in Ordnung bringst, ich helfe dir dabei, durch Mediation, Täter-Opferausgleich, indem ich mit dir erarbeite, wie du die Auseinandersetzung

---

94 »In ihr« (der Sozialpädagogik, Anm. d.V.) sagt Michael Winkler (1995, 171), »schafft sich die moderne Gesellschaft insgesamt eine Instanz, um ihre eigenen Reproduktionsprobleme so zu bearbeiten, dass ihr eigener Bestand nicht gefährdet ist.«

mit B. in Zukunft lösen kannst, ohne dass du ihn verletzt und das soziale Gefüge in der Gruppe in Unordnung bringst. Dieser Zugang zum sozialpädagogischen Handeln bedeutet eine Veränderung in der Rolle des/der Pädagoge/in[95]. Nicht mehr der Blick auf das Normative hat Vorrang. Die vorwärtsgewandte Lösung des Problems gewinnt an Priorität, an der sich Muster der Lebensbewältigung in der Zukunft ›ablesen‹ lassen. Die Orientierung, die der/die Pädagoge/in in der Situation vermittelt, richtet sich an ein autonomes Subjekt, das seine ambivalente Lage bewältigen muss.

Der Wechsel in der Erziehungsperspektive ist mit einer Veränderung in den Angebotsformen sozialpädagogischer Räume und Organisationsformen verknüpft: Standen sich traditionell Familie und Heim (Drohung: ›Wenn du nicht spurst, kommst du ins Heim!‹) als Orte normativer Erziehung gegenüber, hat sich die Erziehungslandschaft unter dem Druck vielschichtiger Anforderungen aufgefächert: Diese Auffächerung ist Teil eines gegenwärtigen und modernen Versuches, auf die vorliegende Vielschichtigkeit an sozialen Problemlagen Jugendlicher eine angemessene, den Individuen gerecht werdende Lösung entwickeln zu können. Die Sozialpädagogik reagiert also mit einer Ausdifferenzierung an Angeboten auf die Verschiebungen in den sozialisatorischen und erzieherischen Bereichen der fortgeschrittenen Moderne, die die jeweiligen Problemlagen aufgreifen sollen. Das SGB VIII nennt ein breites Spektrum an Unterstützungs- und Hilfemaßnahmen, die vor allem in den ambulanten Bereich hineinwirken. Als Beispiel nenne ich die Tagesgruppe nach § 32 SGB VIII, die im Kern die Familie bei ihren Erziehungsaufgaben unterstützen soll und dafür Angebote sowohl an die Eltern als auch an die Kinder macht, um ihnen Erfahrungsmöglichkeiten in einem sozialpädagogisch beeinflussten Raum zu geben und familäre Muster zu ergänzen und zu erweitern.

Sozialpädagogik als Jugendarbeit muss versuchen, gewaltorientierten Jugendlichen eine Perspektive in ihren Lebensumständen zu vermitteln, bei der an den Handlungsmöglichkeiten und Grenzen Jugendlicher angeknüpft wird. Auf der institutionell-organisatorischen Ebene ist nachzuvollziehen, wie die sozialpädagogischen Mitarbeiterinnen und Mitarbeiter in den Einrichtungen in der Lage sind, auf Gewaltformen einzugehen, sei es Mobbing oder Erpressung, sei es das Androhen und Anwenden körperlicher Gewalt. Der Verlust des sichernden Rahmens durch das naturwüchsig ›Soziale‹ (Nachbarschaft, Großfamilie, soziale Beziehungen) muss in professionellen Strukturen personenbezogener sozialer Dienste ihren Ausdruck finden. Beratung, Begleitung sowie Hilfen zur Strukturierung des Alltages werden zu Kernaufgaben sozialpädagogischer Praxis.

In diesem Prozess der professionellen Differenzierung kommt es zur Zuweisung sozialer Problemlagen zu Spezialdisziplinen als eine Folge pädagogischer Arbeits-

---

95 Diese Aufforderung an die Rollengestaltung enthält Ambivalentes, nämlich Orientierungen zu vermitteln, die die gesellschaftlichen Zusammenhänge und die ökonomischen Bedingungen verweigern. Damit wird der Professionelle in eine Verantwortung gedrängt, dass er/sie für Normen einsteht, im Wissen darum, dass die vielleicht gar nicht mehr allgemein gelten. Damit werden sozialpädagogisch Handelnde verletzbar – was den einen oder anderen dazu veranlassen kann, sich dieser Aufgabe zu entziehen.

teilung. Die Bereiche der ›Gewaltprävention‹[96] gehören als sozialpädagogische Arbeitsfelder dazu, ebenso das ›Antiaggressionstraining‹ (dazu kritisch Palloks 2006, Plewig 2011, Heuer 2012). Darin ist ein Spiegelbild der Isolierungs- und Verschiebungstendenzen gesellschaftlicher Probleme zu sehen. Gewaltformen in der Gesellschaft werden in ›Jugendprobleme‹ umdefiniert, wie das bei den Plünderungen in London Mitte 2011 sehr augenfällig geschehen ist, um Turbulenzen im Inneren der Gesellschaft ›unsichtbar‹ zu machen. Nicht die Gewaltorientierung einer Minderheit von Jugendlichen ist der Skandal, sondern, dass sich darin der innere Zustand, die geistige Einstellung dieser Gesellschaft widerspiegelt, die in ökonomischen Bereichen sehr wohl Gewalt toleriert, wenn sie den Kampf um Rohstoffmärkte propagiert. Im Jugendbereich werden die vorhandenen Probleme zwar deutlich sichtbar, keineswegs aber sind dort die Ursachen zu suchen. Mit der beschriebenen Verschiebung und der darauf folgenden Pädagogisierung dieser Probleme wird deren Steuerbarkeit suggeriert, aber das Dilemma sozialpädagogischer Interventionen durch die Jugendarbeit besteht darin, dass sie die auslösenden Bedingungen des Aufwachsens nicht verändern kann.

Der Beitrag der wissenschaftlichen und praktischen Ausprägung der Disziplin der Sozialpädagogik als Teil sozialpolitischer gesellschaftlicher Aktivitäten in der Moderne (dazu auch Böhnisch und Schröer 2012) liegt dann in der Auseinandersetzung mit gesellschaftlich hergestellten Differenzen und deren Bewältigung durch die Subjekte. Diese Überlegungen geben die Widersprüche und Spannungsfelder wider, in die Sozialpädagogik in der fortgeschrittenen Moderne gerät: Soziale Probleme, die in gesellschaftlichen Zusammenhängen entstehen, werden an eine Instanz der Pädagogik weitergereicht. Gewalt, vor Jahren eher noch als Ausnahme jugendlicher Aktivitäten wahrgenommen, wird zu einem Tatbestand des Alltages. Dies kann nicht erstaunen, wenn die Gewaltformen oder zumindest die Auseinandersetzung mit Gewalt – und sei es nur in medialer Form – zu einem Teil der Alltagswelt von Jugendlichen wird, wenn Selbstmordattentate und Berichte von Folterungen in den Medien zum festen Bestand der Berichterstattung gehören. Sozialpädagogik sieht sich mit der Lösung von Missständen beauftragt, auf deren Ursachen und Entstehungsbedingungen sie nicht unmittelbar zugreifen, deren Bearbeitung sie aber auch nicht zurückweisen kann. Jugendarbeit hat nicht die Möglichkeit, etwa sich der Auseinandersetzung mit der Gewalt rechtsorientierter oder rechtsextremer Jugendlicher zu verweigern und das Problem der Gewalt an die gesellschaftliche Öffentlichkeit zurückzugeben, von der es ihr zur Lösung überwiesen wurde. Zum einen kann sie es nicht, weil die definierte Problemgruppe auch aus Jugendlichen besteht. Und zum anderen ist der Rückzug schon deshalb verwehrt, weil Sozialpädagogik sich nach einem langen Prozess

96 Eine Einschätzung der Wirkung der Konfrontativen Pädagogik findet sich bei Raabe/Behlmann (2011, 91 f). In diesem Text findet sich auch eine Zusammenstellung und Beurteilung verschiedener Präventionsansätze, von den Sozialen Trainingsprogrammen, Schulischen Anti-Bullying Programmen, Lehrertrainings und Classroom-Management-Techniken sowie Streitschlichterprogrammen bis hin zu Boot Camps und familienzentrierten Präventionsansätzen.

der Professionalisierung um ein eigenständiges Berufsbild Erwartungen aufgebaut hat, die nun gleichsam als Falle zurückwirken können.

Das sozialpädagogische Selbstverständnis im Handeln, in das die Normalitätsvorstellungen eingewoben sind, wird mit der Vervielfältigung sozialer Orientierungen konfrontiert. Konkret, die Sozialpädagogik hat die durch die Modernisierung ausgelösten Relativität und Labilität von Normen und die damit verbundenen Normenbrüche aufzufangen, die sich im Erziehungs- und Sozialisationsprozess als Orientierungsverluste für Jugendliche niederschlagen: auch in den Auseinandersetzung um Gewalt Jugendlicher.

> »Denn sie (die Erziehung, Anm. d. V.) hat mit freigesetzten Individuen zu tun, die Sicherheitsbedürfnisse haben, Bindungen subjektiv emotional und objektiv zum Aufbau ihrer Identität benötigen, die selbst noch so angelegt sein muss, dass sie flexibel werden, sich auf Veränderungen einzustellen« (Winkler 2000, 145).

Sozialpädagogisches Handeln kann sich nicht mehr ohne weiteres auf eine universalistische und normative Orientierung als Folie zurückziehen, weil die Grenzen des unterstellten Allgemeinheitsanspruches ausfransen. Ein schlichtes ›Mach dieses, mach jenes‹ oder die Aufforderung, sich an gesellschaftliche Erwartungen zu halten, muss unter solchen gesellschaftlichen Bedingungen bei Jugendlichen oftmals ins Leere gehen. Mit diesem sozialen Tatbestand verbindet sich der grundlegende Wandel professionellen Handelns: Von der Position des/der allzuständigen normativ orientierten und handelnden Erziehers/Erzieherin führt der Weg zum/zur Lern- und Erfahrungshelfers/in, der/die biografisch bedingte Lernebenen und soziale Milieus zu verzahnen hat. Damit gerät der/die Jugendarbeiter/in in eine weitere Ambivalenz seiner/ihrer Profession: Einerseits die gesellschaftlichen Tendenzen zur Individualisierung zu stützen, in dem er/sie auf Selbstbehauptung der Jugendlichen hinwirkt, auf der anderen Seite wird er/sie aber die daraus erwachsenden Probleme sehen und das gesellschaftlich Verbindende zur Geltung bringen müssen.

Die Disziplin der Sozialpädagogik hat für sich zu klären, ob und wie es einer Instanz der öffentlichen Erziehung gelingen kann, Orientierungshilfen zu geben. Und das heißt auch, jene Regeln, Normen und Werte zur Geltung zu bringen, die Kinder und Jugendliche – die z. B. anderen Gewalt androhen und zur Durchsetzung ihrer Bedürfnisse einsetzen, die Hasch rauchen, Ladendiebstähle begehen oder die Schule schwänzen – für sich zeitweilig oder möglicherweise für immer außer Kraft gesetzt haben. Das meint, Erwartungen auf soziale und emotionale Unterstützung von Kindern und Jugendlichen zu erfüllen, für die die Bildungsinstanz Schule wegen ihrer Selektionsfunktion und ihrer formalen Bildungsprozesse nicht genügend differenziert ist. Der soziale Sinn der Hilfen zur Erziehung besteht darin, angesichts prekär gewordener Vergesellschaftung den Individuen einen *sozialen* Ort für das Selbst bereit zu stellen[97]. Daraus lässt sich der Gedanke des ›pädagogischen

97 Michael Winkler hat darauf verwiesen, dass, wenn wir heute erziehen auch als sozialisieren verstehen, »Gemeinschaft, vielleicht Gesellschaft substituieren müssen, gegen eine Gesellschaft, die aber selbst Individualisierung als Angebot macht und belohnt – freilich als Individualisierung jenseits von sozialer Identität« (Zitat aus einem Brief Winklers von 2012).

Ortshandelns‹ (dazu Winkler 2001) entwickeln: Es sind die sozialen Orte der Vergesellschaftung ›sozialpädagogisch‹ aufzusuchen. Dieser sozialpädagogische Ort muss Raum geben, um Neues zu erfahren. Und er muss so beschaffen sein, dass die Beteiligten diesen Raum selbst gestalten können: in ihm drücken die Jugendlichen ihre Sichtweisen auf die Lebensbedingungen und deren Verarbeitung aus. Damit ist ein sozialpädagogisches Angebot gemeint, das Kindern und Jugendlichen ermöglicht, einen sozialpädagogischen Ort zu gestalten, an dem sie verbindliche Erfahrungen machen können, die ihnen dazu verhelfen, sich selbst wahrzunehmen, den sie selbst aneignen und mit ihren Aktivitäten ausfüllen können. Das schließt mit ein, die Spielräume der Jugendarbeit (und ich denke dabei alle anderen Formen wie Heimerziehung mit) so auszuweiten, dass sie ihrer Partei nehmende Aufgabe gegenüber Kindern und Jugendlichen gerecht werden.

An diesem Ort finden Jugendliche einen sozialen Zusammenhang mit Gleichaltrigen und Erwachsenen, der für sie lebensgeschichtliche Bedeutung hat[98]. Dazu gehört, dass dieser sozialpädagogische Ort für die Betroffenen Sicherheit, Schutz, Geborgenheit und Versorgung bietet. Als weiteren Punkt nennt Winkler (2001), dass an diesen Orten unbeschadet Fehler und Experimente möglich sein müssen und so für sich (Handlungs-)Perspektiven entwickelt werden können.

Zu klären ist, welches Gewicht diese sozialpädagogischen Räume für Jugendliche haben. Verfolgt man den Gedanken sozialer Orte des Lernens und des Erfahrungenmachens weiter, wird deutlich, dass es diese ›zentralen‹ Orte nicht geben kann, vielmehr müssen wir von einer Fragmentierung von Lernorten und Erfahrungswelten ausgehen, die das Subjekt in einem Bild von sich selbst zusammenfügen muss. Junge (2008, 91) fasst diese Tendenz so zusammen: »Die Zerbrechlichkeit (...) ambivalenter Individualisierung überträgt sich auf die zu ihrer Stabilisierung erfundenen gemeinschaftlichen Zugehörigkeiten.« Umso mehr ist also die peer-group als Orientierungsansatz und Ersatz gefragt, in denen Jugendliche mit Unterstützung professioneller Erwachsener diese Erfahrungen von Zugehörigkeit lernen und erleben können, auch wenn damit Regelerprobungen und -verletzungen vorprogrammiert sind.

Dem gesellschaftlichen Diskurs über delinquente, gewaltorientierte Kinder und Jugendliche (dazu auch von Wolffersdorff 2011) liegt ein Unbehagen über die Erziehung bzw. die Sozialpädagogik zugrunde. Pointiert könnte man dieses Unbehagen in der Formel »Das Ende der Erziehung« zusammenfassen (Stickelmann 1999, 82 ff.). Die mediale Aufbereitung der vermeintlichen oder realen Aktivitäten jugendlicher Straftäter folgt der Tendenz, dass über stilisierte Einzelfälle Kinder und Jugendliche und insbesondere Jugendliche ausländischer Herkunft für soziale und gesellschaftliche Unsicherheitsgefühle verantwortlich gemacht werden. Zum einen gerät darüber die Verantwortlichkeit der Erwachsenengeneration aus dem Blick, zum anderen wird damit das Bild einer folgenlosen Pädagogik gestützt, das wiederum die ›Strategie‹ des Aktionismus in Jugendarbeit und

98 Die Nähe dieses Forderungskataloges zur lebensweltorientierten Erziehungshilfe ist unübersehbar (dazu Thiersch 2001).

Jugendhilfe befördert. Durch die medial aufgeputschten Prozesse entstehen und verfestigen sich Ängste vor kriminellen Straftätern, vor »bösen« Kindern und Jugendlichen, die als Sündenböcke für andernorts in Gang gesetzte Prozesse verantwortlich gemacht werden und die schließlich die gesamte Bandbreite der Disziplinarerziehung und der öffentlichen Sanktionierung erfahren sollen (beispielsweise in der immer wieder aufflammenden öffentlichen Diskussion zu geschlossenen Heimen). Diese Strategie folgt einer spezifischen Vorstellung von Jugend, die pädagogisch strukturiert in die Zukunft ›katapultiert‹ werden soll (Jugend ist gleich Zukunft). Eine Abweichung von diesem Jugendideal wird immer schon als Bedrohung dieses Mythos interpretiert und sanktioniert. Im Zuge gesellschaftlicher Prozesse verändern sich die Rahmenbedingungen: Die Erwartung an Jugendliche, auf das heute Erlebbare zu verzichten (in der Figur des Triebverzichtes), um sich auf das Morgen gut vorbereiten zu können, greift nicht mehr. Jugendliche sind gegenwartsorientiert, leben im sogenannten ›Hier und Jetzt‹ und sind stark mit gesellschaftlichen Problemen und Anforderungen konfrontiert, vor denen man sie früher zu schützen suchte: Das Pädagogische als Schutzraum, als Insel der Vorbereitung auf das spätere Leben, ist längst ohne abgrenzenden Zaun. Dies begründet eine Veränderung in der Rolle des Erziehenden, zugleich Orientierung, auch Sicherheit gebenden Professionellen. Die Sozialpädagogik stellt sich auf diese gesellschaftlichen Bedingungen ein, indem sie für das Auseinanderdriften gesellschaftlicher Orientierungen den sozialen wie individuell notwendigen ›Kitt und Kleister‹ liefert. Dafür wird sie Verbindungen aus sozialpädagogischem Handeln *und* organisatorischen Konstrukten herstellen. Der Beitrag, den die sozialpädagogische Disziplin zu den gesellschaftlichen Veränderungsprozessen zu liefern hat, liegt dann in der Unterstützung Jugendlicher, in der Bewältigung von gesellschaftlich verursachten Lebensunsicherheiten und der Mit-Entwicklung angemessener Lebensstrategien. (Sozial-)pädagoginnen und (Sozial-)pädagogen brauchen dafür den notwendigen Respekt und Rückhalt von allen gesellschaftlichen Kräften, um die für die Gesellschaft so zentrale Aufgabe, Jugendliche bei der Gestaltung von Zukünftigem zu begleiten. Dies bedingt auch, die medialen Zumutungen für Jugendliche und Sozialpädagogen/innen zurückzuweisen und sich bei der Sozialpolitik für die ökonomische Absicherung dieser wichtigen und aufwendigen Arbeit einzusetzen.

10 Zusammenstellung der im Text enthaltenen Arbeitsaufträge, Übungen, Spiele und Fallbeispiele

Zum Kapitel 3.3:
Sozialpädagogisches Handeln in Konflikt und Gewaltsituationen

- Übung: Zum Entwickeln von Selbstwertgefühl bei sich und anderen
- Übung: Zur Erfassung der Gefühlslage
- Arbeitsauftrag: Zum Erfassen eigener Handlungsmöglichkeiten
- Arbeitsauftrag: Zur Klärung des biographischen Hintergrundes
- Arbeitsauftrag: Zur Wahrnehmung der eigenen Beobachtungsmuster
- Übung: Zur Wahrnehmung der Gefühlsmuster in belasteten Situationen
- Arbeitsauftrag: Zur Klärung eigener Grenzen
- Übung: Zum Hervorholen von Verborgenen
- Spiel: Wenn ich wütend bin, dann mache ich so …
- Spiel: Worte, die ich nicht hören will
- Arbeitsauftrag: Klärung des eigenen Standpunktes zur Gewalt
- Arbeitsauftrag: Entwickeln einer eigenen Definition zur Gewalt

Zum Kapitel 4:
Bewältigen von Konflikten: Möglichkeiten und Grenzen des Intervenierens

- Arbeitsauftrag: Analyse einer Konfliktsituation anhand eines Bildes
- Arbeitsauftrag: Ich-Botschaften
- Arbeitsaufträge: Zur Kultur der eigenen Einrichtung
- Arbeitsauftrag: ›Wir akzeptieren keine Gewalt in der Einrichtung‹
- Arbeitsauftrag: Einschätzung des eigenen Interventionstypus
- Übung: Meine Position zum Schlagen
- Arbeitsauftrag: Beweggründe für das Gewalthandeln Jugendlicher
- Arbeitsauftrag: Beweggründe für das Gewalthandeln in der Einrichtung
- Arbeitsauftrag: Arbeitsauftrag zur Klärung meiner Toleranzgrenze
- Arbeitsauftrag: Zugespitzte Konflikte in meinem beruflichen Kontext
- Übungen und Spiele zur Bearbeitung von Konflikten:
  - Kalt-Wasser-Wörter
  - Abkühlen
  - Schmutzige Wut – Saubere Wut
  - Wütende Satzanfänge
  - Mit schlechten Gefühlen umgehen

Zum Kapitel 5:
Deeskalieren

- Übung: ›Der Platz gehört mir!‹ – Einflüsse negativer Gefühle auf den Konfliktverlauf
- Arbeitsauftrag: Mögliche Deeskalationsstrategien und deren Unterstützer
- Arbeitsauftrag: Reflexion möglicher Schwachstellen
- Rollenspiel: Zur Eskalation
- Übung: Gassenspiel
- Übungen zur Körpersprache und Status:
  - Stopp
  - Gleichgewicht
  - Gefühle erkennen
  - Anrede
  - Lächeln
  - Vorwurf
  - Nähe und Distanz
  - Raum- und Territorialhandeln
  - Ebenen der Kommunikation
  - Verdrängen
  - Blickverhalten
- Übung: Kontaktaufnahme
- Übung: Bewerbung
- Arbeitsauftrag: Rauchverbot im Jugendhaus
- Übung: Wörter oder kurze Sätze in verschiedenen Tonfällen zurufen
- Übung: Schlagfertigkeit
- Übungen zur Entspannung

Zum Kapitel 6:
Zum Stellenwert der Jungenarbeit

- Arbeitsauftrag: Jungen- und Mädchensozialisation
- Übung: Auseinandersetzung mit Normen und Regeln
- Rollenspiel: ›Soziales Atom‹ – zur Erfassung des sozialen Umfeldes
- Übung: ›Elefantenjagd‹ – zur Erfahrung eigener Kraft und Auslösung von Gewalt

Zum Kapitel 7:
Fallbeispiele

- Konfliktfall Rauchen
- Konfliktfall Handy
- Konfliktfall Hausverbot
- Konfliktfall Mädchengruppe
- Konfliktfall Nachbar

Literaturverzeichnis

Aichhorn, A.: Verwahrloste Jugend – Die Psychoanalyse in der Fürsorgeerziehung. Bern, Stuttgart, Wien 1971 7. Aufl.

Almendinger, J.: Schulaufgaben. Wie wir das Schulsystem verändern müssen, um unseren Kindern gerecht zu werden. München 2012

Altun, E., Mörchen, V., Tscholl, D., Tiemann, R.: »Ich habe hier ein Opfer für Sie, jedenfalls benimmt es sich so.« Erfahrungen aus der Praxis einer Beratungsstelle für Jungen, die Gewalt erleben. In: Deutsche Jugend 57. Jg. H. 6 Juni 2009, S. 249–257

Auchter, Th.: Gewalt als Zeichen der Hoffnung? Zur psychoanalytischen Theorie der jugendlichen Gewalt bei D. W. Winnicott. In: Schlösser, A.-M., Gerlach, A. (Hrsg.): Gewalt und Zivilisation. Gießen 2002

Baier, D.: Jugendgewalt in Deutschland – Eine Bestandsaufnahme. In: Deegener, G., Körner, W. (Hrsg.): Gewalt und Aggression im Kindes- und Jugendalter. Ursachen, Formen, Intervention. Weinheim/Basel 2011, S. 35–53

Baier, D., Pfeiffer, C., Simonson, J., Rabold, S.: Jugendliche in Deutschland als Opfer und Täter von Gewalt, Forschungsbericht 107 des Kriminologischen Forschungsinstitut Niedersachsen e. V. Hannover 2009

Bauer, K.-O.: Kompetenzprofil LehrerIN. In: Otto, H.-U., Rauschenbach, T., Vogel, P. (Hrsg.): Erziehungswissenschaft: Professionalität und Kompetenz. Opladen 2002

Bandura, A.: Psychological modelling: Conflicting Theories. Chicago 1971

Bandura, A.: Sozial-kognitive Lerntheorie. Stuttgart 1979

Bauman, Z.: Verworfenes Leben. Die Ausgegrenzten der Moderne. Hamburg 2005

Beck, U.: Risikogesellschaft. Auf dem Weg in eine andere Moderne. Frankfurt am Main 1986

Beck, U., Lau, C.: Theorie und Empirie reflexiver Modernisierung. In: Soziale Welt, H. 2/3, 2005, S. 107–137

Behnisch, M.: Jungen in Erziehungshilfen. In: Matzner, M., Tischner, W. (Hrsg.): Handbuch Jungen- Pädagogik. Weinheim/Basel 2008, S. 170–182

Behnisch, M.: Pädagogische Beziehung. Zur Funktion und Verwendungslogik eines Topos der Jugendhilfe. Würzburg 2005

Bentheim, A., May, M, Sturzenhecker, B., Winter, R.: Gender Mainstreaming und Jungenarbeit. Weinheim/München 2004

Berger, P.L., Luckmann, Th.: Die gesellschaftliche Konstruktion von Wirklichkeit. Eine Theorie der Wissenssoziologie. Frankfurt am Main 1980

Blos, P.: Adoleszenz. Stuttgart 1962

Boehnke, K., Fuß, D., Hagan, J. (Hrsg.): Jugendgewalt und Rechtsextremismus. Weinheim/München 2002

Böhme, I.: Sozialpädagogische Arbeit im integrativen Hort für Kinder mit besonderem erzieherischem Bedarf. In: Stickelmann, B., Frühauf, H.-P. (Hrsg.): Kindheit und sozialpädagogisches Handeln. Weinheim/München 2003, S. 267–297

Böhnisch, L.: Sozialpädagogik des Kindes- und Jugendalters. Weinheim/München 1992

Böhnisch, L.: Grundbegriffe einer Jugendarbeit als ›Lebensort‹. Bedürftigkeit, Pädagogischer Bezug und Milieubildung. In: Böhnisch, L., Rudolph, M., Wolf, B. (Hrsg.): Jugendarbeit als Lebensort. Weinheim/München 1998, S. 155–168

Böhnisch, L.: Der andere Blick auf die Geschichte. Jugendarbeit als Ort als Identitätsfindung und der jugendgemäßen Suche nach sozialer Integration. In: L. Böhnisch, M., Rudolph,

B. Wolf (Hrsg.): Jugendarbeit als Lebensort. Jugendpädagogische Orientierungen zwischen Offenheit und Halt. Weinheim/München 1998, S. 19–38
Böhnisch, L.: Gewalt – Jungen und junge Männer. In: Schröer,W., Struck, N., Wolff, M. (Hrsg.): Handbuch Kinder- und Jugendhilfe. Weinheim/München 2002, S. 465–480
Böhnisch, L.: Viele Männer sind im Mann. Bilder-Blicke-Horizonte. Wien 2006
Böhnisch, L.: Soziale Konstruktion von Männlichkeit und Kristallisationspunkte männlicher Sozialisation. In: Matzner, M., Tischner, W. (Hrsg.): Handbuch der Jungen-Pädagogik. Weinheim/Basel 2008, S. 63–77
Böhnisch, L., Lenz, K., Schröer, W.: Sozialisation und Bewältigung. Eine Einführung in die Sozialisationstheorie der zweiten Moderne. Weinheim/München 2009
Böhnisch, L., Schröer, W.: Sozialpolitik und soziale Arbeit. Eine Einführung. Weinheim/Basel 2012
Böhnisch, L.: Männliche Sozialisation. Eine Einführung. Weinheim/Basel 2013
Böllert, K.: Zwischen Intervention und Prävention. Neuwied, Kriftel, Berlin 1995
Bourdieu, P.: Die verborgenen Mechanismen der Macht. Hamburg 1992
Bourdieu, P.: Meditationen. Frankfurt am Main 2001
Breakwell, G. M.: Aggression bewältigen. Umgang mit Gewalttätigkeit in Klinik, Schule und Sozialarbeit. Bern/Göttingen/Toronto/Seattle 1998
Broich, J.: Rollenspiele mit Erwachsenen. Anleitungen und Beispiele für Erwachsenenbildung, Sozialarbeit, Schule. Reinbek bei Hamburg 1980
Buford, B.: Geil auf Gewalt: Unter Hooligans. München 1992
Bundschuh, S., Drücker, A., Scholle, T. (Hrsg.): Jugendarbeit gegen Rechtsextremismus. Motive, Praxisbeispiele und Handlungsperspektiven. Schwalbach/TS. 2012
Clarke, J. u.a.: Jugendkultur als Widerstand. Frankfurt am Main 1981
Collins, R.: Dynamik der Gewalt. Eine mikrosoziologische Theorie. Hamburg 2011
Connell, R.W.: Der gemachte Mann. Konstruktion und Krisen von Männlichkeit. Opladen 1999
Deegener, G., Körner, W. (Hrsg.): Gewalt und Aggression im Kindes- und Jugendalter. Ursachen, Formen, Intervention. Weinheim, Basel 2011
Dietz, B.: Gewaltprävention jugendlicher Spätaussiedler, Göttingen 2000
Dornes, M.: Die frühe Kindheit. Entwicklungspsychologie der ersten Lebensjahre. Frankfurt am Main 1997
Dornes, M.: Vernachlässigung und Misshandlung aus der Sicht der Bindungstheorie. In: Egle, U.T., Hoffmann, S. O., Jooraschky, P. (Hrsg.): Sexueller Missbrauch, Misshandlung und Vernachlässigung. Stuttgart 2000, S. 70–83
Dornes, M.: Familiäre Wurzeln der Jugendgewalt. In: WestEnd: Neue Zeitschrift für Sozialforschung, Bd. 1, H. 1, 2004, S. 75–89
Dornes, M.: Die Modernisierung der Seele. Frankfurt am Main 2012
Dubet, F.: Jugendgewalt und Stadt. In: Heitmeyer, W., Hagan, J. (Hrsg.): Internationales Handbuch der Gewaltforschung. Wiesbaden 2002, S. 1171–1194
Eisenberg, G.: Gewalt, die aus der Kälte kommt. Amok – Pogrom – Populismus. Gießen 2002
Eisenstadt, S. N.: Altersgruppen und Sozialstruktur. In: Friedeburg, L.v. (Hrsg.): Jugend in der modernen Gesellschaft. Köln/Berlin 1965 (2. Aufl.)
Erdheim, M.: Adoleszenz, Omnipotenz und Gewalt. In: Schröder, A., Rademacher, H., Merkle, A. (Hrsg.): Handbuch Konflikt- und Gewaltpädagogik. Verfahren für Schule und Jugendhilfe. Schwalbach Ts. 2008, S. 59–72
Farin, K., Seidel-Pielen, E.: Ohne Gewalt läuft nichts! Köln 1993
Fahr, M.-S.: Spirit of 88 – Rechtsextreme Zeichen und Symbole. Landeszentrale für politische Bildung. Erfurt 2001
Falk, G., Heintel, P., Krainz, E. (Hrsg.): Handbuch Mediation und Konfliktmanagement. Wiesbaden 2005
Fend, H.: Entwicklungspsychologie des Jugendalters. Wiesbaden 2005
Findeisen, H.-V., Kersten, J.: Der Kick und die Ehre. Vom Sinn jugendlicher Gewalt. München 1999

Fonagy, P.: Bindungstheorie und Psychoanalyse. Stuttgart 2006a
Fonagy, P., Target, M.: Psychoanalyse und die Psychopathologie der Entwicklung. Stuttgart 2006b
Fonagy, P., Gergely, G., Jurist, E.L., Target, M.: Affektregulierung, Mentalisierung und die Entwicklung des Selbst. Stuttgart 2004
Frank, M.: Selbstbewußtsein und Selbsterkenntnis. Stuttgart 1991
Franke, M.: Schinderhannes. Berlin 1977
Freund T., Grebe-Bruns, B.: »Und bist du nicht willig. . .«, Konfliktlösungsstrategien und Gewaltprävention in der pädagogischen Praxis. In: Deutsche Jugend, H. 5 1993, S. 213–220
Freund, Th., Lindner, W. (Hrsg.): Prävention. Opladen 2001
Fuchs, M., Lamnek, S., Luedtke, J., Baur, N.: Gewalt an Schulen. Wiesbaden 2005
Garz, D.: Sozialpsychologische Entwicklungstheorien. Von Baldwin über Kohlberg bis zur Gegenwart. Opladen 2006 (3. Aufl.)
Galuske, M.: Methoden der sozialen Arbeit. Weinheim/München 1999 (2. Aufl.)
Garmscheid, E.: Erlebnispädagogik und Jungenarbeit. In: Matzner, M., Tischner, W. (Hrsg.): Handbuch Jungen–Pädagogik. Weinheim/Basel 2011, S. 245–256
Glasl, F.: Konfliktmanagement. Ein Handbuch für Führungskräfte, Beraterinnen und Berater. Bern/Stuttgart 2009 (9. Aufl.)
Glasl, F.: Selbsthilfe in Konflikten, Stuttgart/Bern 2004 (4., bearb. Aufl.)
Gruen, A.: Der Verrat am Selbst. Die Angst vor Autonomie bei Mann und Frau. 1993 (8. Aufl.)
Habermas, J.: Der philosophische Diskurs der Moderne. Frankfurt am Main 1985 (2. Aufl.)
Hafeneger, B.: Antinomien und Paradoxien in der Jugendarbeit. In: Deutsche Jugend, 49. Jg. H. 9, 2001, S. 375–383
Heinemann, E., Rauchfleisch, U., Grüttner, T.: Gewalttätige Kinder. Psychoanalyse und Pädagogik in Schule, Heim und Therapie. Frankfurt am Main 1995.
Heiner, M.: Professionalität in der sozialen Arbeit – Theoretische Konzepte, Modelle und empirische Perspektiven. Stuttgart 2004
Heiner, M.: Kompetent handeln in der sozialen Arbeit. München 2010
Heisig, K.: Das Ende der Geduld. Konsequent gegen jugendliche Gewalttäter. Freiburg 2010
Heitmeyer, W., Hagan, J. (Hrsg.): Internationales Handbuch der Gewaltforschung. Wiesbaden 2002
Heitmeyer, W., Soeffner, H.-G.: Einleitung: Gewalt. Entwicklungen, Strukturen, Analyseprobleme. In: Heitmeyer, W., Soeffner, H.-G. (Hrsg.): Gewalt, Entwicklungen, Strukturen, Analyseprobleme. Frankfurt am Main 2004
Heitmeyer, W., Schröttle, M. (Hrsg.): Gewalt. Beschreibungen – Analysen – Prävention. Bonn 2006
Helsper, W.: Zur ›Normalität‹ jugendlicher Gewalt: Sozialisationstheoretische Reflexion zum Verhältnis von Anerkennung und Gewalt. In: Helsper, W., Wenzel, H. (Hrsg.): Pädagogik und Gewalt. Opladen, 1995a
Helsper, W.: Pädagogisches Handeln in den Antinomien der Moderne. In: Krüger, H. H., Helsper, W. (Hrsg.): Einführung in die Erziehungswissenschaft. Band 1: Grundbegriffe und Grundlagen. Opladen 1995b
Heuer, S.: Konfrontative Pädagogik als Risikoprävention. In: Zeitschrift f. Jugendkriminalrecht u. Jugendhilfe, H. 2/2012, S. 195–202
Hinsch, R., Pfingsten, U.: Gruppentraining sozialer Kompetenzen GSK, Weinheim, Basel 2002 (4. Aufl.)
Hitzler, R., Bucher, T., Niederbacher, A. Leben in Szenen – Formen jugendlicher Vergemeinschaftung heute. Wiesbaden 2005 (2. akt. Aufl.)
Holthusen, B., Hoops, S.: Kinder- und Jugendkriminalitätsprävention – Handlungsfelder, Chancen und Risiken. In: Deegener, G., Körner, W. (Hrsg.): Gewalt und Aggression im Kindes- und Jugendalter. Ursachen, Formen, Intervention. Weinheim/Basel 2011, S. 54–69
Honneth, A.: Kampf um Anerkennung. Zur moralischen Grammatik sozialer Konflikte. Frankfurt am Main 1994

Honneth, A.: Das Ich im Wir. Studien zur Anerkennungstheorie. Berlin 2010
Hopf, C. u.a.: Familie und Rechtsextremismus. Familiale Sozialisation und rechtsextreme Orientierung junger Männer. Weinheim/München 1995
Hopfner, J.: » ....die Praxis wird nur mit der Theorie eine bewusstere.« Einige Überlegungen im Anschluß an Friedrich Schleiermacher. In. H.W. Leonhard, E. Liebau, M. Winkler: Pädagogische Erkenntnis. Weinheim/München 1995, S. 59–68
Hopfner, J.: Das Subjekt im neuzeitlichen Erziehungsdenken. Ansätze zur Überwindung grundlegender Dichotomien bei Herbart und Schleiermacher. Weinheim/München 1999
Imbusch, P.: Der Gewaltbegriff. In: Heitmeyer, W., Hagan, J. (Hrsg.): Internationales Handbuch der Gewaltforschung. Wiesbaden 2002, S. 26–57
Imbusch, P.: Moderne und Gewalt. Wiesbaden 2005
Jacobson, E.: Entspannung als Therapie. Progessive Relaxation in Theorie und Praxis. München 1990
Jugert, G., Rehder, A., Notz, P.: Soziale Kompetenz für Jugendliche. Weinheim/München 2012 (8. Aufl.)
Julius, H., Gasteiger-Klicpera, B., Kißgen, R. (Hrsg.): Bindung im Kindesalter – Diagnostik und Intervention. Göttingen 2009
Junge, M.: Individualisierung. In: V. Steenblock (Hrsg.): Zeitdiagnose. Kolleg Praktische Philosophie, Band 3, Stuttgart 2008, S. 70–101
Kassis, W.: Wie kommt die Gewalt in die Jungen? Soziale und personale Faktoren der Gewaltentwicklung bei männlichen Jugendlichen im Schulkontext. Bern 2003
Kassis, W.: Prädikatoren des Einsatzes physischer Gewalt bei (männlichen) Jugendlichen. In: Deegener, G., Körner, W. (Hrsg.): Gewalt und Aggression im Kindes- und Jugendalter. Ursachen, Formen, Intervention. Weinheim/Basel 2011, S. 146–162
Kasten, H.: Entwicklungspsychologische Aspekte der Erziehung und Bildung von Jungen. In: Matzner , M., Tischner, W. (Hrsg.): Handbuch Jungen-Pädagogik: Weinheim/Basel 2008, S. 49–62
Kessl, F., Reutlinger C.: Sozialraum – Eine Einführung. Wiesbaden 2007
Keupp, H.: Identität. In: Otto, H.-U., Thiersch, H. (Hrsg.): Handbuch Sozialarbeit Sozialpädagogik. München/Basel 2005, S. 804–815 (3. Auflage)
Kindler, H.: Cyberbullying und Cyberaggression durch Kinder und Jugendliche. In: Deegener, G., Körner, W. (Hrsg.): Gewalt und Aggression im Kindes- und Jugendalter. Ursachen, Formen, Intervention. Weinheim/Basel 2011, S. 267–283
King, V., Müller, B.: Adoleszenz und pädagogische Praxis. Freiburg 2000
King, V.: Die Entstehung des Neuen in der Adoleszenz. Opladen 2002
König, J.: Einführung in die Selbstevaluation. Ein Leitfaden zur Bewertung der Praxis Sozialer Arbeit. Freiburg 2007 (2. Aufl.)
Korn, J., Mücke, T.: Gewalt im Griff (Bd. 2). Deeskalations- und Mediationstraining. Weinheim/Basel 2000
Kraußlach, J., Düwer, F. W., Fellberg, G.: Aggressive Jugendliche. Weinheim/München 1990 6. Aufl.
Krieger W.: Gewalt und Geschlechterverhältnisse aus Sicht der Jugendhilfe. In: Gahleitner, S. B., Lenz. H.-J. (Hrsg.): Gewalt und Geschlechterverhältnis, Weinheim/München 2007, S. 115–138
Krieger, W.: Ausmaß, Erscheinungsformen und Ursachen jugendlicher Gewaltdelinquenz. In: Gause, D., Schlottau, H.: Jugendgewalt ist männlich. Gewaltbereitschaft bei Mädchen und Jungen. Hamburg 2002, S. 7–35
Kuban, T.: Blut muss fließen, Frankfurt am Main 2012
Lenz, H.-J.: Gewalt und Geschlechterverhältnis aus männlicher Sicht. In: Gahleitner, S.B., Lenz, H.-J. (Hrsg.): Gewalt und Geschlechterverhältnis. Interdisziplinäre und geschlechtersensible Analysen und Perspektiven. Weinheim/München 2007, S. 21–52
Lange, A.: Theorieentwicklung in der Jugendforschung durch Konzeptimport. Heuristische Perspektiven des Ansatzes »Alltägliche Lebensführung«. In: Mansel, J., Griese, H. M., Scherr, A. (Hrsg.): Theoriedefizite der Jugendforschung. Standortbestimmung und Perspektiven. Weinheim/München 2003 S. 102–118
Loher, D.: Bugatti taucht auf. Göttingen 2012 (4. Aufl.)

Leymann, H.: LIPT-Fragebogen, Tübingen 1996

May, M.: Gewalt – Aufgabe für die Jugendarbeit. In: Hessischer Jugendring (Hrsg.): Jugend und Gewalt – Materialien zur aktuellen Diskussion. Wiesbaden 1993 (3. Aufl.)

Malti, T., Perren, S. (Hrsg.): Soziale Kompetenz bei Kindern und Jugendlichen – Entwicklungsprozesse und Förderungsmöglichkeiten. Stuttgart 2008

Mannheim, K.: Wissenssoziologie. Neuwied/Berlin 1964

Mansel, J.: Angst vor Gewalt – Eine Untersuchung zu jugendlichen Opfern und Tätern. Weinheim/München 2001

Mansel, J., Hurrelmann, K.: Aggressives und delinquentes Verhalten Jugendlicher im Zeitvergleich. In: Kölner Zeitschrift für Soziologie und Sozialpsychologie, Jg. 50, H. 1, 1998, S. 78–109

Maslow, A. H.: Motivation und Persönlichkeit. Reinbek bei Hamburg 2002

Matzner , M., Tischner, W. (Hrsg.): Handbuch Jungen-Pädagogik. Weinheim/Basel 2008

Melzer, W., Schubarth, W., Ehninger, F.: Gewaltprävention und Schulentwicklung – Analysen und Handlungskonzepte. Bad Heilbrunn 2005

Metzinger, T.: Der Ego Tunnel – Eine neue Philosophie des Selbst: Von der Hirnforschung zur Bewusstseinsethik. Berlin 2009 (2. Aufl.)

Miller, M., Soeffner, H.-G. (Hrsg.): Modernität und Barbarei. Frankfurt am Main 1996

Möller, K.: Jungen und Gewalt. In: Matzner, M., Tischner, W. (Hrsg.): Handbuch Jungen-Pädagogik. Weinheim/Basel 2008, S. 274–289

Möller, K.: Männergewalt – ein nachwachsender Rohstoff? Befunde, Deutungen, Schlussfolgerungen. In: Volz, R., Zulehner, P. M.: Männer in Bewegung – Zehn Jahre Männerbewegung in Deutschland. Forschungsreihe Bd. 6 des Bundesministeriums für Familie, Senioren, Frauen und Jugend, Baden-Baden 2009, S. 357–377

Möller, K.: Konstruktionen von Männlichkeit in unterschiedlichen Phänomenbereichen des Rechtsextremismus. In: Birsl, U. (Hrsg.): Rechtsextremismus und Gender. Opladen 2011

Möller, K.: Gewaltaffine politische Haltungen bei Kindern und Jugendlichen. In: Deegener, G., Körner, W. (Hrsg.): Gewalt und Aggression im Kindes- und Jugendalter. Ursachen, Formen, Intervention. Weinheim/Basel 2011, S. 217–232

Möller, K.: Männlichkeit, Mannhaftigkeit und Mannbarkeit: Wie aus Jungen Männer werden. In: Aus Politik und Zeitgeschichte, 62. Jg., 40/2012, S. 41–46

Müller, B.: Wozu brauchen Jugendliche Erwachsene. Über Jugendarbeit und Jugendkultur. In: Deutsche Jugend, 43 Jg., H. 4, 1995, S. 160–169

Müller, B.: Sozialpadagogisches Können. Ein Lehrbuch zur multiperspektivischen Fallarbeit. Freiburg 1997 (3. Aufl.)

Niemeyer, C.: Professionalisierung von Erziehung. In: Schroer, W., Struck, N., Wolff, M. (Hrsg.): Handbuch Kinder- und Jugendhilfe. Weinheim/München 2002, S. 1019–1031

Nolting, H. P.: Lernfall Aggression. Wie sie entsteht – Wie sie zu verhindern ist. Reinbek bei Hamburg 1987

Oerter, R.: Psychologie des Spiels. 1997 (2. Aufl.)

Oerter, R., Dreher, E.: Identität. Das Zentrale Thema des Jugendalters. In: Montada, L., Oerter, R. (Hrsg.): Entwicklungspsychologie. Weinheim/München 2002. (5. Aufl.)

Olweus, D.: Gewalt in der Schule. Was Eltern wissen sollten – und tun können. Bern 1996 (2. Aufl.)

Palloks, K.: Cool sein auf Kommando? Konfrontative Pädagogik in der Praxis. Evaluierung einer Umsetzung des Projekt-Formates »Coolness-Training«. In: Unsere Jugend. H. 4, 2006, S. 158–170

Petermann, F., Petermannn, U.: Training mit Jugendlichen. Göttingen 2000 (6. veränderte Aufl.)

Pfeiffer, C., Wetzels, P., Enzmann, D.: Innerfamiliäre Gewalt gegen Kinder und Jugendliche und ihre Auswirkungen. Forschungsbericht 107 des Kriminologischen Forschungsinstitut Niedersachsen e. V., Hannover 1999

Plewig, H.-J.: Konfrontative Pädagogik. In: Dollinger, B., Schmidt-Semisch, H. (Hrsg.): Handbuch Jugendkriminalität. Wiesbaden 2011, S. 427–440 (2. Auflage)

Pilz, G. A.: Fangewalt, Rechtsextremismus und Diskriminierung im Fußballsport. In: Deegener, G., Körner, W. (Hrsg.): Gewalt und Aggression im Kindes- und Jugendalter. Ursachen, Formen, Intervention. Weinheim/Basel 2011, S. 233–250
Portmann, R.: Spiele zum Umgang mit Aggression, München 2004 (10. Aufl.)
Raabe, T., Beelmann, A.: Gewalttätiges und dissoziales Verhalten von Kindern und Jugendlichen: Prävention und Intervention. In: Deegener, G., Körner, W. (Hrsg.): Gewalt und Aggression im Kindes- und Jugendalter. Ursachen, Formen, Intervention. Weinheim/Basel 2011, S. 88–105
Raithel, R., Mansel, J.: Delinquenzbegünstigende Bedingungen in der Entwicklung Jugendlicher. In: Raithel, R., Mansel, J. (Hrsg.): Kriminalität und Gewalt im Jugendalter – Hell- und Dunkelfeldbefunde im Vergleich. Weinheim/München 2003, S. 25–41
Raabe, T., Beelmann, A.: Gewalttätiges und dissoziales Verhalten von Kindern und Jugendlichen: Prävention und Intervention. In: Deegener, G., Körner, W. (Hrsg.): Gewalt und Aggression im Kindes- und Jugendalter. Uraschen, Formen, Intervention. Weinheim/Basel 2011, S. 88–105
Reckwitz, A.: Der Identitätsdiskurs. Zum Bedeutungswandel einer sozialwissenschaftlichen Semantik. In: Rammert, W. (Hrsg.): Kollektive Identität und kulturelle Innovationen. Ethnologische, soziologische und historische Studien. Leipzig 2001, S. 21–38
Reinders, H.: Interethnische Freundschaften bei Jugendlichen 2002. Ergebnisse einer Pilotstudie bei Hauptschülern. Hamburg 2003
Rhode, R., Meis, M. S., Bongartz, R.: Angriff ist die schlechteste Verteidigung. Wege zur kooperativen Konfliktbewältigung. Paderborn 2003
Riebel, J.: Mobbing an Schulen. In: Deegener, G., Körner, W. (Hrsg.): Gewalt und Aggression im Kindes- und Jugendalter. Ursachen, Formen, Intervention. Weinheim/Basel 2011, S. 183–197
Rieker, P.: Prävention gegen Rechtsextremismus bei Jugendlichen. In: Deutsche Jugend, H. 7–8, 2007, S. 297– 304
Rohbeck, J.: Zukunft oder Ende der Moderne. In: Steenblock, V. (Hrsg.): Zeitdiagnose. Kolleg Praktische Philosophie, Band 3, Stuttgart 2008, S. 102–129
Rosenberg, M. B.: Gewaltfreie Kommunikation – Aufrichtig und einfühlsam miteinander sprechen. Paderborn 2001
Sackmann, R.: Lebenslaufanalyse und Biografieforschung. Wiesbaden 2007
Schick, A., Entstehungsbedingungen aggressiven Verhaltens im Kindes- und Jugendalter. In: Deegener, G., Körner, W. (Hrsg.): Gewalt und Aggression im Kindes- und Jugendalter. Ursachen, Formen, Intervention, Weinheim/Basel 2011, S. 20–34
Schiffauer, W.: Parallelgesellschaften. Wie viel Wertekonsens braucht unsere Gesellschaft? Für eine kluge Politik der Differenz. Bielefeld 2008
Schneider, C., Katzer, C., Leest, M.: Cyberlife – Spannungsfeld zwischen Faszinantion und Gefahr. Karlsruhe 2013
Schröder, A., Rademacher, H., Merkle, A. (Hrsg.): Handbuch Konflikt- und Gewaltpädagogik. Verfahren für Schule und Jugendhilfe. Schwalbach Ts. 2008
Schroer, W., Struck, N., Wolff, M. (Hrsg.): Handbuch Kinder- und Jugendhilfe. Weinheim/München 2002
Schubarth, W.: Gewalt und Mobbing an Schulen. Möglichkeiten und Prävention und Intervention. Stuttgart 2010
Schütze, F.: Die Fallanalyse. Zur wissenschaftlichen Fundierung einer klassischen Methode der sozialen Arbeit. In: Rauschenbach, T., Ortmann, F., Karsten, M.-E.: Der sozialpädagogische Blick. Lebensweltorientierte Methoden in der Sozialen Arbeit. Weinheim/München 1993
Schwabe, M.: Eskalation und De-Eskalation in Einrichtungen der Jugendhilfe. Konstruktiver Umgang mit Aggression und Gewalt in Arbeitsfeldern der Jugendhilfe. Frankfurt am Main 2000
Sennett, R.: Der flexible Mensch – Die Kultur des neuen Kapitalismus. Berlin 1998
Shell Deutschland Holding (Hrsg.): Jugend 2010. Frankfurt am Main 2011 (2. Aufl.)
Silkenbeumer, M.: Gewalt hat kein Geschlecht und erfordert dennoch geschlechtsreflexives Fallverstehen. In: Deegener, G., Körner, W. (Hrsg.): Gewalt und Aggression im

Kindes- und Jugendalter. Ursachen, Formen, Intervention. Weinheim/Basel 2011, S. 318–335
Sitzer, P., Heitmeyer, W.: Rechtsextremistische Gewalt von Jugendlichen. In: Aus Politik und Zeitgeschehen, 37/2007, 10. Sept. 2007, S. 3–10
Sofsky, W.: Traktat über die Gewalt. Frankfurt am Main 1996 (2. Aufl.)
Spiegel, H. v.: Methodisches Handeln in der Sozialen Arbeit. München 2004
Stewart, J.: Wut-Workout. Produktiver Umgang mit Wut. Mühlheim an der Ruhr 2003
Stickelmann, B.: Über sozialpädagogisches Forschen als Erzeugen von Wirklichkeit. In: Rauschenbach, T., Ortmann, F., Karsten, M.-E. (Hrsg.): Der sozialpädagogische Blick. Lebensweltorientierte Methoden in der Sozialen Arbeit. Weinheim/München 1993, S. 175–190
Stickelmann, B.: Rechtsextremistische Tendenzen und Gewaltbereitschaft bei Jugendlichen – im Spiegel wissenschaftlicher Auseinandersetzungen. Polis 13, Schriftenreihe der Hessischen Landeszentrale für politische Bildung, Wiesbaden 1994
Stickelmann, B. (Hrsg.): Zuschlagen oder Zuhören – Jugendarbeit mit gewaltbereiten Jugendlichen. Weinheim/München 1996 a
Stickelmann, B.: Zur Einführung: Gegen – Gewalt Jugendarbeit? In: Stickelmann, B. (Hrsg.): Zuhören oder Zuschlagen? Weinheim/München 1996 b S. 7–54
Stickelmann, B.: Das Ende der Erziehung oder die Straße als Lern- und Erfahrungsort. In: Lutz, R., Stickelmann, B. (Hrsg.): Weggelaufen und ohne Obdach. Kinder und Jugendliche in besonderen Lebenslagen. Weinheim/München 1999, S. 81–106
Stickelmann, B.: Handlungsforschung. In: Deutscher Verein für öffentliche und private Fürsorge (Hrsg.): Fachlexikon der sozialen Arbeit. Frankfurt Main 2002, S. 434–435
Stickelmann, B.: Möglichkeiten und Grenzen professioneller (sozial-)pädagogischer Arbeit mit rechtsorientierten Jugendlichen. In: Wink, S., Rotink, G. (Hrsg.): Rechtsorientierte Jugendliche – Brauchen wir (neue) Gegenstrategien. Mainz 2005, S. 78–89
Stickelmann, B., Putz, T.: »Ich hab‹ doch nichts gemacht« – Kreatives Konfliktlösen in der Jugendarbeit – Ansätze aus Fortbildung und Praxisberatung. Oldenburg 2005
Stickelmann, B.: Schulsozialarbeit als Sozialraum – Erfahrungen machen zwischen Schule und Jugendhilfe als Alltagsbewältigung für Kinder und Jugendliche. In: Gstettner, P., Haupt, G. (Hrsg.): Menschenwürde statt Almosen. Sozialarbeit Schule Gesellschaft. Schulheft 132, 33. Jg., Innsbruck, Wien, Bozen 2008, S. 55–67
Stickelmann, B.: Gewalt im Jugendalter als Übergangshandeln. In: W. Schröer, B., Stauber, A., Walther, L., Böhnisch, K. (Hrsg.): Handbuch Übergänge. Weinheim/Basel 2013, S. 435–453
Sturzenhecker, B.: Jungenarbeit ist machbar. In: Kind, Jugend, Gesellschaft, H. 2, 1995, S. 53–64
Sturzenhecker, B. (Hrsg.): Leitbild Männlichkeit?! Was braucht die Jungenarbeit? Münster 1996
Sturzenhecker, B.: Jungenarbeit in der Sozialpädagogik. In: Matzner, M., Tischner, W. (Hrsg.): Handbuch Jungen-Pädagogik, Weinheim/Basel, 2008 S. 183–195
Sturzenhecker, B., Spiegel, H. v.: Was hindert und fördert Selbstevaluation und Wirkungsreflexion in der Kinder- und Jugendarbeit? In: Lindner, W. (Hrsg.): Kinder- und Jugendarbeit wirkt. Ein Überblick zu aktuellen und relevanten Evaluationsergebnissen aus unterschiedlichen Arbeitsbereichen der Kinder- und Jugendarbeit. Wiesbaden 2008, S. 309–321
Sutterlüty, F.: Was ist eine ›Gewaltkarriere‹? In: Zeitschrift für Soziologie, Jg. 33, Heft 4, 2004, S. 266–284
Sutterlüty, F.: Entstehung und Verlauf von Gewaltkarrieren im Jugendalter. In: Schröder, A., Rademacher, H., Merkle, A. (Hrsg.): Handbuch Konflikt- und Gewaltpädagogik,. Schwalbach Ts. 2008
Tajfel, H.: Gruppenkonflikt und Vorurteil – Die Entstehung und Funktion sozialer Stereotypen. Bern 1982
Tertilt, H.: Turkish Power Boys. Ethnographie einer Jugendbande. Frankfurt am Main 1996
Thiersch, H.: Erziehungshilfen und Lebensweltorientierung – Bemerkungen zu Bilanz und Perspektiven. In: Birtsch, V., Münstermann, K., Trede, W. (Hrsg.): Handbuch

Erziehungshilfen – Leitfaden für die Ausbildung, Praxis und Forschung. Münster 2001, S. 247–281
Thiersch, H., Grundwald, K., Köngeter, S.: Lebensweltorientierte soziale Arbeit. In: Thole, W. (Hrsg.): Grundriss Soziale Arbeit. Opladen 2002, S. 213–235
Thole, W.: Kinder- und Jugendarbeit – eine Einführung, Weinheim/München 2000
Treptow, R.: Handlungskompetenz. In: H.-U., Otto, H. Thiersch (Hrsg.): Handbuch Sozialarbeit/Sozialpädagogik. München/Basel, 2005 , S. 757–771 (3. Aufl.)
Trotha, T. v.: Zur Soziologie der Gewalt. In: Kölner Zeitschrift für Soziologie und Sozialpsychologie, Sonderheft 37 1997, S. 9–56.
Trotha, T. v.: Vom Wandel der Gewalt und der Theorie über die Gewalt. In: Soziologische Revue Jg. 26, H. 2, 2004, S. 201–216
Spiegel, H. v.: Methodisches Handeln in der sozialen Arbeit. München/Basel 2004
Volz, R., Zulehner P. M.: Männer in Bewegung. Zehn Jahre Männerbewegung in Deutschland. Forschungsreihe Bd. 6, BM f. Fam., Senioren, Frauen und Jugend, Baden-Baden 2009
Weidner, J., Kilb., R. (Hrsg.): Konfrontative Pädagogik – Konfliktbearbeitung in Sozialer Arbeit und Erziehung. Wiesbaden 2004
Wetzels, P., Enzmann D.: Die Bedeutung der Zugehörigkeit zu devianten Cliquen und der Normen Gleichaltriger für die Erklärung jugendlichen Gewalthandelns. In: DVJJ – Journal, H. 2 1999, S. 116–131
Wieviorka, M.: Die Gewalt. Hamburg 2006
Will, H. D.: Konfliktbewältigung durch Mediation. Beispiele aus Schulprojekten. In: Stickelmann, B., Frühauf, H.-P. (Hrsg.): Kindheit und sozialpädagogisches Handeln. Weinheim/München 2003
Winkler, M.: Die Gesellschaft der Moderne und ihre Sozialpädagogik. In: Thiersch, H., Grunwald, K. (Hrsg.): Zeitdiagnose Soziale Arbeit – Zur wissenschaftlichen Leistungsfähigkeit der Sozialpädagogik in Theorie und Ausbildung. Weinheim/München, 1995, S. 155–184
Winkler, M., Qualität und Jugendhilfe – Über Sozialpädagogik und reflexive Modernisierung, In: Helmke, A., Hornstein, W., Terhart, E.: Qualität und Qualitätssicherung im Bildungsbereich: Schule, Sozialpädagogik, Hochschule, Zeitschrift für Pädagogik, 41. Beiheft, Weinheim u. Basel 2000, S. 137–159
Winkler, M.: Auf dem Wege zu einer Theorie der Erziehungshilfe. In: Birtsch, V., Münstermann, K., Trede, W. (Hrsg.): Handbuch Erziehungshilfen – Leitfaden für die Ausbildung, Praxis und Forschung. Münster 2001, 247–281
Winkler, M.: Kritik der Pädagogik – Der Sinn der Erziehung. Stuttgart 2006
Winnicott, D.W.: Reifungsprozesse und fördernde Umwelt – Studien zur Theorie der emotionalen Entwicklung. Frankfurt am Main 1990.
Wirth, H-J.: Adoleszenz als Chance und Risiko. In: Van Gisteren, L.: Adoleszenz und Rechtsextremismus. Psychosozial, 19. Jg., Nr. 64 1996, S. 9–28
Wolffersdorff, C. v.: Kinder- und Jugendkriminalität: Gewalt im Brennpunkt der pädagogischen Diskussionen. In: Stickelmann, B., Frühauf, H.-P. (Hrsg.): Kindheit und sozialpädagogisches Handeln. Weinheim/München 2003, S. 119–150
Wolffersdorff, C. v.: Kriminalität, Soziale Arbeit, Erziehung: Historische Bezüge und aktuelle Themen. In: Schröer, W., Schweppe, C. (Hrsg.): Enzyklopädie Erziehungswissenschaft Online, Fachgebiet: Soziale Arbeit. Soziale Herausforderungen in der Sozialen Arbeit. Weinheim/München 2011
Wolters, J.-M.: Jungen und Wettkampf, Sport und Raufen. In: Matzner, M., Tischner, W. (Hrsg.): Handbuch Jungen- Pädagogik. Weinheim/Basel, 2008, S. 267–273